Jean Renard



# Les mutations des campagnes

## Paysages et structures agraires dans le monde

ARMAND COLIN

COLLECTION U • GÉOGRAPHIE

Directeur d'ouvrage : Robert Cheize



Cartographie : Jean-Pierre Rousseau

Illustration de couverture :
Cultures en Pennsylvanie (États-Unis) © Archives Nathan



**ISBN 2-200-26081-4**



ARMAND COLIN • 21, RUE DU MONTPARNASSE • 75006 PARIS

# Sommaire

# Introduction

UNE DESCRIPTION ordonnée des paysages et la recherche des facteurs d'explication des combinaisons réalisées à la surface du globe qui sont d'une extraordinaire diversité, sont des éléments indispensables pour la compréhension et pour l'action. Les étudiants français disposent depuis plus de trois décennies du fort bon manuel de René Lebeau dont l'objet est la description des grands types de structures agraires dans le monde. L'analyse est centrée sur la typologie des combinaisons agraires présentes dans les grands domaines bio-climatiques. Les explications se fondent sur la compréhension des origines des paysages. Il aurait été présomptueux et inutile de vouloir le copier ou le décalquer, ou de se contenter d'un faire une simple mise à jour.

Notre parti pris est autre. Il est double. D'une part, décrire les transformations d'une agriculture paysanne, faite pour se nourrir, en des formes nouvelles d'agriculture dont la finalité est de produire pour vendre. Ce qui entraîne des transformations des morphologies agraires, des systèmes de culture, et des modes de production. Le modèle dominant étant désormais l'agro-business.

D'autre part, retracer le passage d'espaces agraires — c'est-à-dire organisés par et pour l'agriculture — en espaces ruraux dans lesquelles les autres fonctions et activités — résidentielles, industrielles, de loisirs et de récréation, voire patrimoniale et de protection — prennent une part grandissante, ce qui modifie l'agencement des paysages.

L'approche selon les seules dynamiques agricoles est nécessaire mais insuffisante. Désormais, les campagnes ne sont plus ce qu'elles étaient, certes du fait du bouleversement des modes de production et de l'irruption brutale des technologies (R. Chapuis, 2001), mais aussi par le fait que les rapports avec les villes, dans une société désormais marquée d'abord par le fait urbain, ne sont plus ceux d'hier.

Les campagnes, en premier lieu dans les pays développés, mais aussi dans les pays du Sud, deviennent des espaces résidentiels en rapport avec l'étalement urbain. Ce sont les processus de périurbanisation, de suburbanisation ou de « rurbanisation ». Parallèlement elles sont des espaces de loisirs, de récréation et de détente, avec l'essor considérable des diverses formes d'occupation touristique et de loisir des espaces ruraux. Enfin, les fonctions de préservation, de patrimonialisation et de mise en défens des espaces naturels, concernent également des pans de plus en plus importants des espaces ruraux et agricoles.

Si la « mise en campagne » des espaces naturels a débuté au néolithique, si elle a connu au long des siècles des phases d'expansion, de défrichement mais aussi de repli, jamais autant depuis une cinquantaine d'années les paysages et les structures agraires n'ont été autant et aussi rapidement modifiés, transformés, bouleversés. La mutation est d'une telle ampleur qu'elle remet en cause des structures lentement façonnées au long des siècles et qu'elle transforme les paysages, fruits d'une longue connivence avec les sociétés rurales enracinées.

Ces évolutions des rapports entre le nombre des hommes et la terre disponible ont pris des visages très différents selon les lieux qui s'expriment par des mutations paysagères différentes. Jamais l'expression de F. Braudel de « grand chambardement des campagnes » n'a été aussi juste qu'aujourd'hui. Et ce qui est affirmé par ce grand historien à propos des campagnes françaises, peut s'appliquer à l'ensemble des espaces agraires du globe.

Ici l'on craint l'abandon des espaces agraires et les marques de déprise, l'extension des friches, le recul des surfaces consacrées à l'agriculture sont des réalités que l'on peut quantifier et cartographier. En d'autres lieux, tout au contraire, l'alourdissement des densités agricoles est tel que l'on défriche tout ce qui peut l'être, au-delà même du raisonnable, en refaçonnant les pentes et en arasant les talus. Ailleurs on fait confiance à l'intensification par la maîtrise de l'eau ou le recours aux technologies les plus sophistiquées pour accroître les rendements, au mépris quelquefois des équilibres des milieux, tandis qu'en d'autres lieux des fronts pionniers se mettent en place au détriment des espaces forestiers jusqu'alors protégés et l'on gagne chaque année des centaines de milliers d'hectares.

En outre, la confusion entre rural et agricole a conduit nombre d'observateurs à décrire, à expliquer et à comprendre l'espace rural par la seule évocation des réalités agricoles. Or, si ces dernières demeurent à l'échelle mondiale la première activité économique avec 45 % des populations actives, l'examen des dynamiques contemporaines montre un double mouvement de fond, apparemment contradictoire, qui transforme les campagnes. D'une part, dans les pays développés du Nord, on ne peut plus les décrire par la seule entrée agricole. Dans un monde dominé par le fait urbain et son étalement spatial, de nouvelles fonctions sont dévolues aux espaces ruraux, de nature résidentielle, de loisirs et de détente et de protection. Les espaces agricoles reculent et changent de nature, tandis que les différents États croulent sous les excédents. D'autre part, dans les pays du Sud, la croissance des populations agricoles accompagne l'essor des terres cultivables et l'intensification, sous la menace toujours présente de la sous-nutrition d'une part importante des populations les plus pauvres. Parallèlement, les systèmes de production évoluent avec l'essor des cultures de rente et l'explosion urbaine.

Examiner à différentes échelles ces transformations, dont les rythmes sont très rapides et font contraste avec l'idée reçue de campagnes immobiles face à des dynamiques urbaines généralement bien reconnues, telle est l'une des ambitions de cet ouvrage. Mais on ne saurait en rester à des analyses purement descriptives. Derrière les mutations paysagères il y a des raisons et des facteurs explicatifs qui les éclairent et les rendent compréhensibles. Il y a également des inerties dont les paysages agraires portent le témoignage. Là aussi en montrer la diversité et en mesurer les conséquences est une autre ambition. Une telle prise en compte de ces multiples agents et éléments des complexes agraires est d'autant plus d'actualité que les craintes face à la banalisation des paysages font réapparaître chez les acteurs sociaux une survalorisation de l'effet patrimoine et une nostalgie du passé souvent idéalisé. En France, la recherche de racines, le désir de la résidence secondaire champêtre, ou le retour ambigu des « pays » en sont des illustrations. À l'échelle mondiale les conséquences d'un certain nombre de tentatives pour transformer les paysages agraires, et les échecs qui ont suivi, sont aussi des expériences à rendre compte.

L'analyse des structures agraires mérite donc d'être revisitée et l'examen des paysages repensé à l'aune des problèmes environnementaux et des transformations sociales des campagnes. Savoir à qui appartient la terre et montrer les conséquences des répartitions du foncier, ou de leur complète remise en cause sous l'effet de réformes agraires, sur les morphologies des parcellaires, éclaire les descriptions. Mesurer la part occupée par les parcs et jardins des logis et châteaux dans la trame agraire, ou évaluer l'étalement des lotissements des périurbains, est aussi nécessaire. Ces faits et ces dynamiques traduisent de façon concrète des faits sociaux. De même décrire les conséquences d'un arasement systématique des haies et talus constituant jusqu'alors des maillages bocagers complexes sont à examiner avec soin, nos ancêtres ayant construit ces paysages pour des motifs qui ne sont peut-être pas tous obsolètes, méritent également attention. Plus globalement, évaluer sur les trames agraires les aspects paysagers de réformes de nature politique, sociale ou économique, ou mesurer les conséquences engendrées par le recours aux techniques modernes dans les adaptations des parcellaires, sont nécessaires.

Porter attention aux mutations récentes, les décrire et en rechercher les facteurs explicatifs est donc la ligne directrice qui justifie le plan adopté. En d'autres termes, insister sur ce qui est nouveau, ce qui change. À cet égard les termes de bouleversement, de mutations, de crises ne sont pas surfaits. C'est bien cela qui se passe quasiment partout sauf en quelques lieux d'enracinement de vieilles et solides paysanneries qui paraissent encore immuables, mais pour combien de temps encore ?

Aussi les équilibres ancestraux, ou du moins représentés comme tel, sont-ils battus en brèche. Ils étaient idéalisés sous la forme de structures agraires considérées comme immuables. Ils sont remis en cause. Désormais, dans toutes les campagnes du monde, sauf exceptions, tout bouge et tout change. Il s'agit de répondre à de nouveaux défis, notamment du nombre des hommes, des ressources en eau, des progrès technologiques, du commerce mondial des produits agricoles. Tout ceci se traduit par des évolutions paysagères spectaculaires, le bouleversement des parcellaires, de nouvelles structures foncières et de nouveaux rapports à l'espace. Certes, les trajectoires sont différentes selon les lieux. En particulier les écarts demeurent entre les pays du Nord et ceux du Sud, la part relative des populations agricoles étant le déterminant explicatif le plus important. Mais partout dans une société où l'urbanisation est l'élément dynamique, les espaces ruraux abritent de nouveaux usages, de nouvelles fonctions et font l'objet de nouvelles représentations.

Que deviennent les campagnes dans un tel contexte ? Tel est notre objet de réflexion.

Chapitre 1

# Paysages, structures agraires et espaces ruraux

UNE MISE À JOUR sur les paysages, les structures agraires et les espaces ruraux est d'autant plus nécessaire que depuis les descriptions faites il y a une trentaine d'années, descriptions qui constituent encore d'utiles référents pour les étudiants (A. Meynier, 1958 ; Lebeau, 1969/2001) de profondes recompositions paysagères se sont opérées qui traduisent des dynamiques nouvelles. En effet, l'ère des campagnes immobiles et de l'ordre éternel des champs est désormais du passé.

## QU'EST CE QU'UN PAYSAGE AGRAIRE ?

Il n'est pas de définition apparemment plus simple et cependant plus ambiguë et floue que celle de paysage. Un paysage c'est ce que l'on voit. On l'appréhende donc à l'échelle de l'œil qui ne peut balayer qu'une portion de l'espace limitée par l'horizon. Le paysage ainsi découvert est agraire quand il s'agit d'un assemblage de champs cultivés et de prairies naturelles, ponctué d'habitats humains (maisons, villages, châteaux, huttes) et structuré par des chemins, des routes et des rivières ou canaux. Il s'agit donc d'une combinaison de différents éléments dont l'agencement s'ordonne en fonction d'aménagements de l'espace dont l'origine est la transformation d'un milieu naturel en vue de l'adapter au mieux aux besoins d'une population qui en tire sa subsistance. Le degré d'artificialisation du milieu varie selon les cas. C'est ce degré d'artificialisation, associé aux densités des populations, qui permet de délimiter les paysages ruraux des paysages urbains.

Pour les géographes du début du siècle, la transformation des paysages est synonyme de la création d'un espace organisé en vue d'une finalité productive, pour l'essentiel l'agriculture, et majoritairement à des fins de subsistance, ce au détriment d'un espace préexistant baptisé naturel, généralement aux dépens de la forêt. Le défrichement est l'expression concrète de cette création de paysages. Il aboutira selon les techniques utilisées, les modes d'organisation des sociétés, les finalités recherchées, à des formes très variées qui rendent compte de l'extraordinaire diversité des paysages agraires rencontrés à la surface du globe.

Dans cette conception des choses, le paysage passe de naturel à humanisé en fonction du degré d'artificialisation que le travail de l'homme lui impose. Pour beaucoup, il y a comme une gradation et même implicitement jugement de valeur. Le paysage agraire le plus achevé est le plus maîtrisé, le plus artificialisé, le plus domestiqué en quelque sorte, ce sont les *huertas* méditerranéennes, où non seulement la terre mais aussi l'eau sont également maîtrisées, tandis que les espaces défrichés par l'agriculture itinérante sur brûlis des régions tropicales ne sont pas de vrais paysages agraires. Dans ce même ordre des choses, on comprend mieux les conceptions affichées par Vidal de la Blache pour qui le bocage est un paysage inachevé alors que le modèle est celui de l'*openfield.*

Désormais, le paysage rural n'est pas seulement une combinaison d'éléments et de formes dont la raison première serait uniquement à visée agricole et que l'on pourrait ranger dans des catégories ou des types en fonction de la nature des productions et des morphologies parcellaires. À tout le moins dans nos sociétés des pays industriels dans lesquelles le paysan est en voie de disparition, il y a tout un champ d'investigation qui déborde les aspects proprement agricoles et qui prend en compte la dimension de l'environnement ainsi que celle de la perception ou de la représentation. Ainsi que le paraphrase Y. Luginbuhl (*Études Rurales*, 1991) le paysage rural a la couleur de l'agricole, la saveur de l'agricole, mais que reste-t-il de l'agricole ?

## LA DIVERSITÉ DES PAYSAGES AGRAIRES

En fonction de la taille du groupe, des techniques à sa disposition, du mode d'encadrement politique, des suggestions et sujétions des faits naturels (climat, pente, exposition, hydrographie, ampleur des reliefs, etc.) les paysages agraires construits sont organisés de façon différente et la marque humaine sera plus ou moins forte.

Du simple essartage périodique de la forêt par une agriculture itinérante sur brûlis qui délimite un espace agraire éphémère, aux paysages totalement humanisés et soigneusement délimités du delta du fleuve Rouge dans lesquels la maîtrise de l'eau s'associe à la fixité des parcelles constamment mises en culture depuis des millénaires, il y a bien des nuances. Il en va de même entre les espaces pastoraux sommairement aménagés des vastes plateaux du Brésil central ou de la Pampa argentine, dans lesquels les traces des formes agraires disparaissent à la saison sèche, et les banlieues maraîchères et les *huertas* dont les dispositions parcellaires ou les morphologies agraires révèlent un maillage minutieusement organisé, fonction de la distribution de l'eau, de la répartition de la propriété foncière et d'assolements culturaux savants et complexes. D'autres paysages ruraux ont été également transformés, non plus par des dynamiques agricoles, mais par l'intrusion souvent rapide de nouvelles fonctions. L'étalement résidentiel dans de vastes couronnes autour des villes, en un environnement qui demeure agreste, bouleverse le contenu social des campagnes, en modifie la composition et entraîne de nouvelles attitudes et pratiques vis-à-vis de la conservation des paysages. Ailleurs, ce sont les activités de loisirs et la diffusion du tourisme et de pratiques de contemplation ou de consommation d'espaces, avec des objectifs qui n'ont plus à voir avec la production de matières premières agricoles, qui conduisent à des évolutions paysagères inconnues jusqu'ici.

Décrire cette étonnante diversité des organisations agraires, démonter les nouvelles articulations entre activités agricoles et nouvelles fonctions, et tenter d'en expliquer les raisons et les répartitions à la surface du globe est l'une des tâches de la géographie.

## LES DYNAMIQUES AGRAIRES

Outre leur extraordinaire diversité dans l'espace, les paysages agraires offrent, du moins pour bon nombre d'entre eux, une livrée changeante dans le temps. Le pas de temps des évolutions étant, il est vrai, différent selon les éléments des paysages. Et chaque paysage est une combinaison d'éléments relativement fixes ou pérennes, et d'éléments passagers ou temporaires.

L'habitat rural, le réseau des chemins, les terrasses construites ou les canaux de drainage ou d'irrigation, ont une durée et une fixité réelles. On pourrait les croire immuables. Beaucoup d'observateurs l'ont pensé pour des organisations agraires dont les historiens nous ont démontré la non pertinence. Ainsi en est-il des paysages bocagers, ou encore de l'*openfield*, dont les oppositions ont fondé les descriptions des ruralistes du début du siècle. Sur le long terme ces éléments, apparemment pérennes, peuvent s'estomper et même disparaître. Bien des vignobles ont ainsi disparu, d'autres, en revanche, ont remplacé une agriculture céréalière. Des terrasses s'écroulent, les friches gagnent et recouvrent les anciennes drailles dont seule la toponymie révèle les traces, tandis que les techniques de l'archéologie aérienne permettent de redécouvrir d'anciens parcellaires.

La durée de vie d'autres éléments des paysages est beaucoup plus limitée. Ils sont modifiés en fonction de l'utilisation de techniques, d'impératifs économiques ou du fait de la volonté du législateur. C'est le cas du dessin des champs, de leur taille et de leur forme. L'intrusion du tracteur en lieu et place de la culture attelée, le choix de nouvelles cultures commerciales aux dépens de la polyculture de subsistance, des réformes agraires drastiques ou de simples restructurations agraires imposées par l'État (le remembrement par exemple) ou voulues par les exploitants, aboutissent à des transformations des morphologies agraires.

D'autres éléments du paysage enfin changent à chaque saison. Telle la livrée des cultures dont l'emplacement varie en fonction de la nécessité des assolements. En d'autres lieux, il est vrai, les mêmes cultures occupent les mêmes espaces depuis des siècles. Il est donc des paysages qui ont l'apparence de tableaux dont le dessin et les traits sont, semble-t-il, de toute éternité, tandis que d'autres sont comme des scènes changeantes et animées qui varient d'une saison à l'autre.

## HÉRITAGES, INERTIES, NOUVELLES APPROCHES ET NOUVEAU REGARD

La dialectique entre les paysages et le regard que l'on porte sur eux est complexe. Le paysage agraire offert à la vue peut être trompeur, il est toujours la traduction d'un fait social. La notion de « paysage naturel » est une illusion. Lorsque les Européens découvrent les grandes forêts de séquoias de Californie, ce n'est pas la grande forêt originelle qu'ils explorent, contrairement à la vision qu'ils en ont, mais un milieu artificialisé par les incendies et brûlis volontaires des Indiens qui y avaient ouvert des clairières. Mais le degré d'artificialisation varie selon les civilisations et les techniques à la disposition des groupes humains ainsi que du degré d'encadrement pour reprendre une formule fameuse (Gourou. 1983).

Mais les traces de l'empreinte d'un type d'établissement humain, dans un moment donné et avec des techniques plus ou moins frustes, ne s'effacent pas complètement lorsqu'un nouveau type d'aménagement vient le relayer. Tout nouvel aménagement agraire suppose, même sur les fronts pionniers agricoles contemporains, peu ou prou un déménagement des organisations antérieures. Un système en remplace un autre avec d'autres objectifs, d'autres logiques et d'autres moyens mis en œuvre. Mais il se peut, c'est un cas fréquent dans les espaces ruraux, que des éléments antérieurs des paysages, de l'habitat, voire des parcellaires ou de l'utilisation du sol, subsistent et ne cèdent qu'au bout d'un temps plus ou moins long. Cette sédimentation sous la forme de couches successives fait des paysages des palimpsestes imparfaits.

À cet égard la géographie rurale est inséparable de l'histoire. Chacun sait les apports fondamentaux des historiens de l'entre-deux-guerres pour la compréhension des combinaisons paysagères. Tout géographe des campagnes doit s'imprégner des méthodes et des approches propres aux historiens. Les paysages sont dans une certaine mesure des documents au même titre que les archives, on peut les lire en fonction des traces du passé et en analyser les traits d'organisation, un peu comme l'on découvre des couches sédimentaires. Un temps rejeté par les tenants d'une analyse des dynamiques contemporaines et des transformations récentes des organisations agraires, on redécouvre aujourd'hui, avec la volonté de protection et de patrimonialisation des espaces ruraux, ce type de recherche sur la genèse des paysages.

Au temps des systèmes stables ou d'évolutions lentes, ces facteurs d'inertie et ces héritages n'entraînaient pas ou guère de dysfonctionnements et de déséquilibres. Il en va différemment aujourd'hui, au temps des mutations rapides et des remises en cause radicales du contenu et du fonctionnement des espaces ruraux. Très souvent des seuils ont été franchis et des dysfonctionnements éclatent au grand jour, ce que l'état des paysages traduit. Paysages agraires, économie agricole et fonctions dans l'espace rural, peuvent ne plus être en phase ou en harmonie et il peut surgir des faits de crise, de nature très différente selon les lieux. Ici la crise se manifestera par une surexploitation manifeste des sols entraînant l'érosion, là c'est la pression démographique devenue insupportable qui s'accompagne de disettes ou d'un émiettement des parcelles au-delà du raisonnable. Ailleurs, l'effet de crise se manifestera par l'abandon de pans entiers du finage parce que trop éloignés, trop pauvres ou trop pentus pour des populations agricoles en nombre de plus en plus réduit. Le territoire n'est plus tenu et la friche gagne aux dépens des espaces régulièrement cultivés. En d'autres lieux, c'est la concurrence et les conflits entre fonctions qui modifient en profondeur les rapports à l'espace. Toutes choses égales par ailleurs, l'intrusion du fait colonial et la création de vastes plantations, au détriment des espaces consacrés par les populations indigènes aux cultures vivrières, sont source de tels déséquilibres. À une tout autre échelle, l'accélération de l'exode agricole dans le Marais breton, et donc la recomposition des systèmes de production entraînée par le manque de main-d'œuvre et la disparition des petites exploitations laitières, a été le fait du brutal essor des activités touristiques du littoral du pays de Monts.

Avec le grand chambardement contemporain des campagnes, les éléments du décor, les paysages et les structures agraires, peuvent donc traduire des situations très diverses, certains traits sont des reliques, voire des fossiles, d'autres expriment l'intrusion de facteurs nouveaux. Selon l'angle d'approche, le regard que l'on porte, la représentation de chaque groupe social, les significations des paysages, expressions concrètes et complexes des faits sociaux et culturels, ne seront pas identiques. Il faut s'en persuader d'entrée de jeu.

## LE PAYSAGE AGRAIRE : EXPRESSION DE LA COMPLEXITÉ

Ces dimensions multiples et quelquefois contradictoires des paysages ruraux demandent donc d'être appréhendées dans une optique de compréhension des formes rencontrées. Un paysage est non seulement polymorphe, il est aussi polysémique, polyvalent et polygénique. Il a des significations, des fonctions et une histoire. Et c'est la combinaison de ces réalités qui fait système. Qui plus est, il y a une dialectique complexe non linéaire entre les différents facteurs qui font l'agencement des espaces ruraux. Formes héritées et milieu physique ont pu rétroagir différemment selon le temps et les techniques utilisées, Ainsi a-t-on pu montrer que les suggestions et sujétions offertes par le milieu physique ont été historiquement différemment interprétées (Dion, 1955). Les limons et les sables du Bassin parisien ont tour à tour été des milieux propices ou répulsifs. En Pays nantais, les terres de landes des plateaux ont longtemps été considérées comme stériles, aujourd'hui elles sont « amoureuses » du maïs selon l'expression imagée d'un paysan, et sont devenues attractives. On pourrait sans difficultés étendre ces observations à bien des terroirs à la surface du globe.

À ceci s'ajoutent les échelles d'observation et d'analyse. Au sens commun un paysage agraire est ce que l'œil de l'observateur embrasse, ce n'est jamais, même avec de larges horizons, qu'un pan limité de l'espace, c'est du domaine de la grande échelle.

Un paysage, c'est pour l'observateur un ensemble de lignes, de surfaces, de couleurs et de formes. Ces différents éléments se combinent, s'organisent dans un apparent désordre, mais ceci masque un ordre caché qui est la traduction d'une réalité sociale. Un paysage est toujours la résultante d'un fait social que l'œil a du mal à comprendre parce que, par nature, il ne saisit que la grande échelle. Or, un paysage agraire est aussi, sur un espace plus vaste, à plus petite échelle, la disposition à l'identique d'éléments répétitifs composant une structure agraire, il en résulte une combinaison agraire qui, concrètement, est la morphologie agraire. Les formes, la taille et les limites des parcelles forment la trame paysagère. Cette trame dépasse l'échelle du regard, elle peut s'étaler sur de vastes surfaces et ces étendues paysagères aux formes et tracés semblables vont être reconnues, comparées et désignées, ce selon les agencements dominants, les régularités et les répétitions de forme. Ce sera un bocage, des champs ouverts, des rizières irriguées, le *rang* ou le *township*, un finage de *waldhufendorf*, ce en fonction de la géométrie des lignes et des formes. Ces agencements ne sont pas le fruit du hasard, ils se comprennent par l'action volontaire des groupes qui les ont aménagés et les conservent ou les modifient, en raison de facteurs d'origines et de sens variés. À l'arrière-plan, apparaît clairement la notion de modèle ou de type agraire, c'est-à-dire la reconnaissance, au-delà de la diversité et complexité des formes, d'une régularité, d'un ordre, d'une organisation. Preuve que le paysage agraire qui est une disposition des lieux est bien d'abord un fait social.

Mais il n'est pas seulement social, la dimension culturelle est désormais au cœur des préoccupations des géographes. Certains consomment du paysage, comme d'autres consomment des musées ou des quartiers sauvegardés dans nos villes. Le paysage rural devient alors source de contemplation, et on n'hésite pas à aller à l'autre bout du monde pour admirer des organisations agraires, que ce soit les escaliers de rizières des pentes de l'île de Bali, ou l'ordonnancement géométrique des plantations de thé du Sri Lanka ou des hauts plateaux du Kenya. On transforme le paysage agraire en un décor. La valeur attractive de certains paysages est telle que l'on exige leur conservation, et qu'il n'y a qu'un pas pour en faire du patrimoine. N'est-ce pas la dérive actuelle en faveur du maintien des paysages de nos montagnes, la volonté de conserver l'intégrité du maillage bocager, ou les interdictions de bâtiments agricoles industrialisés qui viendraient rompre l'harmonie des paysages des marais maritimes de nos rivages atlantiques ?

## LE PAYSAGE, ENTRE HÉRITAGES ET NATURE

Le paysage est œuvre humaine, mais il est aussi produit de la nature. Les sociétés vont dessiner, modeler, agencer, combiner les divers éléments pour constituer un paysage. Dans le domaine agraire, les paysages résultants seront d'abord fonction des techniques, des densités et des orientations économiques, mais aussi des suggestions et des sujétions des milieux. C'est en fonction des rapports et interactions entre ces facteurs que les paysages vont se façonner.

Longtemps, on a fait des facteurs naturels les éléments explicatifs premiers. Ceci pouvait se comprendre du fait que l'on insistait sur la stabilité des paysages, et que ceux-ci étaient le fruit d'une lente et progressive domestication et domination de la Nature. On aboutissait ainsi à un déterminisme primaire qui est à rejeter. Aujourd'hui le regard a changé parce que depuis quelques décennies ce qui est constaté est la dynamique et le bouleversement des paysages. On tend donc à nier toute influence des milieux et des faits physiques sur la construction des paysages agraires. Ceci peut conduire à des mécomptes. Le gel, la pente, l'exposition, la nature et la profondeur des sols, la richesse et la régularité des pluies, sont des facteurs que tout paysan, d'ici ou d'ailleurs, doit prendre en compte dans ses choix et ses orientations culturales.

## LES FACTEURS DES MUTATIONS CONTEMPORAINES

Trois séries de facteurs ou éléments clefs sont à introduire dans la recherche des explications contemporaines.

### Les faits démographiques

Les tensions nouvelles liées aux faits démographiques conduisent à trois cas de figure :

– à une surexploitation des finages par alourdissement des densités humaines, c'est le cas le plus fréquent rencontré dans les régions rurales des pays en voie de développement,

– à la déprise de terroirs entiers, associée à l'exode des populations agricoles et rurales, au recul des espaces cultivés, c'est l'exemple de nombre de nos espaces ruraux des pays industrialisés,

– à une transformation des équilibres antérieurs, du fait de l'intrusion de nouvelles activités, et donc à une remise en cause des aménagements. C'est l'exemple des espaces en voie de périurbanisation dans lesquels l'agriculture devient un élément secondaire tout en occupant encore la majorité des espaces. Ce peut-être également l'irruption d'un nouveau mode d'utilisation du sol qui vient perturber une économie agricole traditionnelle, c'est le cas de l'installation de l'économie coloniale de plantation dans une économie de subsistance qui provoque, de fait, une concurrence foncière.

Ces mutations, imbriquées avec les nouveaux rapports entre le nombre des hommes et la terre disponible, sont d'autant plus à prendre en compte que s'ajoute la prise de conscience des excès d'une agriculture productiviste mettant en péril les équilibres écologiques.

### La prise en compte de l'environnement

La prise en compte de l'environnement dans une perspective de développement durable a donc des implications en chaîne sur les paysages. S'ajoute aux craintes vis-à-vis de la préservation des milieux le risque d'une banalisation et d'une uniformisation des paysages agraires du fait du rôle des contraintes techniques liées à l'irruption de la motorisation. Ces inquiétudes, plus ou moins justifiées, et qui sont souvent de l'ordre de la représentation, contribuent à expliquer le processus de patrimonialisation des paysages agraires que l'on entend conserver et figer dans une perspective culturelle.

### Le souci du patrimoine

Les considérations nouvelles en faveur du patrimoine font que désormais les paysages agraires sont considérés comme des objets à préserver, voire même à reconstituer. Ces nouvelles exigences, qui modifient fondamentalement l'angle d'approche des observateurs, sont pour l'instant le privilège des pays riches dans lesquels les productions alimentaires dépassent les besoins. Dans les pays en voie de développement, la permanente incertitude demeure et les préoccupations paysagères ne sont guère le fait des paysans, lesquels demeurent encore largement majoritaires dans les populations rurales

La diversification des fonctions des espaces ruraux, en particulier l'étalement de la fonction résidentielle, permanente ou temporaire, mais aussi le renversement du poids relatif entre les agriculteurs et les non-agriculteurs dans l'espace rural, exacerbent les conflits autour des problèmes des paysages entre la fonction de production et celle de contemplation.

Ainsi les transformations profondes des sociétés rurales, liées soit à des faits d'évolution endogène, soit à des éléments perturbateurs exogènes, bouleversent les paysages agraires. Les structures agraires traditionnelles qui répondaient aux équilibres antérieurs entre les hommes et la terre et qui prenaient des formes variées selon les lieux et les milieux se trouvent donc désadaptées. Les paysages reflètent ces ambiguïtés et ces équivoques, d'autant que des facteurs d'inertie viennent interférer. Chaque élément des combinaisons paysagères, en particulier l'habitat, la voirie, la dimension et la forme des parcelles, la répartition des cultures, ayant leur propre rythme. Ces dynamiques contradictoires sont donc la résultante d'un grand nombre de facteurs entremêlés.

En résumé, un paysage agraire est une construction humaine, il est un héritage de l'histoire, donc de pratiques sociales et culturelles. Mais on ne saurait oublier qu'il s'inscrit dans des conditions de milieu naturel qui sont diverses et variées à la surface du globe. Les paysages agraires sont la traduction de ces combinaisons de réalités et de facteurs explicatifs. Ces combinaisons forment systèmes qui s'organisent en agencements de formes et d'étendues. Ceux-ci changent dans le temps à des rythmes différents selon les lieux et ce, en relation avec les faits sociaux, les techniques utilisées, les représentations.

## PLACE ET PART DES SURFACES CONSACRÉES À L'AGRICULTURE DANS LE MONDE

La part relative occupée par les aménagements agraires à la surface du globe, c'est-à-dire les paysages organisés, façonnés, appropriés et mis en valeur à des fins de production agricole, est très variable selon les lieux, les latitudes et les continents. En outre, apprécier la place occupée par les paysages agraires vis-à-vis des autres modes d'occupation de l'espace demeure difficile tant les frontières peuvent être floues entre espace dit naturel et espaces agraires.

On évalue la part des surfaces agricoles, toutes productions et tous modes d'utilisation du sol confondus à environ un quart des surfaces émergées, mais un ouvrage récent (Mérenne-Schoumaker, 1999) donne le pourcentage de 36 % de la surface des continents comme superficie agricole. En revanche, un autre (Diry, 2000) affirme d'entrée de jeu que « toute campagne est agricole », et il rejette hors du champ d'analyse tout ce qui concerne les types d'occupation d'espace naturel dans lesquels les paysans n'ont pas, peu ou prou, modelé des paysages originaux. Or la frange peut être incertaine tant dans les prairies de l'Ouest américain, la Pampa argentine, que dans les savanes africaines ou le *sertao* brésilien. La présence d'un enclos, le dessin d'un vague chemin, des traces d'un brûlis volontaire, peuvent à juste titre être considérés comme des marques d'un début d'intervention.

L'incertitude majeure réside dans l'inclusion ou non des terres de parcours très peu ou pas du tout artificialisées par la main de l'homme. Que faire des landes, des forêts, des steppes, des maquis et garrigues ? Faut-il inclure dans les surfaces agraires des espaces naturels pâturés dans lesquels l'homme n'intervient pratiquement pas, si ce n'est pour favoriser les feux de brousse ? Dans le même ordre d'idée que faire des forêts dans lesquels le bétail peut se nourrir ?

Ces interrogations posent implicitement la question des espaces agraires éphémères que sont les espaces couverts par l'agriculture itinérante sur brûlis. Les jachères de longue durée en pays tropical font partie de l'espace utilisé par les communautés villageoises, même si elles ne sont pas effectivement mises en culture à l'instant donné pour l'observateur. On sait combien cette non-reconnaissance de l'inclusion de ces espaces périphériques par les colonisateurs a pu provoquer des conflits lors de l'expansion de l'agriculture de plantation qui s'est faite aux dépens de ces espaces villageois servant en réalité de réserves à long terme. Il suffit d'évoquer la révolte dite des « mau-mau » après la Seconde Guerre mondiale au Kenya face au grand projet britannique de mise en culture pour l'arachide.

Tableau 1 : **La place des grands types d'espaces dans le monde**

| | |
|---|---|
| Surface totale des terres émergées | 150 millions de km$^2$ |
| Espaces trop froids ou trop secs | 55 millions de km$^2$ |
| Espaces dits marginaux, savanes ou steppes (susceptibles d'être utilisés par un élevage extensif) | 30 millions de km$^2$ |
| Surfaces aptes à une utilisation agricole (non compris les pentes trop fortes, les sols squelettiques, les espaces occupés par d'autres usages) | 65 millions de km$^2$ |
| Terres réellement cultivables | 27 à 33 millions de km$^2$ |
| Terres arables labourées (non compris terres en friches et jachères) | 15 millions de km$^2$ |

D'après P. Gourou

En revanche, les auteurs s'accordent mieux sur les surfaces dévolues aux terres arables, c'est-à-dire retournées et labourées. En 1960, P. George donnait le chiffre de 14 millions de km$^2$ « de terres ensemencées et plantées ». Dans la décennie 1970-1980 d'autres auteurs estimaient les surfaces labourées à 12 millions de km$^2$, soit 12 milliards d'hectares. Selon P. Gourou, elles couvriraient 10 % des surfaces, soit 15 millions de km$^2$. C'est désormais ce chiffre qui est habituellement retenu (R. Chapuis, 2001). Il est donc de très vastes surfaces du globe qui demeurent hors du champ des réalités agraires, soit parce qu'elles sont trop hautes, trop froides ou trop sèches.

La marge de progression des surfaces agraires varie également très fortement selon les auteurs. Ces approximations très aléatoires, et ces chiffres grossiers, expliquent les écarts observés quant aux capacités de nourrir l'humanité de demain. Les prospectives vont du simple au triple selon les auteurs (Klatzmann, 1983).

Un autre grand trait majeur est que la répartition des espaces agraires est très inégale selon les continents et les latitudes.

Tableau 2 : **Les surfaces cultivées en pays tropical**

| Régions | Millions de km$^2$ | Surface récoltée par an | % de terres récoltées | Surface récoltée par an et par habitant |
|---|---|---|---|---|
| Asie tropicale pluvieuse | 7 | 2,5 | 35 | 0,21 ha |
| Reste du monde tropical | 29 | 1,5 | 5 | 0,31 ha |
| dont Amérique | 13,2 | 0,6 | 4,5 | 0,31 ha |
| dont Afrique | 13,5 | 0,8 | 6 | 0,3 ha |

D'après P. Gourou

À l'échelle des États au sein d'un continent on retrouve bien entendu des écarts tout aussi significatifs de mise en valeur. La relation avec les densités est forte, ce que des auteurs ont bien montré, quelquefois de façon systématique (Boserup, 1970 ; Gourou, 1976).

Enfin, les dynamiques de peuplement montrent que les répartitions ne sont pas figées et que chaque jour de nouvelles campagnes naissent et s'organisent. Ainsi, selon les continents et les zones climatiques, la part relative des surfaces agricoles que l'on peut assimiler à la surface agricole utilisée (SAU) et les pâturages régulièrement utilisés varie considérablement, et ce constat peut se faire à toutes les échelles géographiques. Il y a donc de grandes discontinuités et, somme toute, les paysages agraires occupent une place très minoritaire des surfaces émergées.

Tableau 3 : **Rapports entre la part des terres cultivées et les densités brutes de population**

| États ou régions | % de surface cultivée | Densité de population |
|---|---|---|
| Gabon | 0,5 | 2 |
| Mali | 4 | 14 |
| Kenya | 18 | 52 |
| Rwanda | 34 | 165 |
| Laos | 3 | 15 |
| Vietnam | 19 | 143 |
| Union indienne | 40 | 192 |
| Java | 70 | 600 |

D'après P. Gourou

En outre, le terme de paysage agraire peut s'entendre de façon différente. Il y a souvent des combinaisons de plusieurs utilisations des sols à échelle des finages et des terroirs, et le paysage est l'agencement de ces combinaisons.

Quelques grands caractères sont à retenir dans l'analyse des paysages agraires et des espaces ruraux :

– Les paysages agraires ont un caractère évolutif, dynamique. Un paysage agraire, contrairement à l'idée reçue n'est pas figé. Il se modifie en fonction de paramètres de nature différente.

– Il y a depuis quelques décennies une accélération des mutations paysagères liée à des faits d'ordre technique. L'action des hommes est de plus en plus efficace tant dans les processus d'aménagement que dans les effets destructeurs.

– Les facteurs de pression démographique sur la terre sont également à l'origine des bouleversements contemporains, soit par l'alourdissement des densités soit par l'exode et l'abandon. Il en résulte ici la mise en place de fronts pionniers, là des tentatives de réforme agraire et de redistribution des terres, ailleurs l'abandon de pans entiers de l'espace agricole, ou encore des mutations radicales du contenu des sociétés rurales.

– Le bouleversement des paysages ruraux est également le fait de l'irruption de nouvelles fonctions, notamment résidentielles, qui conduisent à une urbanisation des modes de vie et à un alignement des formes sur le modèle de la ville : espaces construits, voies de circulation, lotissements, zones d'activité etc., viennent tronçonner et modifier les structures agraires de jadis.

– Ces différences dans les transformations des paysages et l'accélération des processus expliquent et justifient le souci exprimé par de nombreux observateurs de protection, de maintien voire de restauration, et donc de patrimonialisation, des paysages.

– Ces mutations contemporaines rendent quelque peu obsolètes les descriptions classiques sur les types de paysages, en particulier les fameuses oppositions bocages-champs ouverts, agriculture itinérante ou sédentaire, et elles ouvrent des champs nouveaux d'analyse, tant sur les transformations des fonctions des paysages agraires que sur les transformations du contenu social des campagnes, de plus en plus plurifonctionnelles.

– Mais ce qui doit interpeller le géographe est le rôle des héritages qui peuvent peser sur les modes d'aménagement d'aujourd'hui. C'est la raison d'être d'une description ordonnée. Elle permet de retrouver les traces encore visibles, certaines fonctionnelles, d'autres désadaptées, de l'histoire agraire des paysages.

Chapitre 2

# L'évolution des paysages agraires

La diversité des combinaisons agraires présentes à la surface du globe conduit à une extrême complexité des formes paysagères qui défie tout essai de typologie. Ceci tient au grand nombre des facteurs de natures variées qui concourent aux formes d'organisation. Outre les éléments classiques mis en avant dans la recherche des explications : milieux physiques et héritages, s'ajoutent deux facteurs plus prégnants désormais du fait de leurs dynamiques : les techniques et la diversification des usages.

## LES DYNAMIQUES NOUVELLES

### Motorisation et accélération des rythmes

Des techniques aptes à modifier les possibilités d'action sur les milieux naturels ont existé depuis les débuts de la mise en valeur des territoires, mais elles ont progressivement évolué et se sont affinées. Autrefois, le rythme des changements et la diffusion de techniques nouvelles étaient extraordinairement lents. Désormais, les rythmes se sont accélérés tandis que le pouvoir des nouvelles technologies a bouleversé les modalités d'action. Que l'on songe à l'intrusion du moteur, tant pour les capacités de transport, les labours, l'abattage des arbres ou la fourniture de l'eau. En quelques décennies tout au plus la quasi-totalité des espaces cultivés se trouve désormais aménagée et utilisée à l'aide du moteur. La capacité d'action des hommes en a été démultipliée. En Afrique centrale tout comme au fond de l'Amazonie la technique de l'agriculture sur brûlis a été bouleversée par l'utilisation des tronçonneuses.

### Multiplication des usages et des fonctions

Il en est de même quant à la diversité des usages et fonctions dévolus aux espaces ruraux. Certes, hier, les espaces agraires étaient pénétrés et imprégnés d'activités non directement agricoles. À l'époque moderne en Europe, les campagnes étaient parsemées de résidences de propriétaires, d'industries rurales, d'espaces consacrés à la villégiature et à la chasse. La présence de ces activités concourait à la diversité des formes d'organisation agraire. Il suffit d'évoquer les bosquets et taillis maintenus dans les campagnes découvertes du Bassin parisien pour la chasse, ou aux allées, parcs et jardins d'agrément des propriétés de la gentry anglaise.

Mais aujourd'hui l'intrusion des formes d'habitat résidentiel, d'une voirie nouvelle indifférente aux réalités locales, la multiplication des lieux consacrés aux loisirs, la création d'espaces sans lien aucun avec la mosaïque agricole, rendent plus complexes les formes et les usages des paysages. Il faut y ajouter la puissance de transformation des paysages par le recours aux techniques nouvelles associées à des volontés politiques de remise en ordre, les remembrements et les réformes agraires offrent des témoignages de cette radicalité des transformations faisant quelquefois table rase des héritages.

### Un renversement dans l'ordre des facteurs

Dans l'explication des formes paysagères des espaces ruraux d'aujourd'hui tout se passe comme s'il y avait un renversement dans l'ordre des facteurs. Le poids relatif des sujétions des milieux et des héritages de l'histoire cède devant l'irruption et la force des techniques, la diversification des usages et le rôle des facteurs économiques à l'échelle planétaire.

Même s'il est vrai que devant le constat de banalisation et d'uniformisation induites par la puissance des outils techniques, économiques et politiques, on note dans les pays développés une prise de conscience en faveur d'une protection et d'un ménagement des organisations héritées dont la transformation radicale, le bouleversement, voire la simple destruction, sont désormais autorisés par les moyens à disposition des sociétés locales. Il y a donc, en fonction du principe de précaution, tentative de mettre en place un développement durable synonyme d'une évolution plus mesurée des paysages.

Différents types de facteurs interfèrent pour donner sens à la très grande diversité des paysages agraires. On ne saurait opérer un classement entre eux, en revanche, on peut faire le constat d'interrelations complexes entre ces facteurs explicatifs.

## DES CONTRAINTES DES MILIEUX PHYSIQUES À LA QUESTION DE L'ENVIRONNEMENT

### Le poids des contraintes

Les bouleversements contemporains des paysages et organisations agraires pourraient faire croire que « la tyrannie » des facteurs naturels, avancée autrefois pour expliquer les répartitions constatées et « la permanente incertitude » (George, 1963) a disparu. Il n'en est rien. Certes, l'artificialisation des milieux conduit dans les sociétés techniquement les plus développées à une maîtrise des milieux qui gomme ou efface le poids des contraintes. Mais ces dernières demeurent lorsqu'il s'agit d'évaluer des coûts comparatifs. Observer ces conditions, peser les sujétions qu'elles entraînent et décrire les combinaisons agraires en fonction de ces contraintes, demeurent des nécessités. L'analyse des contraintes et sujétions physiques, notamment en terme de limites biophysiques liées à l'altitude, aux pentes, au gel, aux sols, et surtout aux quantités, aux rythmes intra-annuels des précipitations, et leurs irrégularités, reste fondamentale dans l'examen des faits agraires (R. Chapuis, 2001, p. 101-146).

## Les rapports à l'environnement

Cette approche, revisitée sous l'angle de l'environnement dans la littérature géographique, est toujours d'actualité. Les relations nature/société sont désormais analysées selon une approche systémique mettant en valeur les interrelations. Le concept de géosystème, diffusé par G. Bertrand et J. Tricart, en rend compte.

Selon G. Bertrand, le flou des définitions retenues et des concepts utilisés rend ambiguës ces relations puisque l'on assimile volontiers environnement et nature et nature à campagne. Ce sont des rapprochements aboutissant à des collisions et collusions de sens. Or la nature des rapports entre nature et société a changé, notamment dans nos sociétés agraires européennes par le brutal renversement entre le nombre des hommes et la terre disponible, alors que dans les pays du Sud, en particulier en Afrique et en Asie, pression démographique et croissance du nombre des paysans exercent encore leurs effets afin d'étendre les terres arables.

Schématiquement, nous expose G. Bertrand, l'on est passé par quatre stades :

– la nature contre la société. C'est l'époque où il s'agissait de lutter contre la nature et peu à peu de l'artificialiser, de l'anthropiser ;

– la nature domestiquée. C'est l'époque du fameux et pseudo équilibre entre les hommes et la nature, célébré par la géographie classique de Vidal de la Blache et de son « possibilisme » par opposition au « déterminisme », ce à partir d'une conception naturaliste de la géographie ;

– la nature occultée ou niée. C'est l'idée démiurge d'une nature vaincue. La révolution technicienne et le déterminisme social et technologique fournissent les explications de ce nouvel ordre. Tout est possible et les fondements naturalistes de la géographie vacillent. Il n'y a plus d'explication que par le social et l'économique ;

– la nature retrouvée. Les lendemains déchantent. On fait le constat de l'épuisement des ressources non renouvelables, de la pollution des eaux et des sols, des grands cycles naturels perturbés. Émerge une conception nouvelle de la nature, faite du constat de crises, de catastrophes. Le sentiment d'une dégradation des équilibres essentiels (effet de serre, défrichement des forêts, désordres climatiques) est de plus en plus partagé. Parallèlement la banalisation et l'uniformisation des paysages agricoles et la disparition des paysages familiers, assimilés à tort à des permanences, remettent en question la nature des actions sur les milieux.

Ce « retour en force de la nature et du naturel » (G. Bertrand, 1975) fait que l'on en revient dans les pays développés à reconnaître le poids des facteurs naturels dans les choix des agriculteurs. Alors que l'on pensait avoir vaincu les sujétions des milieux à l'aide des techniques (drainage, irrigation, engrais, pesticides, etc.), on en revient désormais à repenser le rôle des milieux naturels sous la forme d'un déterminisme relatif de suggestions offertes.

# RAPPORTS ET INTERACTIONS ENTRE ENVIRONNEMENT, AGRICULTURE ET SOCIÉTÉ

## Les évolutions démographiques

Un premier facteur de déséquilibre réside dans les évolutions spectaculaires et récentes des populations qui déstructurent les relations entre milieux et sociétés locales.

### De nouvelles instabilités

Ce peut être un accroissement trop rapide des populations qui rompt avec un système adapté à une croissance lente et à de faibles densités. C'est l'exemple de l'agriculture sur brûlis des pays tropicaux dont le maintien ne peut se concevoir qu'avec une démographie stagnante et de faibles densités permettant une agriculture itinérante à longues jachères. Les particularités de ce type d'agriculture sont bien connues. Il agresse peu les milieux puisqu'il permet à ceux-ci de se reconstituer. Il exige relativement peu de travail s'il donne de faibles rendements à l'hectare. Mais il ne peut se pérenniser qu'avec de faibles densités. Il est extensif et à faible productivité. Il s'agit donc d'un système « durable » à certaines conditions. Toute rupture de l'équilibre, soit par une réduction brutale des surfaces disponibles, liée par exemple à l'arrivée de nouvelles populations (c'est le cas de la colonisation), soit par un accroissement trop rapide des populations (c'est le cas de la révolution démographique contemporaine) condamne ce système. L'accélération du rythme des rotations ne permet plus de laisser aux sols le temps de se régénérer et ceci conduit à une culture continue qui, sans l'apport de fertilisants, épuise les sols.

À l'inverse, en d'autres pays, ce peut être la diminution trop rapide de la force de travail par l'exode agricole qui peut conduire à la rétraction des espaces cultivés et à l'abandon des finages. Le recul spectaculaire contemporain de l'agriculture dans les moyennes montagnes des pays tempérés résulte de ce processus.

Dans ces deux cas de figure, les sociétés locales doivent transformer leurs rapports avec les milieux et modifier les systèmes de mise en valeur. Elles peuvent le faire, on le verra plus loin, selon des modalités très variées. Encore faut-il qu'elles obéissent à un certain nombre de conditions.

Le déséquilibre introduit par l'explosion démographique dans les pays tropicaux est par son ampleur et sa rapidité le plus déstabilisant. Dans les systèmes reposant sur l'agriculture de subsistance, il y a, il y avait devrait-on dire, un subtil équilibre entre les densités de population, la quantité de travail et les formes de mise en valeur agraire. Plus la densité est forte, plus il y a de besoin, et plus les techniques doivent être intensives, savantes et sophistiquées. Aussi différents auteurs (E. Boserup, J. Chonchol, R. Lebeau, F. Pélissier) ont-ils pu montrer la gradation existante, et les rapports entre densités et formes de mise en valeur, allant, très schématiquement de l'agriculture sur brûlis (ou *shifting cultivation*) aux rizières irriguées à trois récoltes annuelles de quelques deltas et plaines de l'Asie du Sud-Est.

Or, tous ces systèmes reposaient sur des équilibres démographiques lentement mis en place, mais dont le caractère premier était, au-delà des fluctuations sur des temps courts, la stabilité. C'est cet équilibre ancestral, ou la très lente accumulation, qui a été rompu depuis une cinquantaine d'années. En dépit d'un accroissement considérable des villes lié à l'exode rural, il y a cependant une pression aggravée sur les terres cultivées. Les paysanneries s'entassent et la population agricole continue à croître.

Ce nouveau rapport entre le nombre des hommes et la terre disponible condamne à court terme le système d'agriculture sur brûlis qui a été depuis les origines de l'humanité un modèle d'aménagement réalisé par des populations en différentes parties du monde. Ce type d'aménagement qui est une technique primitive et qui porte des noms différents selon les lieux (le *lougan* en Afrique, le *ray* en Asie du Sud-Est, le *milpa* en Amérique centrale, le *tavy* à Madagascar, le *ladang* en Indonésie, le *kaïngin* aux Philippines, le *roça* au Brésil) ne peut se pérenniser que si les densités restent faibles. Or cet équilibre est désormais rompu.

### Les réponses aux évolutions démographiques

Face à ce déséquilibre le premier moyen pour s'en sortir est l'intensification. On passe d'une agriculture itinérante sur brûlis à longue jachère à un système de culture de plus en plus permanent, jusqu'à des finages fixes. Se pose alors la question du maintien de la fertilité en l'absence d'apports d'engrais adaptés aux conditions climatiques et aux types de sols. Une deuxième possibilité est de passer d'une agriculture sèche, aléatoire et « loterie », fonction des caprices du climat, à une agriculture irriguée, l'eau assurant les récoltes. Encore faut-il maîtriser les techniques d'utilisation de l'eau, qui ont des coûts élevés, et qui exigent des conditions d'encadrement et des sociétés organisées et solidaires. Enfin, une troisième attitude est d'accroître les terres cultivées, soit par grignotages successifs sur les limites des finages, aux dépens des zones naturelles situées au-delà, mais ces dernières fondent comme neige au soleil, et le finage tend à rejoindre ceux des villages voisins, soit par la colonisation de nouvelles terres et la déforestation de vastes ensembles jusqu'alors non utilisés, c'est le processus des fronts pionniers qui a constitué depuis une cinquantaine d'années la principale soupape pour pallier les déséquilibres nés de la démographie. La géographie de ces fronts pionniers aux dépens des forêts montre la rapidité de leur progression, tant au Brésil, qu'en Afrique centrale ou dans les montagnes asiatiques du Sud (Fig. 1).

## La dégradation de l'eau, des sols et de l'air

### Des constats alarmants

Les signes sont multiples et concordants. On peut citer la question controversée du réchauffement du climat et de l'amincissement de la couche d'ozone. Ces deux dangers potentiels sont liés semble-t-il aux activités humaines. Plus probante est

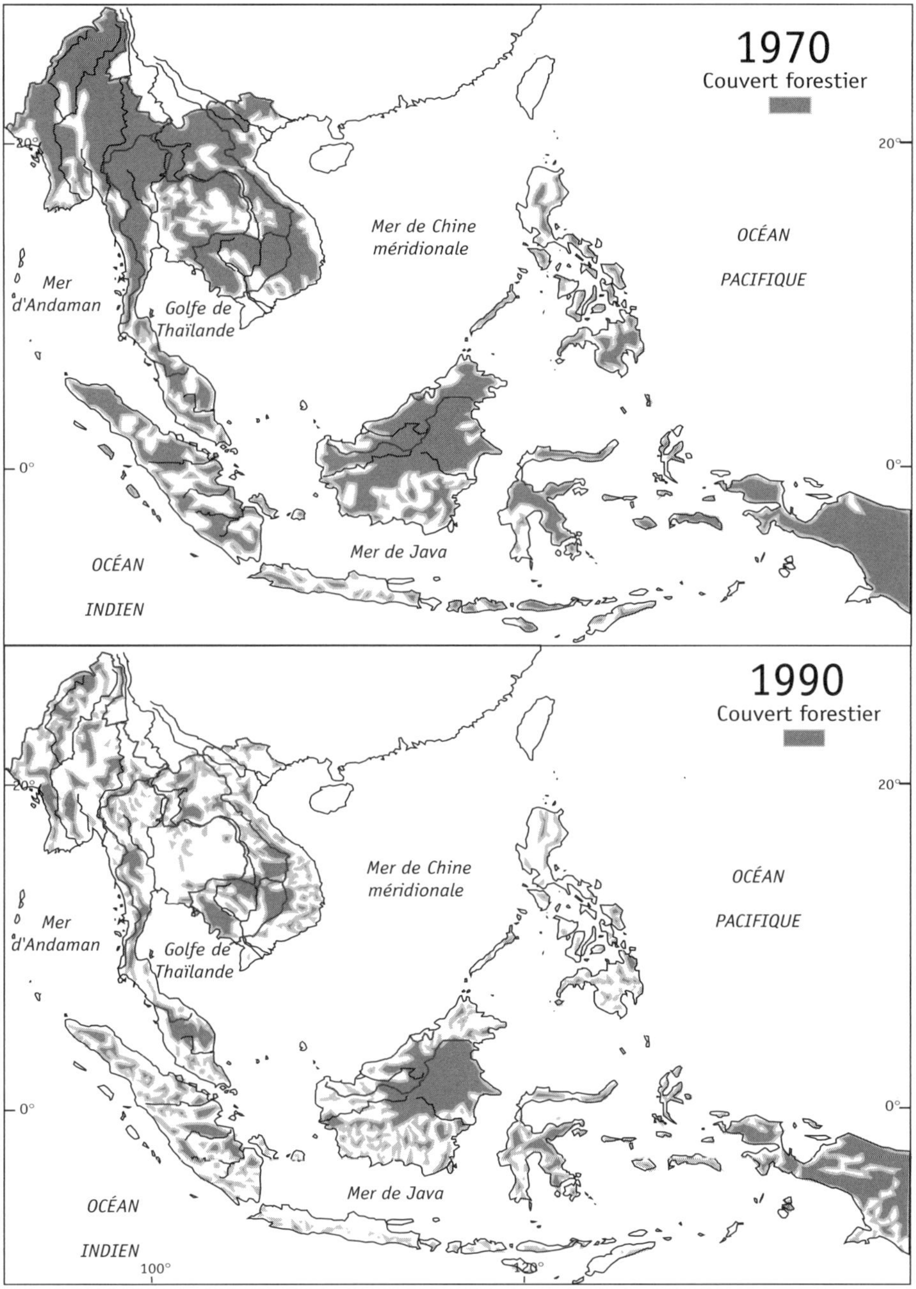


Figure 1 : **La déforestation en Asie du Sud-Est entre 1970 et 1990**
D'après R. de Koninck, 1994, p. 255

la diminution des ressources en eau dans laquelle l'agriculture a des responsabilités majeures. Il y a surexploitation et beaucoup de fleuves n'arrivent plus à l'océan. Le Colorado, le fleuve Jaune, l'Amou Daria sont des exemples. La raréfaction des terres arables et les progrès, qui ont été mesurés, des zones désertifiées, constituent un autre danger, tandis qu'ailleurs ce sont les déforestations liées à des exploitations abusives.

Les pratiques d'une agriculture peu préoccupée d'une conduite en bon père de famille aboutissent au retour de l'érosion éolienne. Aux États-Unis les subventions accordées aux labours selon les courbes de niveau et l'alternance blé/luzerne ont été abandonnées, tandis que la culture sans labours mais à coups d'herbicides fait renaître les *blackblizzards* et autres *dustbowls*. Ailleurs, la politique d'assèchement des marais et des bonifications est préjudiciable aux équilibres des milieux. En moins de trente ans dans le Marais poitevin les deux tiers des prairies naturelles ont disparu au profit des cultures céréalières.

Dans ces interactions l'agriculture joue un rôle ambigu. Certes, elle a su et pu faire face à l'augmentation des populations et des besoins en mobilisant au maximum les sols et en augmentant de façon spectaculaire les rendements grâce à la mise en œuvre de moyens scientifiques. Mais ce bilan positif a ses revers. C'est la déforestation excessive dont les effets sont réels même s'ils sont mal appréciés. C'est l'épuisement des ressources en eau. C'est l'utilisation massive d'intrants, notamment les engrais et pesticides, dont on a sans doute dépassé en maints endroits les seuils admissibles.

La prise en compte des facteurs environnementaux majeurs limitera certainement le développement de la production agricole. Une nouvelle attitude est de plus en plus partagée qui est de prévenir les crises plutôt que de remédier à leurs effets, ce en faisant jouer le principe de précaution. C'est ce paradigme qui est au cœur du concept de développement durable évoqué lors de la conférence de Rio sur l'environnement en 1992. C'est aussi ce qui soutient la démonstration en faveur d'une « utilisation rationnelle du milieu » (Tricart 1994).

#### Deux analyses révélatrices

J. Tricart montre que si la modernisation agricole des pays tempérés s'est faite au long d'un siècle et demi, son transfert en l'espace d'une génération vers les pays tropicaux, souvent en imposant des techniques non adaptées, s'est révélé désastreux. Ainsi les engrais chimiques sont inefficaces car ils sont dissous et emportés par les eaux. De même le labour à la charrue est souvent très dangereux pour le maintien des sols. Il y a donc nécessité d'adapter les pratiques et techniques agricoles au milieu, encore faut-il bien le connaître. Or, souvent les techniques ont évolué très vite, de même les milieux humains par la croissance démographique, alors que la connaissance des milieux et des pratiques agronomiques a été beaucoup plus lente. D'où les nombreux déséquilibres et échecs. Il est indispensable, nous dit J. Tricart, de mesurer et de prévenir l'impact des activités agricoles sur le milieu naturel. Un examen systémique des milieux naturels et sociaux permet le respect d'un certain nombre de précautions. Il donne de nombreux exemples de ces déséquilibres :

– les vallées des déserts littoraux du Pérou. L'utilisation abusive des eaux à l'amont a permis de surirriguer les terres et de les laver des sels contenus dans les alluvions, mais c'est un désastre à l'aval ;

– l'irrigation par l'Office du Niger au Mali, faute d'accompagnement du drainage, a abouti aux mêmes résultats.

– en Libye, l'irrigation par l'eau fossile chaude remplie de sels dissous a provoqué la création de marécages.

En revanche, il réhabilite l'agriculture sur brûlis qui avec le bâton à fouir, un entretien minimal, la longue jachère et le maintien des arbres, stabilise les milieux.

Un autre exemple pour illustrer les interactions milieu/agriculture et société est celui de la Côte-d'Ivoire (J.-P. Chaléard 1996). Il rend également responsable de la crise agricole actuelle l'intrusion massive et mal maîtrisée des techniques modernes qui conduit à la dégradation des milieux écologiques. On est passé, en moins de cinquante ans, d'une agriculture forestière sur brûlis autorisant la repousse des arbres et reposant sur les cultures vivrières de riz, manioc, banane plantain, haricot et taro, avec des jachères de 8 à 15 ans, permettant une densité maximale de 30 habitants au km$^2$, à une fièvre de plantations paysannes (*small holding*) de cacaoyers. La terre appartenant à celui qui la met en valeur, on a assisté à une extension inconsidérée des plantations sur la totalité des terres disponibles. En 1956-60 il y avait encore 12 millions d'hectares de forêts, il n'y en a plus que 2,2 millions. L'essentiel protégé par l'État. L'essor s'est fait par un front pionnier de défrichement, les exploitations se déplaçant à la recherche de terres neuves. Ces espaces vides d'hommes ont connu un boom cacayoer avec une colonisation par des migrants venus des savanes plus au nord. Les densités ont été localement multipliées par dix.

Désormais le système est bloqué. La reproduction des exploitations doit se faire sur des finages fixés. Or le milieu naturel a été considérablement appauvri. Il y a eu une baisse des précipitations de l'ordre de 300 à 400 mm, et la période de sécheresse a augmenté. On passe sous la barre des 1 200 mm qui est le seuil pour le cacayoer. Lors de la saison sèche, l'alizé soumet les plantations à des stress qui abaissent les rendements et qui favorisent les parasites. La fertilité des sols a également baissé, le signe en est l'expansion de l'astéracée, une formation herbacée qui constitue 75 % de la biomasse et qui ne laisse pas se propager les feux de brousse. D'où la chute des rendements. Comme parallèlement les cours du cacao et du café se sont effondrés, les conditions de vie des planteurs, qui ont abandonné les cultures vivrières, se sont dégradées. On a ici un bel exemple de prédation et de non-prise en compte de l'environnement.

## Les facteurs technico-économiques et les modes de production

### Le rôle des techniques utilisées

Le progrès technique bouleverse les conditions de travail en agriculture et est à l'origine des transformations accélérées des paysages agraires. Un seul exemple suffira à le montrer. Alors qu'en 1950, en culture attelée avec des bœufs, sur la base de 2 km/h, on pouvait labourer un hectare par jour, aujourd'hui, avec des charrues de 6 à 8 socs et une vitesse du tracteur entre 6 à 8 km/h on laboure 16 hectares par jour.

La maille parcellaire techniquement adaptée a donc démesurément grandi, et ceci explique la simplification et la géométrisation des damiers parcellaires.

La maîtrise de l'eau par les techniques modernes d'irrigation provoque des adaptations des réseaux et des mutations du même ordre vis-à-vis des vieux systèmes des *huertas*, et l'on voit se juxtaposer deux systèmes d'utilisation de l'eau aboutissant à des paysages très différents, comme c'est le cas des *huertas* de Murcie (Hérin, 1974), à moins qu'il y ait surimposition et remplacement par un système moderne de l'ancien système d'irrigation devenu obsolète (Fig. 2).

De la même façon, un ajustement permanent doit se faire entre les capacités technologiques et la population active techniquement nécessaire. Or il existe des différences considérables selon les lieux et des évolutions très rapides dans le temps.

### La dualité agraire

Fondamentalement les contrastes tiennent à l'existence à l'échelle mondiale de deux systèmes agraires dont les objectifs sont radicalement différents. D'une part, on a des masses pléthoriques de paysans vivant en quasi-subsistance et dont l'objet principal est de produire pour survivre, chaque agriculteur nourrissant très peu d'habitants, et d'autre part de très petites minorités d'agriculteurs et d'entrepreneurs qui produisent pour vendre des excédents considérables, chacun pouvant faire vivre un très grand nombre d'habitants, c'est l'agriculture productiviste et de marché des pays développés.

Ces deux types ne s'excluent pas géographiquement, ils peuvent cohabiter. Ainsi en pays tropical l'agriculture de subsistance fait place à une agriculture de marché, soit pour fournir en produits exotiques les populations des pays développés, soit pour nourrir les masses citadines locales. De même, dans les régions d'économie agricole de marché des pays industriels, des enclaves de paysanneries traditionnelles peuvent subsister. Ces évolutions et ces dynamiques de nature différente ont des transcriptions paysagères qui se lisent aisément dans les parcellaires.

### Intensification et productivité

Au sein du second groupe on distingue deux sous-ensembles. Dans les pays neufs (États-Unis, Canada, Argentine, Australie, etc.), on dispose de grandes surfaces et de peu de travailleurs, aussi obtient-on de faibles rendements avec de faibles densités d'agriculteurs, mais le résultat par actif est excellent, il mesure la productivité. Tandis qu'en Europe, les surfaces sont plus limitées et la densité des travailleurs plus élevée, on force donc sur les résultats à l'unité de surface, donc sur les rendements, ce qui mesure l'intensification.

L'exemple de la production du blé en fonction de ces ratios est éclairant. En Australie, on obtient de 15 à 20 quintaux de blé à l'hectare, sur des exploitations d'environ 1 000 hectares, dont le tiers est consacré au blé, ce avec un seul travailleur. On produit donc 5 500 quintaux de blé par actif. Au Canada, sur une

Un parcellaire très morcelé, structuré par des séguias, témoignait des anciennes pratiques des partages des terres et des droits des eaux. En 1955, à l'initiative des autorités coloniales, un réseau de canaux bétonnés est venu se surimposer au système ancien. Deux maillages ont été superposés, sans cohérence ni remembrement des terres.

Figure 2 : **L'irrigation à Mezrir (Algérie)**
D'après M. Côte, 1988, p. 279

exploitation moyenne de 450 hectares, dont 80 % consacrés au blé, avec un rendement moyen de 21,5 quintaux à l'hectare, chaque travailleur produit 8 000 quintaux. Dans le Bassin parisien, avec une moyenne de 65 quintaux à l'hectare et à raison de 150 hectares par travailleur, on produit 10 000 quintaux par actif.

On saisit mieux le contraste lorsque l'on met en parallèle la Chine du Nord, dans laquelle chaque individu dispose d'un mu, soit 1/15$^{e}$ d'hectare sur lequel il peut sortir 4 quintaux, soit un rendement non négligeable de 60 quintaux à l'hectare. Si l'on appliquait cette charge de travail du modèle chinois dans une exploitation céréalière de la Beauce de 150 hectares et à un seul travailleur, elle devrait employer 2 250 personnes !

On mesure mieux les contrastes des agricultures, mais aussi des paysages agraires, par ces quelques données chiffrées. On comprend également mieux la réflexion de l'écrivain R. Vailland faisant le récit au début des années 60 d'un voyage en Chine lorsqu'il dit qu'il y a vu « des champs qui n'étaient pas plus grands qu'une table de salle à manger d'une ferme de Beauce » !

## LES STRUCTURES HÉRITÉES ET LES MODES D'ADAPTATION

### Deux modes d'adaptation

Face aux contraintes des structures agraires héritées de modes de production ou de rapports fonciers obsolètes, mais qui sont des facteurs d'inertie, et devant les nécessités d'adaptation nées de la diffusion des nouvelles techniques ou de la volonté exprimée d'une nouvelle répartition entre le travail, le capital et la terre, il existe deux modes de réaménagement pour adapter les structures agraires à la nouvelle économie rurale. La nature, les caractères, les moyens et les échelles géographiques d'intervention sont très différents.

Avant de les évoquer, notons que leur transcription sur les paysages est très visible, et quelquefois même radicale puisqu'elle tend à modifier le dessin des configurations agraires, l'organisation et la taille des parcelles et qu'elle s'accompagne souvent du bouleversement d'un certain nombre de traits du paysage : chemins, talus, haies, arbres, terrasses, des corps de ferme même peuvent disparaître.

#### Les restructurations foncières

Le premier moyen est une adaptation volontariste aux transformations technologiques, tout particulièrement à l'intrusion du moteur, ce sont les restructurations foncières dont la procédure la plus utilisée est le remembrement. Il se contente, ce qui n'est déjà pas mince, de modifier la répartition des biens dans l'espace afin d'en améliorer l'exploitation par un regroupement des parcelles à proximité des sièges des ateliers agricoles, ce par le biais d'un regroupement des patrimoines (c'est le remembrement) ou des parcelles d'exploitation (c'est la pratique des échanges de droits de culture), sans toucher à la répartition de la propriété entre les ayants droit.

**Les réformes agraires**

Le deuxième moyen, de l'ordre du politique, modifie les rapports de propriété et tend à redistribuer les patrimoines, il s'agit des réformes agraires dont la collectivisation de type socialiste offre le type le plus radical. Ces réformes s'accompagnent généralement d'un réaménagement parcellaire conduisant soit à un partage plus ou moins égalitaire entre les travailleurs de la terre, soit à des réaménagements qui se veulent fonctionnels, sous la forme de grands ateliers, afin d'assurer une meilleure exploitation. Un certain nombre de ces réformes sont passées par ces deux phases successives.

### Deux modes de nature différente

Les raisons de ces opérations sont donc différentes dans leurs modalités, même si elles entendent aboutir à une rationalisation des modes d'exploitation.

Les restructurations foncières sont de nature libérale, même si la procédure peut contraindre des propriétaires, elle ne remet pas en cause leurs droits sur la terre, elle ne fait que redistribuer dans l'espace ces droits dans le but d'en assurer une meilleure exploitation, compte tenu de la diffusion des matériels et moyens de production modernes. Ces opérations sont le propre de pays qui ont une longue histoire agraire. Les dessins parcellaires sont le résultat d'un palimpseste paysager dont les traces antérieures, loin de s'effacer, se sont comme figées et enkystées, aboutissant à un morcellement parcellaire adapté à l'agriculture à bras ou attelée de jadis, mais en discordance complète avec l'usage de plus en plus généralisé du moteur dans les différents travaux. Ce parcellement en unités trop petites est aussi le résultat de générations de partages successoraux entre héritiers. Ainsi que le rappelait A. Giraudoux : « Si la terre de France est si rapiécée, c'est qu'elle a beaucoup servi ! »

En revanche, les réformes agraires sont d'une autre nature. Elles sont conduites avec l'objectif premier de transformer le mode de production, et elles consistent à redistribuer les biens fonciers afin de les répartir différemment entre les ayants droit. Leurs modalités varient selon les lieux et les types de régimes politiques. On en distingue généralement trois : le cas de l'ex-Union soviétique et des anciennes démocraties populaires de l'Europe de l'Est, celui des pays asiatiques qui ont connu ou connaissent encore le régime socialiste, enfin les essais de redistribution agraire dans d'anciens pays d'économie coloniale.

## MULTIFONCTIONNALITÉ ET PATRIMONIALISATION

### Un nouveau regard sur l'espace rural

La transformation accélérée des rapports aux lieux, liée à l'effet de mobilité des populations, dans les pays développés et industrialisés, consécutive à l'urbanisation tout autant qu'aux transformations des activités, conduit à des campagnes utilisées plus pour la résidence et les loisirs que pour les activités agricoles.

Après cinquante années d'agriculture productiviste, et pas seulement intensive parce que cette dernière peut être durable et protectrice des milieux, on aboutit à des dysfonctionnements écologiques, économiques et sociaux. On va même jusqu'à évoquer la « disparition des paysages », à tout le moins la banalisation et la perte de la biodiversité. Aussi émerge une nouvelle attitude, présente surtout dans les pays développés, mais qui s'exerce aussi en pays en voie de développement, en faveur de la protection des espaces, de maintien des écosystèmes, de politique de défense du patrimoine.

L'espace agraire, devenu espace rural, est de plus en plus considéré comme un paysage qu'il s'agit de préserver, de conserver, voire de réhabiliter et de patrimonialiser. C'est dès aujourd'hui un espace à contempler, à admirer, et non plus un espace à produire. Ce renversement des pratiques et des représentations modifie en profondeur le regard porté sur cet espace. Ceci a été plus précoce vis-à-vis des forêts, c'est de plus en plus le cas des espaces agraires. Ainsi explique-t-on le nouvel intérêt porté par les géographes sur les lieux non directement productifs et agricoles des espaces ruraux. Parcs, jardins, bosquets et plans d'eaux, mais aussi châteaux et manoirs, qui occupent de l'espace, deviennent des sujets d'analyse aux dépens des espaces proprement agricoles. Comment adapter cette campagne rêvée et mythifiée à ces nouvelles attentes ?

## Une nouvelle gestion des paysages

La déconnection entre agriculture productiviste et la demande sociale paysagère, et la prise en compte des paysages dans leur globalité et non plus des seules structures agraires, conduit à s'interroger sur une nouvelle gestion des paysages.

La multiplication des parcs naturels, la délimitation d'espaces fragiles à préserver, les nouvelles législations en faveur des paysages vont dans ce sens. C'est ainsi qu'en France sont progressivement apparus un désir de paysage et un droit du paysage, avec les lois de 1913 sur les monuments historiques, de 1930 sur les sites, de 1976 sur la protection de la nature et de 1993 sur le paysage. Parallèlement, les parcs naturels régionaux (PNR) apparus en 1967, et au nombre de 38 en 2001, occuperaient 12 % du territoire, et il s'en crée chaque année de nouveaux. Même si ces structures ont des objectifs ambigus, voire contradictoires, puisqu'il s'agit de protéger l'environnement, de développer les activités touristiques et de maintenir une agriculture viable, leur multiplication est en rapport avec la nouvelle demande sociale.

Les espaces périurbains sont particulièrement confrontés à cette double exigence opposée des citadins et des agriculteurs. Ce sont par excellence des lieux de conflits entre les acteurs sociaux. D'où l'idée, largement expérimentée dans les pays anglo-saxons, de produire du paysage, et la demande faite par les citadins aux agriculteurs d'offrir un service qui pourrait être payé. Les analyses sur le consentement à payer par les utilisateurs afin de préserver les paysages, de les figer, se sont multipliées. La nouvelle politique agricole commune en 1992 a proposé aux agriculteurs une agriculture de services comprenant la production de biens environnementaux et de paysages.

L'émergence de cette nouvelle demande sociale date des années 60, alors même que l'intensification, le productivisme, la spécialisation et les restructurations foncières ont en France conduit à uniformiser et banaliser les paysages et à redessiner des parcellaires géométriques. Elle explique la multiplication des conflits sur l'usage des sols.

Désormais, le mot campagne évoque pour la majorité des personnes des paysages plus qu'une activité agricole. Mais ces paysages ainsi identifiés correspondent à ceux produits par les activités paysannes d'hier ou d'autrefois, diversifiées et artisanales, et non pas aux espaces agro-industriels modernisés. On va même jusqu'à « labelliser » des paysages, afin de les conserver et les entretenir en l'état ce qui va à l'encontre des processus mis en œuvre depuis deux générations. Pour y aboutir, des mesures, dites agri-environnementales, sont proposées dans le but avoué de maintenir des pratiques agricoles favorisant le respect des paysages ou la conservation de races animales.

Les derniers avatars de cette politique sont en France la mise en place de commissions départementales des sites, perspectives et paysages (décret du 23-9-1998) et, au plan européen, la troisième PAC née des accords de Berlin (26-3-1999) qui met explicitement la politique environnementale en avant.

Dans une telle perspective, c'est l'agriculture elle-même à qui de nouvelles fonctions sont demandées. On ne lui demande plus seulement de produire des biens matériels, cultures alimentaires ou matières premières pour l'industrie, mais aussi des biens immatériels et des productions non marchandes.

Chapitre 3

# Les trois grands modes de structuration agraire

Dans l'entre-deux-guerres les descriptions des historiens de la terre, en particulier Marc Bloch et Roger Dion, ont pu insister à juste titre sur la permanence et l'étonnante pérennité des structures mises en place lors des siècles précédents. Dans la première édition (1969) de son ouvrage, R. Lebeau pouvait encore insister sur ces facteurs de pérennité, de « relations profondes et durables, solidifiées par l'habitude » entre les sociétés rurales et la terre qu'elles exploitent. En revanche, dans la dernière édition (mise à jour en 1996) il entend « s'efforcer de tenir compte de la transformation (parfois rapide) de la réalité agraire dans le monde ».

C'est dire le constat d'une mutation récente. La responsabilité de ces transformations accélérées est d'abord à rechercher dans l'explosion technologique et dans l'efficacité des outils techniques à la disposition des groupes humains. Avec le tracteur, les manipulations génétiques, la maîtrise de l'eau, les cultures sous abri dans des serres chauffées, l'agriculture n'a plus grand-chose à voir avec ce qu'elle était encore il y a un demi-siècle, et le vieil adage qui voulait faire croire que les paysans étaient les meilleurs défenseurs des équilibres écologiques du fait d'une activité respectueuse des cycles et des milieux, n'est plus guère de mise à l'égard des exploitants entrepreneurs d'aujourd'hui.

Il résulte de cette accumulation récente et rapide des progrès technologiques, un décalage entre les moyens de production et les structures et paysages hérités. Mesurer ces décalages et décrire les formes d'adaptation, donc confronter les héritages aux mutations entraînées par l'intrusion brutale des technologies est l'objet de ce chapitre. Ce qui justifie le plan adopté.

## DES STRUCTURES AGRAIRES HÉRITÉES

### L'inertie des logiques héritées

Nous faisons ici l'hypothèse que les étapes du progrès technologique sont la clé de compréhension de la diversification des structures et des paysages agraires. Toute nouvelle technologie mise en œuvre dans le processus d'artificialisation a un impact paysager, mais elle se heurte à un pouvoir d'inertie considérable des structures en place qui ne cèdent qu'après la mise en évidence de leurs insuffisances vis-à-vis des nouvelles conditions offertes par les moyens modernes de production.

Il y a donc, à l'examen des paysages agraires, un constat fréquent de décalage entre les paysages observés et les techniques de production mises en œuvre.

Les structures agraires sont le résultat d'une combinaison de nombreux facteurs dont il est difficile de fixer la part relative de chacun, et tout l'art est de dégager comment ces facteurs s'articulent et s'organisent pour s'exprimer de façon concrète sous la forme d'un paysage agraire. Or les technologies se sont succédées dans le temps selon la formule couramment utilisée de révolution agraire dont les impacts ont prévalu différemment selon les lieux et les milieux.

Une brève description des combinaisons offertes est nécessaire depuis l'agriculture itinérante sur brûlis jusqu'aux formes les plus nouvelles d'une agriculture complètement artificialisée utilisant les biotechnologies, la maîtrise de l'eau, le chauffage et l'abri, à l'exemple des campagnes périurbaines coréennes, nantaises ou de la région de Carchuna en Andalousie (Portron, 1994).

### La lente mobilité des paysages

En un premier temps nous entendons décrire les paysages agraires existants encore à la surface du globe et qui portent témoignage des structures héritées du passé. Ces combinaisons se réduisent à un petit nombre de types, chacun ayant sa logique, son pouvoir d'inertie, ses forces et faiblesses, en un mot sa structure, ce qui explique le maintien de systèmes agraires juxtaposés dans l'espace, et la diversité des visages, donc concrètement des paysages, offerts à la vue des observateurs.

Ce constat explique que les géographes ruralistes de la première moitié du XX^e^ siècle se sont fait historiens et ont recherché la genèse des paysages. Les controverses sur l'origine des bocages ou sur la mise en place de l'*openfield* à assolement triennal ont alimenté les chroniques. Ceci était d'autant plus justifié que nos prédécesseurs avaient sous les yeux des paysages agraires figés et qu'ils avaient à décrire de savantes articulations et des logiques de reproduction de systèmes apparemment pérennes (Meynier A., 1958).

Les paysages agraires témoignaient donc, notamment en Europe, de l'ankylose et de la force d'inertie de structures qui n'étaient guère bousculées par les progrès technologiques. Aujourd'hui, ces structures agraires apparaissent de plus en plus désadaptées vis-à-vis des techniques mises en œuvre, mais elles sont encore bien présentes.

## L'AGRICULTURE ITINÉRANTE SUR BRÛLIS

Les caractéristiques de ce type d'aménagement traditionnel sont bien connues et s'il est généralisé à l'ensemble des continents c'est qu'il répond à une logique certaine et qu'il a bien des avantages et de l'intérêt.

## Une structure agraire de l'éphémère

Le fait essentiel est le déplacement des parcelles cultivées d'une année sur l'autre, en pratiquant le brûlis aux dépens de la forêt ou de la savane. Il n'y a donc pas de finage fixe, les champs sont éphémères. Il n'y a pas de labour, et le paysan se contente d'enfouir les graines et boutures par un simple sarclage sur les cendres qui fertilisent pour un temps le sol. Le mélange des cultures est la règle. Dès que la fertilité diminue, au bout de deux ou trois années, la parcelle est abandonnée et retourne à la forêt ou à la brousse. Il en résulte une occupation de l'espace sous la forme de taches, de petites clairières dispersées au sein de la forêt. Le gros du travail est l'abattage des arbres et leur incendie. D'où le terme utilisé d'abattis-brûlis. On épargne les arbres utiles et c'est entre les souches et les troncs calcinés que l'on va semer et planter dans le plus grand désordre apparent. Les rendements obtenus avec ce type d'agriculture sont faibles, mais le système est adapté à la fragilité des sols. Certes, il nécessite de faibles densités mais il demande au total peu de travail, encore que sur ce dernier point les avis divergent entre spécialistes.

Tableau 4 : **Les techniques de défrichement et leurs conséquences en pays tropical**

| | Perte de sol arable due à l'érosion (t/ha) | Perte d'eau par ruissellement (mm) | Rendements céréaliers (t/ha) | Perte de sol par tonne de céréale produite (t/ha) |
|---|---|---|---|---|
| Méthode dite traditionnelle sur brûlis | 0,01 | 2,6 | 0,5 | 0,02 |
| Défrichement manuel sans labour | 0,37 | 15,5 | 1,6 | 0,23 |
| Défrichement manuel avec labour | 4,64 | 54,3 | 1,6 | 2,9 |
| Tracteur sans labour | 3,8 | 85,6 | 2 | 1,9 |
| Tracteur + labour et dessouchage | 19,6 | 250 | 1,8 | 10,9 |

## La logique du système

Il a donc sa logique. On comprend qu'il ait été une réponse généralisée aux conditions des milieux puisqu'il offrait une réelle stabilité, et qu'il ait pu se pérenniser. Son intérêt majeur est que contrairement aux défrichements opérés dans les forêts tempérées, en milieu tropical ce système de l'essartage par brûlis ne condamne pas la forêt, mais qu'il maintient un écosystème forestier.

Ce système d'agriculture a volontiers mauvaise presse chez nombre de techniciens d'origine européenne. Il est quasi unanimement condamné par les colonisateurs qui lui reprochent de gaspiller de l'espace. Il l'est aussi par les populations de riziculteurs des plaines en Asie. C'est particulièrement vrai en Union indienne où cette technique est réservée aux populations dites primitives des « tribes », nombreuses au nord-est du Dekkan. Mode de mise en valeur ayant un caractère primitif ce système a longtemps été assimilé à des pratiques d'un autre âge, indignes d'une « vraie » agriculture.

Il y a convergence entre la fixation des populations et les interdictions des pratiques du brûlis, ou à tout le moins le cantonnement des feux de brousse. Aujourd'hui, le discours environnemental est venu relayer chez nombre d'observateurs cette volonté d'éradiquer l'agriculture sur brûlis. C'est lui méconnaître sa logique première qui est de sauvegarder la reproduction et l'équilibre de la forêt par un essartage limité et raisonné en fonction des besoins du groupe. La pérennité de la forêt tropicale jusqu'à ces dernières décennies est la preuve vivante de cette logique de régénération et de permanence du milieu de vie des populations (Fig. 3).

C'est pourquoi toute mise en défens de la forêt, ou sa transformation en parc naturel, apparaît comme une atteinte préjudiciable aux groupes l'utilisant en agrosystème. En outre, la complexité du dessin éphémère des parcelles essartées, l'apparent désordre, en fait le subtil agencement des cultures qui n'est pas le fait du hasard mais la traduction d'une diversité raisonnée, ainsi que le choix des secteurs défrichés et de ceux qui sont jalousement préservés, expriment une fine observation des équilibres biophysiques. Ce dont il s'agit en définitive est de maximiser les rendements vis-à-vis du temps de travail dans une perspective de durabilité.

Contrairement à l'idée reçue l'agriculture sur brûlis ne conduit pas à la déforestation. C'est même tout le contraire. Encore faut-il conserver des densités de population ne menaçant pas ce fragile équilibre entre le nombre des hommes et la terre disponible. En effet, la permanence du système exige le maintien de faibles densités. Tout accroissement de population le condamne à brève échéance. Le cercle vicieux a été maintes fois décrit. L'accroissement des populations oblige à raccourcir les jachères afin d'augmenter les surfaces cultivées. La fertilité naturelle des sols ne peut se rétablir, les rendements diminuent. Si le sol est mis à nu où la forêt mal reconstituée, l'érosion se déclenche, les sols disparaissent. Il faut déplacer le finage et rapidement l'espace ne suffit plus. La frontière avec le groupe voisin étant atteinte, on ne peut plus accroître les surfaces disponibles. Le processus conduit à « manger la forêt » selon la formule de G. Condominas à propos des Mnong gar des hauts plateaux indochinois utilisant le système du *miir* désignant les champs temporaires sur brûlis à longue jachère.

## L'EAU ET SA MAÎTRISE

Tous les observateurs s'accordent à reconnaître l'existence de deux mouvements de fond qui transforment aujourd'hui les structures et paysages agraires, c'est d'une part le recul de l'agriculture sur brûlis (Lebeau évaluait autour de 1980 ce

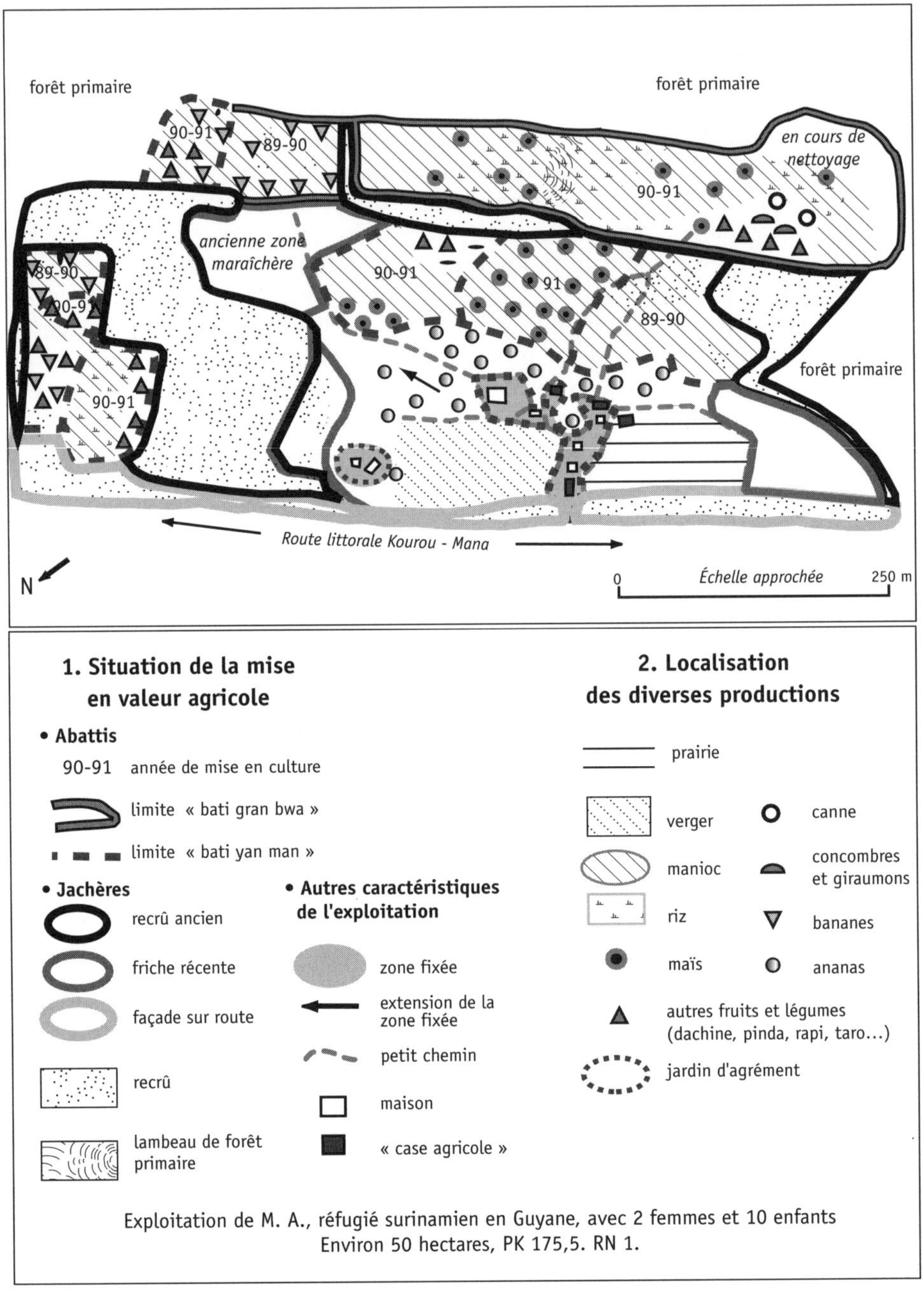


Figure 3 : **Exemple d'utilisation du sol en agriculture sur brûlis en voie de fixation en Guyane.**

recul, pour la seule Asie des moussons, de un demi à un million d'hectares chaque année) et c'est d'autre part la progression des terres irriguées.

## Des paysages pérennes

La classification des systèmes intensifs utilisant l'irrigation repose sur le degré d'artificialisation du milieu. On distingue généralement l'irrigation dite d'appoint, celle qui est nécessaire, enfin celle qui est à proprement parler créatrice. Aussi faut-il s'entendre sur le sens à donner à l'expression. Au sens étroit il n'y a irrigation que lorsque l'agriculteur fournit à la terre de l'eau par son travail, que ce soit en creusant un canal, en construisant un puits, ou un barrage de retenue. Au sens large on assimile à l'irrigation l'utilisation indirecte de l'eau, par exemple lorsque les parcelles aménagées bénéficient de la montée des eaux d'un fleuve. L'utilisation traditionnelle des eaux du Nil par le paysan égyptien depuis la plus haute Antiquité en donne un exemple, mais ce dernier se retrouve en bien d'autres plaines alluviales.

### La riziculture irriguée

Les paysages agraires de la riziculture aquatique, inondée ou irriguée, sont le contre-exemple de l'agriculture sur brûlis. En effet, le système repose sur la maîtrise de l'eau des fonds de vallée, technique fréquente en Asie des moussons, qui conduit à l'occupation pérenne, sans jachère, des mêmes parcelles depuis des siècles.

Ces systèmes hydroagricoles sont nés le long des fleuves du Moyen-Orient, du Nil à l'Indus, en bénéficiant des hautes eaux annuelles inondant les parcelles des rives et permettant des cultures de décrue. Ils se sont diffusés dans les basses vallées et les deltas de l'Asie des moussons. Par des adaptations successives les finages permanents ont été étendus par la création de parcelles sous la forme de casiers plans et irrigables délimités par des diguettes. Tout l'art de ce système a consisté à maîtriser l'arrivée et le départ des eaux en fonction des saisons, des pluies et des besoins des plantes.

À cet égard les différentes variétés du riz ont permis une très grande plasticité des modes de production. Le riz flottant, dont la tige s'allonge au fur et à mesure de la montée des eaux, a permis d'utiliser les conditions naturelles. Les autres variétés n'ont pu se diffuser que par l'artificialisation progressive des milieux et donc des types d'aménagement.

De l'agriculteur bénéficiant de l'inondation naturelle des parcelles les plus basses situées à proximité des rives du fleuve lors des hautes eaux, au riziculteur du delta du fleuve Rouge au Tonkin, il y a toute une gamme d'aménagements. Le degré de maîtrise dans les apports de l'eau et de son évacuation permet de classer les systèmes agraires en fonction de l'artificialisation des milieux. Ces aménagements nécessitent une coopération entre les utilisateurs d'autant plus forte que la maîtrise exige du travail, de l'ingéniosité et des techniques adaptées. Ils s'accompagnent généralement d'un pouvoir suffisamment fort et obéi pour contraindre tout un chacun à des règles précises dans la distribution de l'eau (Fig. 4).

Ces systèmes traditionnels liés à la maîtrise de l'eau se retrouvent hors du domaine de la riziculture irriguée de l'Asie du Sud-Est. Dans une certaine mesure

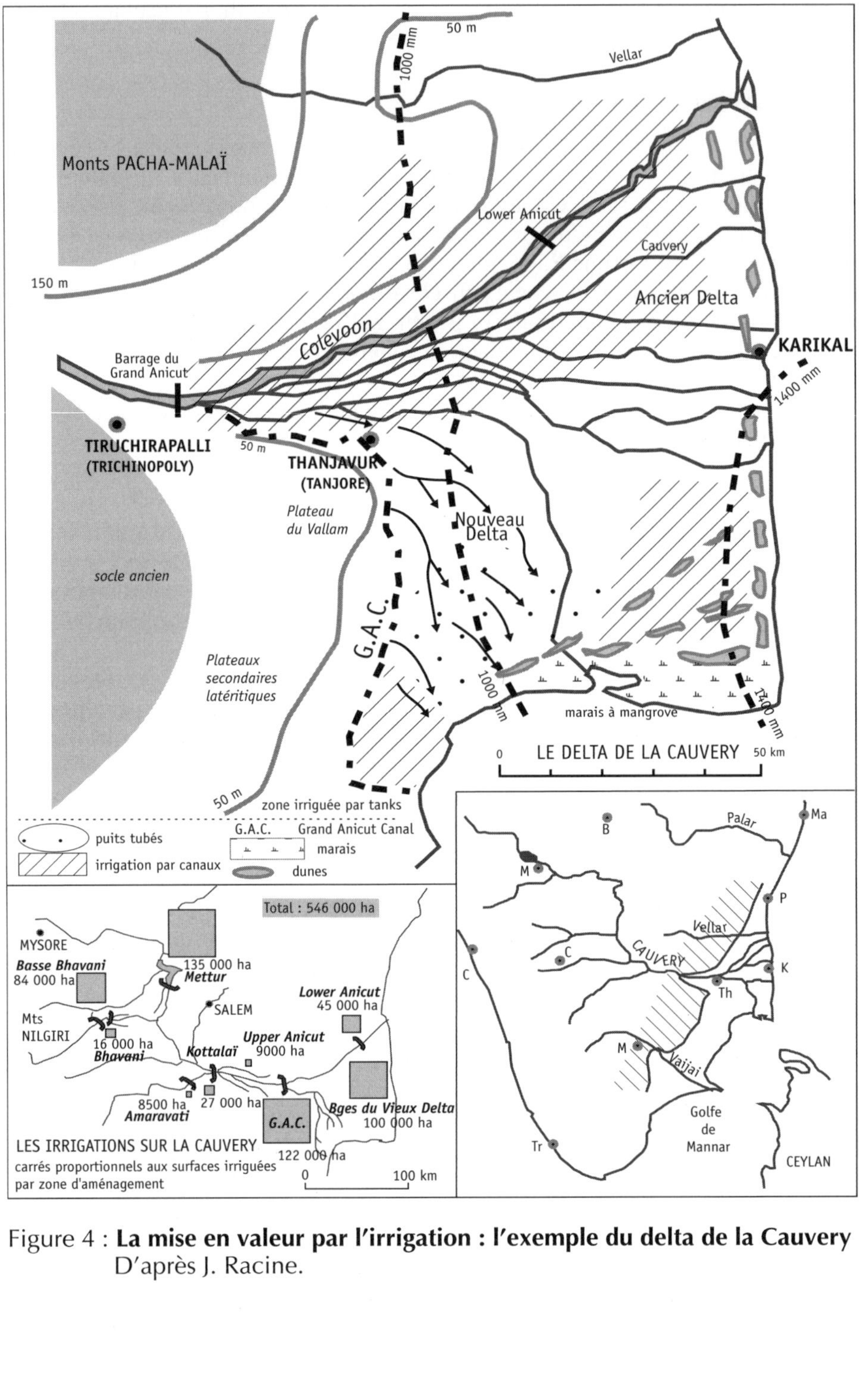


Figure 4 : **La mise en valeur par l'irrigation : l'exemple du delta de la Cauvery**
D'après J. Racine.

on peut assimiler les différentes formes de poldérisation des zones humides et marais maritimes de l'Europe à de tels systèmes, puisqu'il s'agit de contrôler les niveaux de l'eau au long des saisons afin de favoriser la mise en culture. Ils sont les plus achevés dans les *huertas* du pourtour de la Méditerranée ou dans les oasis des régions désertiques. Le contrôle de l'eau organise les structures foncières, la morphologie agraire et donc les paysages, mais aussi la société.

#### La diversité des paysages liés à l'eau

La diversité des aménagements et des paysages agraires est ici fonction de l'origine des eaux utilisées, de leur abondance, de la régularité dans les apports au cours de l'année, en un mot du degré d'artificialisation des milieux. En système d'agriculture traditionnelle, les modes d'utilisation de l'eau sont très variés, toujours artisanaux, souvent ingénieux, mais coûteux en main-d'œuvre et en entretien. Aussi les espaces irrigués étaient-ils généralement réduits, soit sous la forme de longs couloirs de part et d'autre d'un fleuve qui s'élargissaient au droit des estuaires et deltas, soit sous la forme de casiers ou de couronnes autour de puits, de réservoirs ou de conduits souterrains.

##### *L'inondation naturelle*

C'est par excellence la forme de transition entre une agriculture sèche et une agriculture irriguée. Plus simplement, ce n'est plus de l'agriculture pluviale mais ce n'est pas encore de l'irrigation. Ceci conduit à une forme d'intensification utilisant l'eau. Au total, les exemples sont très nombreux de ce type d'aménagement sommaire. Notamment sur les franges du monde tropical quand des fleuves allogènes, nés dans des régions aux régimes pluviométriques plus favorables, ont leurs hautes eaux après la saison des pluies. C'est le cas des vallées du Nil en Égypte, de l'Indus au Pakistan, des régions de la boucle du Niger, ou encore du fleuve Sénégal (Bethemont, 1999).

La vallée moyenne du Sénégal entre Bakel et Richard Toll offre un bon exemple. Le fleuve sépare deux déserts, la Mauritanie au nord et le Ferlo au sud. Les hautes eaux (variables en intensité selon les années avant la construction de barrages de régulation) déterminent la région fertile, c'est le lit majeur. Le climat est de type sahélien avec de maigres pluies (300 à 500 mm) de juin à octobre. Or les hautes eaux vont de juillet à octobre. On peut donc pratiquer des cultures pluviales sur les versants à l'abri de la crue, puis des cultures de décrue. On a ainsi deux saisons de culture en jouant sur l'utilisation des différents terroirs.

Sur les plateaux encadrants, au-dessus des plus hautes eaux, se pratique une agriculture pluviale de petit mil sur le terroir baptisé *dieri*, avec brûlis et longue jachère. Les troupeaux des populations peuls séjournent sur les champs après la récolte, ce qui apporte un peu de fumure. Mais il s'agit sous ce type de climat sahélien de « cultures loteries » dépendantes des pluies très irrégulières.

Autour des villages, situés sur les bourrelets alluviaux, se font des cultures de jardins de case, c'est le *foudé*.

Quant aux terroirs situés entre l'étiage et les hautes eaux, le *falo* et le *hollaldé*, ils sont consacrés à des cultures de décrue, associant maïs, sorgho et patate douce. Mais l'étendue des cultures oualo sur ces terroirs varie selon les années, la hauteur des crues n'étant pas la même d'une année sur l'autre et

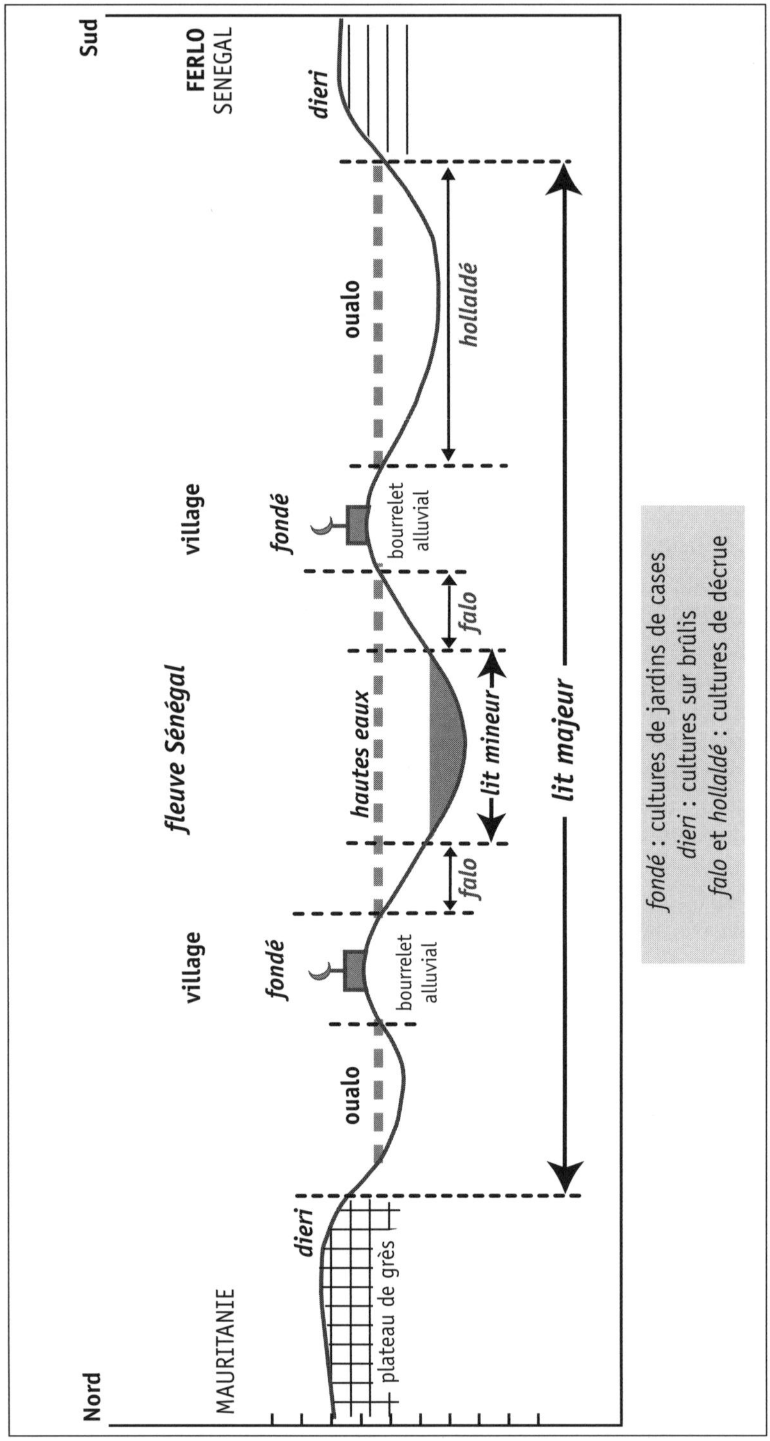


Figure 5 : **L'utilisation de l'espace dans la vallée du Sénégal**

l'arrivée de la crue et sa durée pouvant également varier. Il en résulte que les parcelles les plus recherchées, et donc les plus divisées et émiettées, sont les plus basses lorsque ces bas-fonds ne sont pas trop argileux. Si la crue annuelle fertilise les champs de la vallée alluviale et évite la jachère, la surface totale inondée peut varier dans une proportion de 1 à presque 3 selon les années et les rendements obtenus sont très différents selon la position dans le finage et la durée de submersion. Chaque agriculteur se doit donc de posséder des parcelles dans les différentes zones afin d'égaliser ses chances, ce qui contribue à l'émiettement parcellaire.

Cette vallée soumise jusqu'à la fin des années 60 à la simple inondation annuelle est progressivement aménagée par un contrôle des crues et la construction de barrages. Les grands propriétaires y sont peu favorables puisqu'ils bénéficient des irrégularités interannuelles, louant à des taux très élevés les terres lors des années de faible crue

Ces différents aspects des structures foncières font que celles-ci possèdent des caractères qui permettent d'assimiler ces finages de la vallée du Sénégal à ceux de l'Asie des moussons. On y retrouve une forte inégalité dans l'accès à la terre, le métayage, une faim de terre et donc des taux très élevés de location, alors que le terroir *diéri* appartient lui à la communauté villageoise.

Dans la vallée, un tiers des terres serait en faire valoir direct, 47 % en location et 20 % cultivés selon le système de l'*assakal*, avec paiement au propriétaire d'une redevance annuelle fixe et le droit de culture étant transmissible aux héritiers par le paiement d'un droit de mutation (le *tiotigou*).

#### *La dérivation des eaux de crue*

Vis-à-vis des espaces submergés naturellement par la crue, le principe de la dérivation permet d'étendre les zones cultivées. C'est le cas des eaux détournées sur les piémonts ou *dir* des versants sahariens des vallées des montagnes du Maghreb. Le secteur ennoyé ou *maader* est finement découpé en parcelles lanières consacrées aux céréales.

Un bon exemple a été analysé à propos du finage du village de Magra, sur le flanc nord du massif du Hodna (Fig. 6).

Un autre exemple utilisant la dérivation des eaux et l'étalement dans l'espace des secteurs irrigués est celui des *huertas* du monde méditerranéen sur lesquelles nous possédons de très nombreuses descriptions. Le principe est partout le même, ici les eaux sont conduites à la parcelle par des canaux pérennes

L'eau peut être également redistribuée, non plus dans l'espace, mais dans le temps. C'est le principe des réservoirs ou tanks utilisés dans tout le centre de la péninsule indienne ou Dekkan et également au Sri Lanka. L'eau est emmagasinée à l'amont dans de vastes réservoirs couvrant le fond du thalweg, une digue barre l'écoulement et l'eau est redistribuée à l'aval par un système classique de canaux, tandis qu'une fois le réservoir vidé, des cultures de décrue peuvent se faire sur le fond à sec. Ce système ingénieux s'il consomme beaucoup d'espace, les tanks occupant quelquefois jusqu'au quart des surfaces et si l'envasement les guette, permet la création de paysages agraires avec double culture annuelle, *kharif* ou d'été en saison des pluies, *rabi* en hiver.

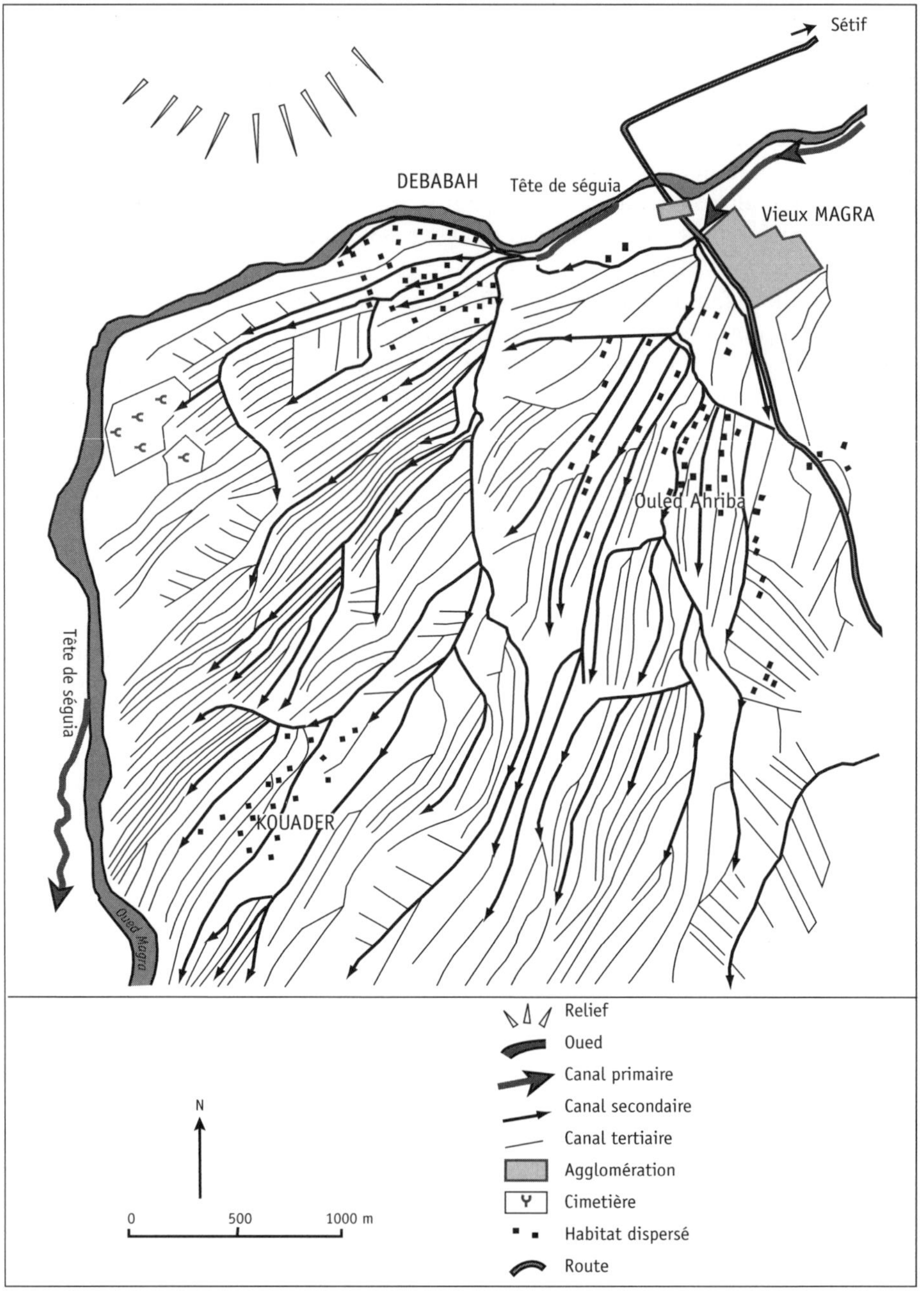


Figure 6 : **L'irrigation à Magra**
D'après M. Côte, 1996, p. 42.

***Les oasis***

L'oasis constitue le point d'aboutissement le plus maîtrisé de l'usage de l'eau puisque cette dernière est fournie en fonction des besoins à partir de nappes et de puits. Les seules limites aux aménagements étaient dans les techniques utilisées pour remonter l'eau. On comprend aisément les avantages fournis à cet égard par les conduites souterraines amenant l'eau des piémonts par gravité, conduites connues depuis l'antiquité du Maroc au Pakistan, sous le nom de *qhanats* ou de *foggaras*, et mieux encore les oasis bénéficiant de puits artésiens.

Ces paysages de l'oasis se retrouvent de l'Atlantique à l'Inde sur toute la large bande aride et ses marges. Dans les zones les mieux arrosées, les cultures sèches sont possibles mais les résultats sont très incertains. C'est le domaine des « cultures-loteries » du Dekkan et d'autres régions, recevant de 500 à 1 000 mm par an. L'irrigation apparaît ici comme un moyen de pallier ces incertitudes et d'assurer des rendements élevés et réguliers. En revanche, dans les zones plus sèches l'irrigation est nécessaire, et l'agriculture est exclusivement irriguée. Aussi l'extension des paysages agraires se réduit-elle à de petites zones dont l'étendue est fonction des stocks emmagasinés dans les nappes ou de la position en bordure de massifs montagneux qui servent de réserves.

L'irrigation par puits assure la plus grande maîtrise puisque l'eau est fournie en fonction des besoins des plantes. Mais ces puits coûtent cher à la construction comme à l'entretien. En outre, chacun ne peut irriguer qu'une surface réduite, et la remontée de l'eau, quel que soit le système utilisé, exige beaucoup de travail. Aussi l'irrigation par puits est-elle réservée à des régions très peuplées et à des cultures riches. Chaque puits s'entoure ainsi d'une auréole cultivée de type jardin sur laquelle plusieurs cultures sont faites en même temps selon un savant étagement associant légumes, céréales, arbres fruitiers et palmier dattier dans les oasis des déserts chauds, le peuplier étant plutôt l'arbre des déserts froids.

## Irrigation et milieux

Dans tous ces exemples d'utilisation de l'eau par des systèmes d'irrigation, le coût de la maîtrise, ou la rareté de l'eau, a conduit à des morphologies agraires dominées par l'émiettement parcellaire et la petite taille des exploitations, et donc à des paysages construits très minutieusement, où la place est mesurée, et la mise en valeur la plus complète possible. On touche à l'art des jardins tout autant qu'à l'agriculture.

La répartition des paysages irrigués montre que cette technique est très inégalement répartie. À l'échelle mondiale, et toutes zones climatiques confondues, près des trois quarts des terres irrigués sont en Asie, et plus du tiers du total est dans le seul monde indien. Il s'agit d'une irrigation associée aux plaines alluviales et aux deltas. Mais tous les deltas asiatiques ne sont pas irrigués. Sur les autres continents les finages irrigués sont beaucoup plus ponctuels. Ceci n'est pas affaire de milieu mais de densités et de type de civilisation. Pierre Gourou a su ainsi opposer les formes de mise en valeur de milieux assez voisins qu'est le delta de l'Amazone et les deltas de l'Asie des moussons, ou encore les aménagements des plaines alluviales indo-gangétiques et ceux du Saõ Francisco au Brésil.

Si le lien entre fortes densités de population et le pourcentage de terres irriguées a souvent, et à juste titre, été souligné, c'est que la technique de l'irrigation, donc l'intensification, nourrit. Mais il ne faut pas assimiler l'ingéniosité, la minutie et l'intensification qui accompagnent l'irrigation et l'aisance de vie de ces systèmes vivriers.

L'irrigation est à l'origine de la permanence des cultures sur le même sol. Elle induit aussi des systèmes sociaux où la détention et l'usage de l'eau, bien plus précieux que la terre, est la clé de compréhension des configurations sociales. En milieu tropical elle assure la sécurité des récoltes, accroît les rendements, donne une valeur agricole à la saison sèche. Elle apparaît donc comme une voie privilégiée d'intensification en ces périodes d'accroissement démographique que nous connaissons depuis deux ou trois générations. Elle est même souvent la seule à pouvoir y répondre et elle justifie et explique les accumulations paysannes. Or l'eau est abondante en milieu tropical et subtropical. Il suffit quelquefois de mieux savoir la redistribuer dans le temps et l'espace. Des centaines de millions d'hectares attendent d'être irrigués pour voir leur production augmenter dans des proportions allant de un à trois ou quatre avec la possibilité de deux ou trois récoltes annuelles. Mais elle demande beaucoup d'attention et de précautions, elle exige une solidarité à des échelles variées, et peut provoquer des conflits d'utilisation entre usages et entre populations.

On le verra plus loin ces techniques traditionnelles de l'irrigation ont été bouleversées par la construction de grands ouvrages stockant les eaux et pouvant les redistribuer tout au long de l'année, ce qui fait que les aménagements agraires ont été brutalement modifiés, tant les structures que les morphologies, tandis que les surfaces irriguées à travers le monde ont connu un développement spectaculaire.

## LES SYSTÈMES AGRAIRES DE POLYCULTURE-ÉLEVAGE LIÉS À LA CULTURE ATTELÉE

En Europe et sur le pourtour de la Méditerranée, c'est le système à jachère et à culture attelée qui va s'étendre progressivement, en une lente expansion, rythmée par des phases plus rapides de défrichements aux dépens des forêts, des zones humides et des régions montagneuses, comme on a pu l'observer aux XIIe et XIIIe siècles, ou des moments de répit ou de recul liés à des périodes de crise démographique, comme aux XIVe et XVe siècles. Ce système prendra des visages variés selon les lieux, les spécificités climatiques et la nature des sols, mais partout se retrouve peu ou prou l'équilibre entre les espaces réservés aux terres labourables, les secteurs voués aux pâturages, le maintien de pans de forêts. L'association de la polyculture à l'élevage étant le fait fondamental puisqu'il permettait l'utilisation des fumures pour enrichir les terres et qu'il consacrait le travail animal pour la traction et les labours.

## Le système traditionnel

### L'organisation de l'espace

Dans ce type d'agriculture avec jachère, les champs sont organisés autour des habitations, au-delà des jardins et vergers. Les pâturages, landes et forêts sont rejetés à la périphérie. C'est le système, abondamment décrit par de nombreux auteurs depuis l'Antiquité, de l'*hortus*, de l'*ager*, du *saltus* et de la *silva* dans les pays du sud de l'Europe, ou de l'*infield-outfield* des pays septentrionaux.

Les cultures, pour l'essentiel des céréales, blé ou seigle selon la fertilité naturelle des sols, occupent un espace réduit chaque année vis-à-vis du finage puisque la moitié ou le tiers selon l'assolement de l'espace réservé aux labours est en repos, ou mieux en jachère, c'est-à-dire et étymologiquement des terres labourables non ensemencées. La rotation la plus courante était de type biennal et donc de courte durée. Quant aux troupeaux, bovins mais aussi ovins et porcins, ils utilisaient les pâturages, les forêts et les terres labourables après la récolte ainsi que la sole en jachère pour se nourrir. En fonction des milieux, il pouvait y avoir coexistence, notamment sur le pourtour méditerranéen, par juxtaposition de terroirs, d'un secteur irrigué avec un système en cultures sèches avec jachères, comme relevé plus haut d'après Marc Côte. Il en résultait des structures agraires en îlots de terres labourables, séparés par de vastes espaces réservés aux landes, incultes, pâtures, maquis, forêts.

Ce système a aujourd'hui pratiquement disparu. Il a été décrit au lendemain de la Deuxième Guerre mondiale par de nombreux auteurs, en particulier par Pierre Flatrès pour les îles Britanniques. On pouvait en relever les traces plus ou moins fossilisées dans le Massif armoricain à la même date, avant les remembrements des années 60. Il était encore très présent en Galice où Abel Bouhier a pu le décrire encore fonctionnel à la fin des années 70 (Fig. 7).

### Sa mise en place historique

Ces traits fondamentaux de l'agriculture européenne ont été mis en place dès avant l'ère chrétienne. Il s'agit d'une céréaliculture associée à l'élevage. Jusqu'au XVI^e^ siècle le mode d'aménagement n'évoluera guère. Il était lié à des techniques figées qui ne pouvaient modifier les paysages, l'assiette des unités d'exploitation et l'organisation des finages. Ce n'est que très progressivement que la diversité s'est introduite avec la concentration foncière, l'appropriation des terres par la bourgeoisie des villes et des bourgs, et la mise en marché des produits dégageant ainsi des excédents monétarisés. C'est ainsi que dans l'ouest de la France se constituent, aux côtés des borderies de villages, des métairies aux mains de propriétaires fonciers donnant la terre à travailler à des tenanciers sous la forme du partage des fruits, tandis qu'ailleurs, notamment dans l'est de l'Europe, de grands domaines avec un système d'attachement à la terre des travailleurs, salariés ou serfs, s'organisent et prospèrent.

Dans une telle perspective historique sur le long terme, les villages ou hameaux, accompagnés d'ensembles de parcelles décloses organisées en lanières, baptisés méjous en Bretagne littorale, gagneries ou gaigneries au sud-est du Massif armoricain, ou encore grée, domaine, ou champagne dans le castelbrian-

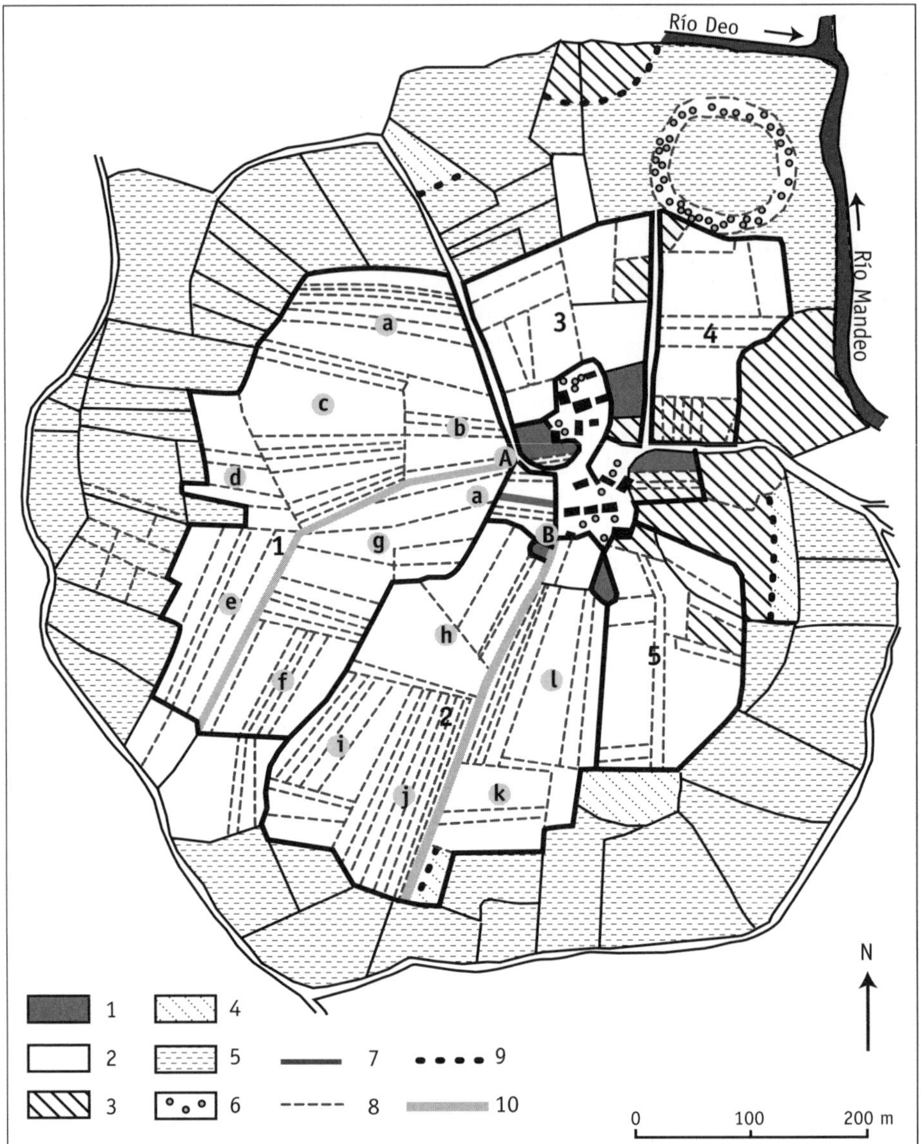


1. Huertas.- 2. Terres labourables.- 3. Prés. - 4. Pâtures.- 5. Ajonnières (« tojales »).- 6. Arbres.- 7. Clôtures des « tojales » ; les clôtures générales des blocs de « cortiñas » et des « agras » sont signalées par des traits renforcés.- 8. Limites des parcelles ouvertes à l'intérieur des « cortiñas » et des « agras ».- 9. Limites de formes différentes d'utilisation du sol à l'intérieur d'une même parcelle.- 10. Chemins ouverts.

Figure 7 : **Finage à petites « agras » de Vilardois (Galice)**
D'après A. Bouhier, thèse, fig. 41.

tais, *agras* en Galice, *erias* dans les Asturies, étaient présents sur toute la façade océanique de l'Europe, des îles écossaises au Minho. Ces structures auraient constitué la première trame agraire faite de petits ensembles de terres labourables, séparés par de vastes terrains laissées en landes, ajonnières ou incultes. Et ce ne serait que dans une seconde phase que les espaces intermédiaires auraient été progressivement mis en valeur, sous la forme de prises successives, que l'on peut encore déchiffrer sur les cadastres en l'absence de remembrement. Ces gains de terres neuves se sont faits, soit sous la forme de nouveaux blocs de parcelles décloses, entourés d'une haie générale, soit le plus souvent selon un processus d'embocagement et de mise en place d'un habitat intercalaire de fermes isolées ou métairies par des groupes sociaux aisés, bourgeoisie des petites villes ou aristocratie, en particulier au lendemain de la guerre de Cent Ans, ainsi qu'a pu le décrire Louis Merle à propos de la Gâtine poitevine.

Ce processus de colonisation progressive s'est étalé au long de plusieurs siècles et il ne s'achève pour le Massif armoricain qu'au début du vingtième siècle lorsque les dernières landes sont conquises. En Galice, ce processus n'est pas terminé (Bouhier), comme s'il y avait eu un gradient nord-sud de l'Écosse au Portugal dans les évolutions. Cette lenteur peut surprendre. C'est que les obstacles n'étaient pas seulement techniques. Ils étaient également juridiques, sociaux, économiques. La vaine pâture, l'assolement obligatoire, le poids des obligations féodales, l'absence de marchés sur lesquels on aurait pu vendre les produits, les difficultés de circulation, tout convergeait pour figer et ankyloser les structures et donc les paysages agraires.

## La première révolution agricole

Il faudra attendre la fin du XV^e^ siècle pour voir les premières lézardes dans l'édifice agraire avec la diffusion de systèmes sans jachère, à partir semble-t-il des Flandres. Les réformes promues par des agronomes éclairés mettront beaucoup de temps à se diffuser et à se généraliser. Les freins cumulatifs énumérés ci-dessus l'expliquent. Le système foncier également. Ce n'est pas une coïncidence si la jachère a disparu d'abord aux Pays-Bas, au Danemark ou dans le nord de la France, c'est-à-dire là où se met en place l'exploitation moyenne familiale à faire valoir direct.

### La disparition progressive de la jachère

Ainsi du XVI^e^ jusqu'à la fin du siècle dernier la diffusion du système sans jachère est à l'origine de la croissance des productions. Cette première révolution agricole ne bouleverse pas cependant les structures agraires et les paysages. Puisqu'elle consiste pour l'essentiel à accroître les surfaces cultivées chaque année, d'un quart à la moitié en fonction de la durée de la jachère et de la place qui lui était réservée, ce à rendements constants par la restitution au sol de sa fertilité, soit par l'usage d'engrais et d'amendements, soit par des cultures qui dans l'assolement assurent cette restitution (légumineuses fourragères ayant la particularité d'absorber l'azote de l'air). Parallèlement l'intrusion des plantes sarclées et des prairies artificielles va permettre d'accroître les produits de l'élevage en réservant au troupeau des surfaces pour sa nourriture. Ainsi, cette première révolution qui tend à réduire les jachères et qui s'accompagne de progrès techniques dans la mécanisation des outils et l'efficacité des attelages ne va pas s'accompagner, sauf rares exceptions, de transformations paysagères radicales. On assiste tout au long des derniers siècles à des retouches et à de lentes améliorations afin de mettre en harmonie les structures héritées avec l'utilisation de nouveaux moyens de production.

La suppression de la jachère et la mise en place de cultures pour nourrir les troupeaux permettent dans les régions bocagères de défricher les landes et de créer de nouvelles unités d'exploitation avec une morphologie agraire de parcelles géométriques. Dans l'ouest de la France, ce processus s'étale du XVIII^e^ siècle jusqu'aux premières années du XX^e^. Tandis que dans les régions de champs ouverts, les exploitants se libèrent peu à peu des contraintes de l'assolement obligatoire, de la vaine pâture, et des rotations faites dans un cadre communautaire.

Les différentes étapes de la mise en place des systèmes agraires associant céréaliculture sèche et élevage ont été bien décrites par les historiens de la terre (Mazoyer et Roudart). Juste un constat : ce sont des améliorations techniques – charrue à versoir, transport par charrette (et non plus sur bât), herse, collier d'épaule pour la traction, ferrage des animaux, etc. – qui, tout au long du Moyen Âge et de l'époque moderne, vont se diffuser et qui sont à l'origine de l'amélioration lente mais régulière des rendements et de la productivité du travail. Ces perfectionnements successifs, dont l'assolement triennal avec jachère constituera le point d'orgue avant la suppression de cette dernière par l'introduction des plantes fourragères et sarclées, constitueront ce qui est habituellement appelé « première révolution agricole ».

Les systèmes agraires, coincés si l'on peut dire entre contraintes d'ordre social et juridique et innovations techniques, évoluent avec lenteur par effets d'accumulations et de synergie. On oublie trop souvent que les fronts pionniers de la mise en valeur agricole en Europe ont fonctionné jusqu'au début du XX^e^ siècle. Ce qui permet d'ailleurs de mieux comprendre ce qui se passe en d'autres régions du monde où ces fronts pionniers sont encore actifs.

En fonction des suggestions climatiques, mais aussi des sujétions des milieux, ces systèmes agraires ont pris des visages différents et ont connu des adaptations variées. Dans les régions méridionales de l'Europe, afin d'accroître les terres labourées, les terrasses permettant d'utiliser les pentes ont été multipliées, ainsi que les cultures d'arbres fruitiers pour pallier le manque d'eau, et mieux la retenir ainsi que les sols. En d'autres régions, des parcs arborés associés aux cultures céréalières comme en Alentejo et Estrémadure ont été constitué, c'est le *montado* que l'on distingue des terres labourables sans arbre dites *terra limpia*, ou encore on a pratiqué l'étagement des cultures sur le même sol par le système de la *coltura-promiscua* associant céréales, vigne et arbres fruitiers, comme en Toscane ou dans le Minho.

D'où la grande diversité des structures agraires héritées, lesquelles constituent encore la trame bien présente de nos paysages. Ceci est la résultante de la révolution agricole née à l'époque moderne.

### Des structures agraires ankylosées

La pérennisation des systèmes se justifie par une logique de fonctionnement et d'ingénieux équilibres entre les groupes sociaux. Ainsi en France, dans l'Ouest bocager, seules les métairies ont possédé jusqu'au début du XXe siècle le train de culture indispensable aux labours. Les petits bordiers des villages ne pouvaient en faire l'acquisition. Mais il y avait une entraide nécessaire entre les métayers prêtant leur train de culture et les bordiers qui, en retour, fournissaient les besoins en main-d'œuvre lors des gros travaux sur les métairies voisines. Ainsi a pu se pérenniser la double structure foncière caractéristique de ces régions jusqu'après la Deuxième Guerre mondiale et la motorisation contemporaine.

Ces lentes évolutions dans les pratiques agricoles et dans la conquête de nouvelles terres, contrastent ainsi avec le maintien des morphologies agraires, modelées par les anciens systèmes communautaires. En l'absence d'un remaniement parcellaire organisé et total, de type remembrement, rarement effectué, les traces du passé subsistent jusqu'à maintenant. Aujourd'hui, confrontés à la révolution du moteur, et en premier lieu du tracteur, instrument emblématique de l'industrialisation de l'agriculture, qui remet fondamentalement en cause les équilibres antérieurs et qui bouscule les paysages productifs, ces paysages hérités sont bouleversés et disparaissent. Leur éventuelle sauvegarde passe alors par leur patrimonialisation et par les nouveaux usages qui leur sont attribués. C'est tout l'enjeu de la révolution rurale contemporaine.

Un magnifique exemple de paysage fossile, tout récemment bousculé par une réorganisation foncière, est fourni par le cas de la commune d'Insviller remembrée à la fin des années 90 du siècle dernier (Fig. 8 et 9).

En conclusion de ces observations sur les grands types de structures agraires héritées on peut les ramener à trois grands modes d'organisation et de mise en valeur.

Tableau 5 : **Essai de schématisation des combinaisons de facteurs à l'origine des trois grands types de structures agraires traditionnelles**

| Type | Techniques et outils | Intensité utilisation du sol | Paysages | Évolutions | Traits majeurs |
|---|---|---|---|---|---|
| Agriculture itinérante sur brûlis | houe et feu | longue jachère | clairière temporaire | agr. sèche avec jachère réduite | faibles densités de population |
| Hydro-agriculture | systèmes variés d'apport d'eau | continue sans jachère | casiers, de l'oasis au delta | maîtrise accrue de l'eau, terrasses irriguées | fortes densités ag vivrière pouvoir fort |
| Agriculture attelée | labours traction animale | jachère annuelle et rotation | *infield-outfield* labour-lande | disparition jachère bocages ou champs ouverts | agriculture de marché |

Figure 8 : **Le finage de la commune d'Insviller. Plan des parcellaires d'exploitation avant remembrement (1996)**
D'après Marochini, thèse. Relevés de J.-G. Lambert, expert-géomètre.

Figure 9 : **Les exploitations et les parcellaires de propriété après remembrement (1997) sur la commune d'Insviller**
D'après Marochini, thèse. Relevés de J.-G. Lambert, expert-géomètre

## La diversité des combinaisons paysagères

Concrètement ces types peuvent se juxtaposer dans l'espace agraire et les configurations rencontrées sur le terrain sont la résultante d'une mise en valeur progressive dans le temps, ce qui justifie la diversité des formes d'organisation.

### Openfields et bocages

La grande opposition décrite par les historiens est celle entre champs ouverts et bocages. Tout a été dit sur les origines et les raisons de l'apparition puis de la diversification de ces deux grands types : les relations avec les suggestions de milieux physiques, en particulier des types de sols, des facteurs liés à l'habitat, aux modes d'organisation sociale, aux contraintes communautaires face à l'individualisme, etc. Ces modes de constructions parcellaires dans le temps et dans l'espace méritent un grand intérêt. Ils expliquent la diversité des paysages agraires résultants d'articulations complexes entre des éléments fonctionnant en système. Ils ont été longuement inventoriés en Europe, aussi ne nous y attarderons-nous pas.

Le système de l'*openfield*, forme la plus achevée du paysage de champs ouverts, repose sur l'association d'un habitat groupé en villages, des groupes de parcelles lanières parallèles non encloses, organisées en quartiers, un système agricole céréalier avec une rotation régulière triennale ou biennale, et donc des soles et une jachère, enfin des contraintes communautaires fortes, assolement à respecter, bans des semailles et récoltes, vaine pâture du troupeau avec gardiennage commun (Brunet, 1960).

La grande différence des évolutions entre ces pays d'*openfields* et ceux des bocages résultent de l'intégration de l'*outfield* dans l'*infield* dans le système de l'*openfield*, tandis que dans les régions aux sols sans doute moins fertiles naturellement, les espaces en landes et pâtures autour de la zone réduite des terres labourables se sont conservés plus longtemps, et les terres labourables auraient été mises en défens par des haies vives ou des murets. Les défrichements de l'*outfield*, plus tardif, et effectué de façon individualiste, auraient aidé à la mise en place d'un habitat dispersé intercalaire, à l'origine des métairies dans l'ouest de la France.

Ceci étant, les formes rencontrées sont souvent moins schématiques. Il n'est pas rare de rencontrer la juxtaposition de formes d'aménagement différents étalées dans le temps et ramassées sur un espace réduit. C'est le cas des paysages agraires du sud-est du Massif armoricain. L'exemple de la commune de Tréffieux, située en Loire-Atlantique, illustre ces oppositions parcellaires (Fig. 10).

À ces paysages agraires complexes dont l'explication de la diversité des modes d'organisation tient aux étapes de mise en valeur dans le temps, s'opposent des paysages dont la diversité tient aux modes de mise en valeur en fonction des terroirs et de l'utilisation de l'eau, c'est le cas des paysages des deux rives de la Méditerranée et du Proche et Moyen-Orient où le facteur déterminant est la quantité d'eau disponible et sa répartition dans l'année.

### La juxtaposition d'une agriculture sèche et d'une agriculture irriguée

On ne peut séparer de façon schématique les aires irriguées et les aires de culture sèche, et en faire deux systèmes indépendants. Nombre d'exemples

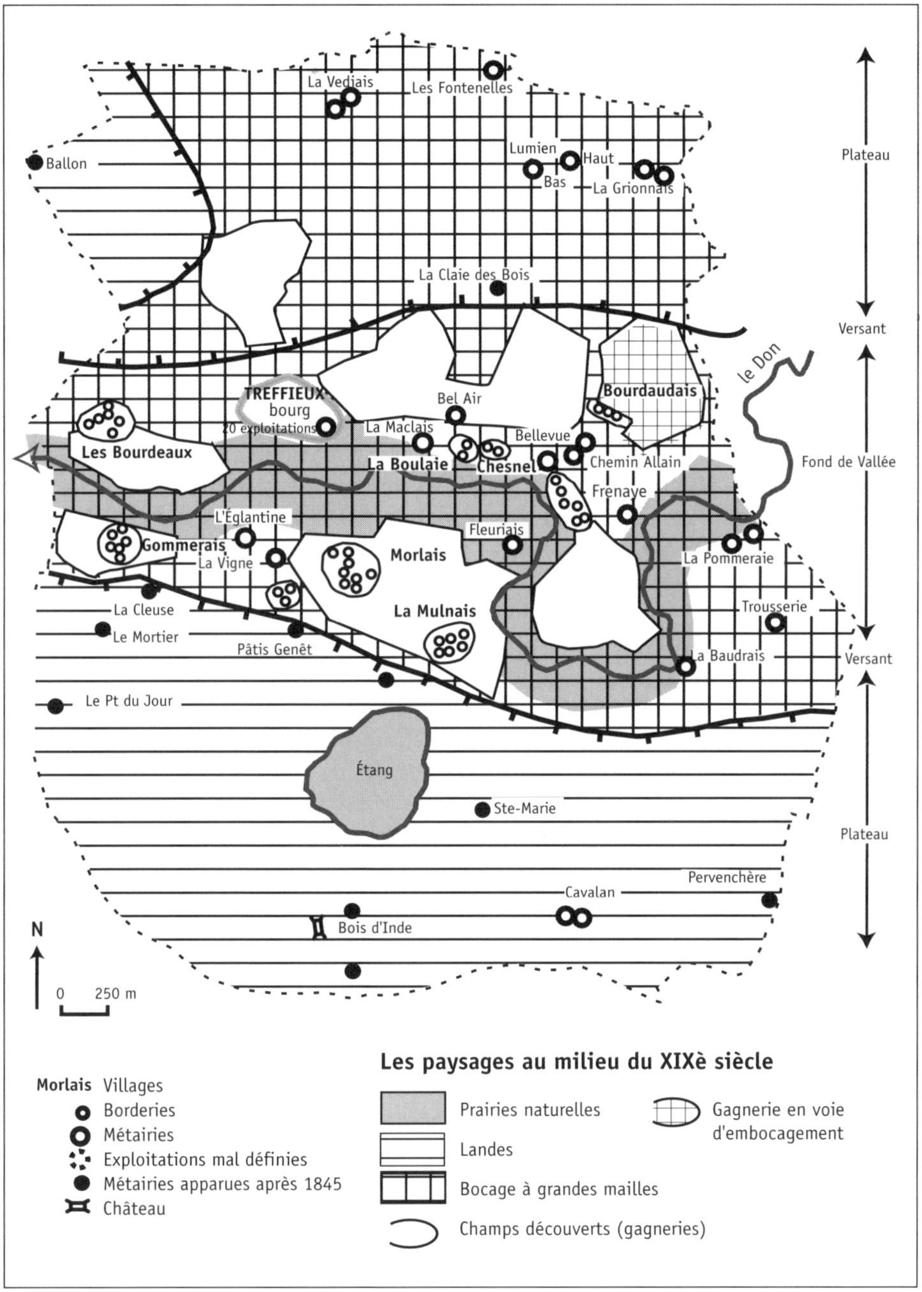


Figure 10 : **La juxtaposition des paysages agraires sur la commune de Tréffieux (Loire-Atlantique) avant remembrement**

montrent que dans de nombreuses civilisations il y a eu et il y a encore association savante des deux modes d'utilisation de l'espace.

Le monde méditerranéen en offre de nombreux cas. On distingue traditionnellement dans les finages exploités, les terroirs irrigués ou *regadio* qui le sont le plus souvent sous la forme de petites parcelles de jardins qui peuvent s'organiser en terrasses étagées. L'eau est fournie par des canaux de détournement ou *seguias* grâce à de petits barrages submersibles qui barrent le cours d'eau en travers. Ces canaux sont subdivisés en rigoles qui se ramifient jusqu'à chaque parcelle. Chaque champ ou jardin est soigneusement fumé, chaque sillon minutieusement inondé en fonction des tours d'eau accordés à chacun selon les surfaces dont il dispose, et d'un savant équilibre entre amont et aval, et selon la nature des cultures. Souvent, légumes, céréales, arbres fruitiers, plantes à usage industriel, sont harmonieusement répartis. La partie du finage qui est en sec, le *secano*, beaucoup plus importante en surface, est consacrée à la culture des céréales d'hiver ou de printemps et au pacage. Ici les pentes sont plus sommairement aménagées, les plus fortes sont découpées en gradins délimités par des murets en pierres sèches. Fréquemment, ces sociétés agraires ont, à une autre échelle géographique, des terrains de parcours en montagne pour les troupeaux pendant l'été, et à l'aval, sur les piémonts, d'autres parcelles consacrées aux céréales dont la réussite est plus aléatoire, et ce, en fonction des pluies. Sur le versant méridional, du côté saharien, les villageois peuvent également posséder dans les oasis des palmiers-dattiers.

Un autre exemple de cette association d'une agriculture sèche et d'un secteur irrigué se retrouve dans toute la diagonale aride de l'Inde. Sur le plateau du Telangana, près d'Hyderabad, deux finages s'opposent. D'une part, sur le haut des versants un terroir d'agriculture sèche à base de millets, avec une occupation discontinue de l'espace, où élevage et cultures sont associés, le bétail pâturant les friches et jachères et les champs après la récolte. D'autre part, un terroir irrigué dans les fonds de vallée, avec un damier de minuscules parcelles, consacré au riz et légumes. Cette opposition entre deux types d'agriculture se calque sur deux types de paysages. La dynamique se fait en faveur du terroir irrigué dans lequel la part des tanks vis-à-vis des puits recule sensiblement avec les progrès des cultures commerciales liés à la demande du marché urbain. Une véritable ceinture maraîchère se constitue, or les maraîchers n'utilisent pas l'eau des tanks, car seule l'irrigation par puits, grâce à l'usage de moteurs électriques ou diesels, permet la maîtrise des apports d'eau sur toute l'année et donc permet de faire une double ou triple récolte (pomme de terre, oignons, haricots, vigne, fleurs vergers...). Les tanks servant désormais à la seule culture *kharif* du riz.

Au total, trois grands types de structures sont à l'origine de la diversité des paysages agraires, l'agriculture itinérante sur brûlis, les multiples formes d'utilisation de l'eau d'irrigation, enfin l'agriculture attelée avec labours. Il serait schématique d'associer leur distribution spatiale à une simple géographie bioclimatique et de les décrire en fonction des grands domaines. Les facteurs explicatifs de leur répartition tiennent tout autant à des raisons d'organisation sociale, démographiques, d'encadrement pour reprendre la fameuse expression de Pierre Gourou, qu'à des sujétions naturelles.

La remise en question de ces trois grands modes de structurations agraires et de leur pérennisation va se faire progressivement à partir du XVIe siècle. Elle s'accélère avec le choc des civilisations et la mise en place d'une agriculture de marché sous la forme des plantations en région tropicale et subtropicale ; avec l'étonnante expansion et la mise en valeur des terres vierges, tant en Amérique du Nord, que dans l'hémisphère Sud, ou à l'est de la Russie ; elle va se poursuivre avec les débuts de la mécanisation en Europe, l'accélération de l'exode rural, la machine remplaçant les hommes. Certes, cet ébranlement des structures agraires héritées prendra des formes et se fera à des rythmes différents selon les lieux et le pouvoir de résistance des sociétés locales, mais il se diffusera peu à peu à l'ensemble du monde, jusqu'à toucher les secteurs les plus reculés et les plus isolés.

Chapitre 4

# Les mutations technologiques contemporaines des systèmes agricoles

LE CARACTÈRE premier de la nouvelle révolution qui va bouleverser les paysages et les structures agraires est qu'elle n'est pas seulement agricole mais plus globalement rurale, avec l'intrusion et la diffusion de nouvelles fonctions. Le second est qu'elle touche toutes les structures anciennes héritées qui sont appelées à s'adapter en profondeur ou à disparaître. Le troisième est que cette révolution est scientifique.

Ce qui caractérise la révolution agricole contemporaine est la brutalité et l'intensité des évolutions. En l'espace d'une ou de deux générations nombre de paysages agraires ont été plus modifiés et transformés que pendant les deux siècles précédents. Toutefois, en un certain nombre de régions, les systèmes traditionnels ont pu et su se pérenniser et l'on peut ainsi aisément opposer dans une première analyse, les paysages inchangés aux espaces recomposés. C'est ainsi qu'apparemment la morphologie agraire des finages villageois du delta du fleuve Rouge n'a guère changé depuis les descriptions de P. Gourou et de R. Dumont, alors même que les rapports fonciers ont été radicalement transformés. La taille des parcelles, l'outillage des paysans, la répartition des cultures, le calendrier des travaux et des jours n'ont pas connu de grandes modifications faute de révolution technique profonde.

Un tel maintien des morphologies agraires et une telle ankylose des paysages sont cependant l'exception. Partout ailleurs l'intrusion du moteur, les remaniements fonciers, les progrès de l'irrigation, la multiplication des hors-sols et des serres, les profondes modifications des rendements, des variétés, de la répartition des races et de la conduite des troupeaux, mais aussi l'irruption de nouvelles fonctions dans l'espace rural, résidentielles ou récréatives, sont les agents multiples mais concordants en faveur d'une mutation des paysages et des structures agraires.

De nouvelles campagnes se dessinent sous nos yeux dont il faut comprendre les éléments et agents explicatifs avant d'en décrire les formes diverses et variées. En d'autres termes comment les différentes formes d'agriculture, mises en place dans le monde au long de plusieurs millénaires, ou à tout le moins de plusieurs siècles, et faites jusqu'alors de lentes et ingénieuses adaptations aux conditions des milieux naturels ou socioéconomiques, vont-elles s'adapter et réagir aux nouvelles conditions impulsées par les révolutions technologiques contemporaines ?

## LES FACTEURS DES ÉVOLUTIONS AGRICOLES

Classer et peser les différents éléments responsables de la mutation des structures agraires n'est pas chose aisée dans la mesure où les différents facteurs sont entremêlés en un système cohérent. On a vu précédemment que les facteurs qui tendent à figer et à pérenniser les structures sont du domaine du social et du juridique. Les éléments explicatifs de la remise en cause des équilibres sont plutôt de l'ordre de l'économique et des techniques.

### La diffusion de l'agriculture de marché

#### Les caractéristiques de l'agriculture d'autoconsommation

Alors que dans l'agriculture traditionnelle à finalité domestique l'exploitation a comme destination première la reproduction sociale et économique en quasi-autarcie, l'autoconsommation étant le principal moteur de fonctionnement, avec la diffusion d'une agriculture de marché, l'exploitation devient une entreprise dont l'objectif premier est de vendre sur un marché. Un tel processus conduit inéluctablement à la sélection des plus performantes, à l'agrandissement des outils de production, et à l'abandon au profit des industries de l'amont et de l'aval des moyens de production et de la transformation des produits. L'exploitation n'est plus alors qu'un simple maillon dans une chaîne que l'exploitant ne contrôle plus, mais dont il est un rouage.

L'agriculture paysanne d'autoconsommation, qui était la règle autrefois, présente des traits singuliers. Elle est polyproductrice puisqu'il faut nourrir tout au long de l'année le groupe familial sur les seules ressources de l'exploitation. Le système de culture est donc dans la dépendance des conditions des milieux naturels et des réalités sociales, en particulier les densités de population. Les surfaces cultivées sont donc en étroite interdépendance avec la force de travail et avec les besoins biologiques des populations, dont l'essentiel sont des travailleurs de la terre. D'où les oppositions de mise en valeur allant des clairières défrichées des forêts gabonaises aux plaines rizicoles surpeuplées de l'Asie des moussons. Les technologies à disposition des groupes peuvent être savantes et ingénieuses, elles demeurent élémentaires, et visent à satisfaire la vie ou la survie de chaque famille, du clan ou du groupe. C'est cette logique qui explique l'étonnante pérennité de ce type d'agriculture répondant aux nécessités et besoins.

#### Logique et impératifs de l'agriculture de marché

L'agriculture de marché obéit à une tout autre logique et à d'autres impératifs. Elle apparaît simultanément en Europe et dans les pays colonisés. En Europe lorsque l'accroissement des villes suscite un marché puisqu'il faut nourrir des travailleurs qui ne peuvent eux-mêmes le faire par leur travail, dans les pays tropicaux avec les plantations dont l'objectif est de fournir des aliments et des matières premières qui ne peuvent être produits sous d'autres climats, et qui sont nécessaires au développement économique des pays en cours d'industrialisation et d'urbanisation, canne à sucre, coton, café, hévéas, etc.

L'agriculture de marché conduit également à la constitution de bassins de production spécialisés et à la concentration. Cette spécialisation des exploitations et des espaces se constate à des échelles variées, elle est liée à l'environnement économique d'amont et d'aval. Il faut pour être rentable réduire les coûts de production, de ramassage, entrer dans une filière dominée par les industries agroalimentaires de transformation. Ces bassins se mettent en place dès le XIXe siècle avec les transports rapides par chemin de fer. La constitution des *belts* aux États-Unis, le vignoble de masse du Languedoc, les *huertas* légumières, et désormais la concentration des élevages hors-sol en Bretagne, procèdent tous de ce processus.

Il est faux d'imaginer qu'une telle évolution accélérée ne touche que les pays développés dans lesquels les surplus de main-d'œuvre dégagés par la révolution agricole ont pu trouver dans les villes et les campagnes d'autres activités. Elle se déroule également, avec un temps de retard, dans les pays du Sud dans lesquels cet exode agricole se heurte à l'absence d'activités relais dans les agglomérations urbaines dont la croissance très rapide, trop sans doute, se fait dans les pires conditions pour la grande majorité de migrants venus des campagnes. D'autant que parallèlement, le maintien, voire même l'alourdissement des densités, en dépit des migrations, pousse à l'intensification, aux défrichements, à la dégradation des équilibres naturels. D'où la situation quasi générale de crise des paysanneries des pays en voie de développement. Dans ces pays, l'agriculture de marché se traduit par le développement des petites plantations aux mains des indigènes, par l'essor des cultures commerciales (manioc, soja, coton, arachide), ainsi que par la construction de ceintures maraîchères destinées au ravitaillement des citadins. La juxtaposition de cultures vivrières et de cultures commerciales, les premières destinées à l'autoconsommation et au marché intérieur, les secondes allant nourrir les exportations, est de plus en plus fréquente. Il est faux de vouloir les opposer de façon trop systématique et manichéenne, tout dépend des modes de production, des équilibres réalisés et des associations dans le temps et l'espace entre ces deux types de production. Le danger réside dans la disparition des cultures vivrières face à la dynamique de l'agriculture commerciale. Certaines populations ont su y veiller, d'autres ont été entraînées par le mirage de gains rapides et éphémères. Tous les cas de figure coexistent et méritent examen.

L'aboutissement de tels processus faisant de l'agriculteur sur son exploitation un simple rouage dans un système complexe, est tout naturellement l'intégration. Celle-ci procède par contrat qui lie l'agriculteur à l'industriel. Ce dernier livre les semences qu'il a lui-même sélectionnées, ou le poussin d'un jour, ou l'aliment du bétail. Il loue à l'exploitant devenu un simple ouvrier à façon le matériel, le bâtiment d'élevage, le tank à lait. L'exploitant devant fournir, en un temps donné, à des normes fixées par les clauses du contrat, à un poids déterminé, qui des poulets, qui des veaux, qui des légumes ou des céréales, à l'entreprise d'aval qui se charge de les transformer en produits finis vendus directement aux grandes surfaces.

## L'artificialisation des milieux

### L'agriculture hors-sol et l'irruption des nouvelles technologies

Ce type d'agriculture intégrée est désormais quasiment la règle pour toutes les productions dites hors-sol dans lesquelles il y a rupture des liens de proximité et d'association entre la terre, lieu de production des matières premières, et l'exploitation en tant qu'outil de transformation et de valorisation. Une telle évolution conduit à la mise en place d'exploitations qui peuvent être complètement déconnectées du milieu local ou régional. Elles ont même souvent intérêt à se trouver à proximité des ports qui sont les sources d'approvisionnement, par exemple en aliments du bétail importés (soja, tourteaux, etc.) ou à peu de distance des industries de transformation afin de diminuer au maximum les coûts de transport. Dans les élevages hors-sol de porcs, on voit même les terres de l'exploitation servir d'abord en tant que terrains d'épandage des lisiers produits avant d'être le support de cultures. Ainsi peut-on constater depuis peu en Bretagne un accroissement du prix des terres disponibles dans la mesure où les besoins en terres d'épandage ont considérablement augmenté.

Les paysages sont marqués par la multiplication de bâtiments surbaissés et allongés, couverts de tôles ou de fibro-ciment, (Fig. 11) et on ne voit plus distinctement les relations entretenues par ces exploitations agro-industrielles avec les morphologies agraires dans lesquelles elles s'insèrent.

À côté des hors-sols, un autre type d'exploitation s'est diffusé en liens étroits avec l'agriculture de marché, il s'agit des formes multiples d'agriculture sous serre. Ici l'intensification est poussée à son maximum par l'utilisation de procédés industriels et scientifiques conduisant à une artificialisation vis-à-vis des cycles naturels. La conjugaison de cultures sous abri (châssis de verre, serres, tunnels plastiques) et du chauffage (soit par l'électricité, le fuel ou l'eau chaude fournie par l'industrie, notamment nucléaire, en tant que sous-produit) permet d'accélérer les cycles des cultures ou de les rendre indépendants du climat afin de produire à contre-saison. Des régions entières sont envahies par l'agriculture sous serre, que ce soit la banlieue nantaise, le sud de l'Espagne, en particulier la région de Carchuna et d'Almeria, les plaines coréennes à proximité des pôles urbains, ou encore les régions tropicales qui bénéficient d'une durée égale des jours sur toute l'année, conditions très favorables aux cultures florales (Kenya, Colombie, Équateur).

### Irrigation et drainage

Il s'agit là de deux moyens efficaces de modification des systèmes de production et qui ont des effets sur les paysages. Ce sont des pratiques anciennes. Dès l'Antiquité pour assurer des récoltes, elles sont connues et largement utilisées. Tout au long de l'histoire, le drainage des zones humides et leur transformation par poldérisation en prairies ou terres labourables a été une permanence afin d'étendre les zones cultivées. La maîtrise de l'eau, en

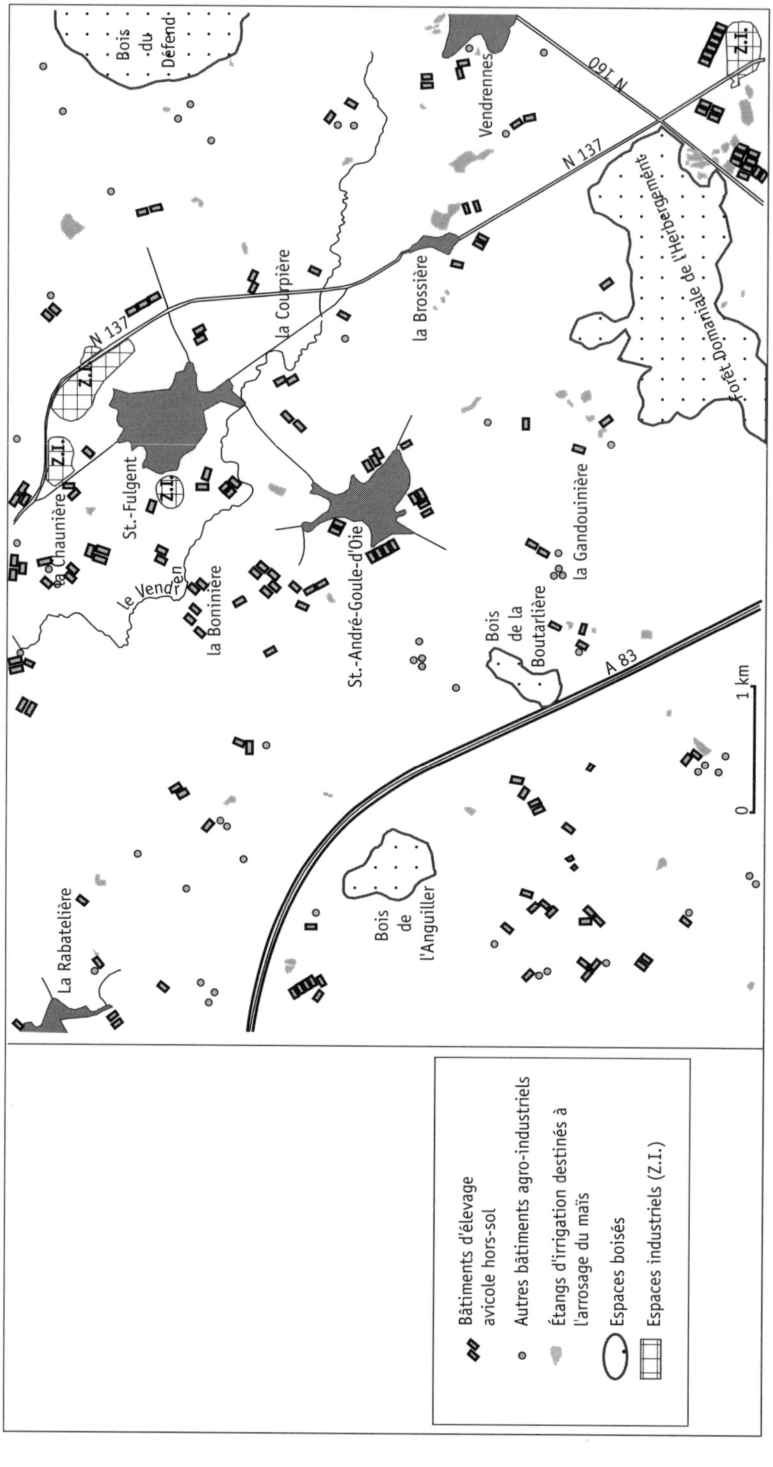


Figure 11 : **Le paysage agro-industriel à Saint-Fulgent (Vendée)**
D'après la carte IGN au 1/25 000e, en 1996.

combattant ses excès comme sa pénurie est une constante. Si les techniques d'irrigation se sont diffusées à partir des foyers du Moyen-Orient et de l'Asie du Sud-Est, le drainage a été l'œuvre des Hollandais qui ont montré l'exemple et diffusé leurs techniques, en particulier dans les marais maritimes de l'ouest de la France.

Le fait nouveau n'est donc pas dans ces techniques, mais dans leur très rapide et large diffusion depuis un petit nombre de décennies à l'ensemble des espaces agraires. Cet essor brutal est sans doute lié à l'apparition de nouvelles techniques pour la retenue des eaux comme pour leur distribution et leur évacuation. L'irrigation par aspersion ou celle dite au goutte-à-goutte, et non plus simplement gravitaire, ont révolutionné les modes techniques d'utilisation des eaux, de même que l'usage du moteur et des puits tubés pour remonter les eaux et les redistribuer. Le développement tient aussi à l'efficacité de ces techniques pour accroître les rendements, assurer les récoltes et se libérer de « la permanente incertitude » évoquée par P. George, favoriser la diffusion de cultures hors de leur aire naturelle.

Tableau 6 : **L'irrigation dans le monde en 1998**

| **Grands ensembles** | **Pays** | **Surfaces (millions d'ha)** | **Surfaces (millions d'ha)** |
|---|---|---|---|
| *Asie du Sud et de l'Est* | | *191* | |
| dont | Union indienne<br>Chine<br>Pakistan<br>Iran | | 59<br>53<br>18<br>7,5 |
| *Amérique* | | *40* | |
| dont | États-Unis<br>Amérique du Sud<br>Amérique centrale | | 21,4<br>10<br>8 |
| *Proche-Orient* | | *27* | *27* |
| *Europe* | | *24,6* | |
| dont | Espagne<br>Italie<br>France | | 3,6<br>2,7<br>2 |
| *Ex. URSS* | | *20* | *20* |
| *Afrique* | | *12,5* | |
| dont | Égypte<br>Afrique du Nord | | 3,3<br>2,6 |
| *Australie* | | *2,4* | *2,4* |
| **Total** | | | **317** |

Source : FAO

Ce tableau — à prendre avec précaution, compte tenu des modes de calcul des terres irriguées selon les différents pays — confirme les très grandes inégalités dans l'utilisation des eaux. Les hydrosystèmes agricoles sont l'apanage de l'Asie. En Amérique du Sud et encore plus en Afrique, il y a une tragique sous-utilisation de l'eau, alors même que c'est la voie la plus sûre pour améliorer les rendements et vaincre l'incertitude des récoltes.

Ces chiffres attestent également des progrès considérables des surfaces irriguées à la surface du globe. En une génération elles ont doublé. En 1976 (Durand-Dastès) et sans comptabiliser les chiffres douteux fournis pour la Chine, il y avait environ 160 millions d'hectares irrigués. On serait passé à 264 millions en 1998, toujours sans la Chine. En Union indienne, les surfaces irriguées ont pratiquement doublé en une trentaine d'années. Pour d'autres, (Chapuis, 2001) l'évolution serait de 60 % entre 1968 et 1994, avec 256 millions d'hectares irrigués en 1994 (source FAO).

Et surtout, il s'agit d'une irrigation de plus en plus maîtrisée. Les formes d'utilisation de l'eau vont de simples adaptations, permettant d'étaler les eaux de crue, jusqu'à la maîtrise totale consistant à modifier dans le temps et l'espace les apports afin d'assurer une régularité la plus grande possible en fonction des besoins. On va ainsi de la simple dérivation des eaux de crue permettant d'accroître les zones inondées jusqu'aux puits profonds tubés remontant la quantité d'eau nécessaire au moment voulu. Ensuite, cette dernière peut être simplement étalée sur les parcelles par un système de diguettes, de planches et de rigoles, elle peut être distribuée par un système par aspersion à l'aide de rampes ou d'arroseurs, elle peut être conduite sous chaque plant et répartie au goutte-à-goutte.

La distinction la plus fondamentale est entre une irrigation qui favorise l'intensification en permettant, soit un accroissement des rendements, soit une deuxième récolte en sus de la récolte sous pluie, et l'irrigation dite créatrice qui permet à un sol de donner une culture ce qu'il ne pourrait faire faute de précipitations suffisantes. Le modèle de ce dernier type étant l'oasis.

Au sein de chaque mode d'irrigation l'efficacité est très variable. C'est le cas entre les simples barrages submersibles de dérivation jusqu'aux barrages-réservoirs modernes assurant une prise d'eau sur toute l'année.

En un même lieu ces techniques peuvent avoir été successivement utilisées et aboutir à la superposition de deux réseaux (fig. 2). L'exemple le plus fameux est celui du Pendjab, irrigué dès l'Antiquité grâce à des canaux de dérivation à partir des fleuves, tandis qu'à la fin du XIX^e^ siècle les Britanniques ont construit toute une série de vastes réservoirs permettant d'irriguer toute l'année. De même la noria est la forme traditionnelle permettant la remontée des eaux et ainsi de la distribuer sur des terres situées au-dessus du lit du fleuve ou du canal d'amenée. Aujourd'hui les stations de pompage avec moteur les remplacent. Mais les systèmes traditionnels utilisant la seule force humaine existent toujours.

La grande révolution contemporaine est la diffusion du moteur qui économise la main-d'œuvre et qui offre la grande souplesse de pouvoir se déplacer d'une parcelle à l'autre. La simple submersion par les eaux de crue des plaines alluviales offrait autrefois le système le plus répandu. C'est l'exemple de la vallée du Nil.

Les irrégularités interannuelles du niveau des eaux rythmaient l'extension des champs cultivés. Il en résultait de fines adaptations des finages et des morphologies agraires. Les zones les plus basses étant assurées de la submersion étaient les plus recherchées lorsqu'elles étaient correctement drainées, En revanche, les terres les plus hautes étaient soumises aux caprices des crues. Les grands barrages à l'amont, dont celui d'Assouan, ont eu le mérite de régulariser les apports et ainsi d'égaliser les chances.

Avec la pratique d'une dérivation artificielle on peut mettre en culture des surfaces jusqu'alors réservées à la culture sèche. Il suffit d'organiser ces secteurs en casiers plans et de contrôler la submersion afin de s'assurer une récolte. Ces systèmes sont ceux utilisés de façon traditionnelle dans les deltas aménagés de l'Asie des moussons dont le modèle est celui du fleuve Rouge. Grâce à la technique du repiquage et à l'utilisation de variétés à cycle court, on peut obtenir jusqu'à trois récoltes par an.

Ces systèmes exigent un parfait contrôle des eaux, des travaux de construction de digues et de canaux, une étroite surveillance des rives des fleuves, en résumé un contrôle social strict et un pouvoir fort. Leur amélioration passe par la construction en amont de barrages régulateurs, comme cela existe sur les fleuves de la péninsule indienne (fig. 4) se jetant dans le golfe du Bengale (Cauvery, Krishna).

L'utilisation de l'eau des nappes se fait soit par le captage des sources, soit par la construction de conduites à partir du piémont montagnard, ce sont les *qanats* de l'Iran et les *foggaras* du Maroc, soit par le creusement de puits ce qui exige un levage artificiel des eaux par poulie, balancier, par recours à des animaux sur plan incliné, etc. Les systèmes de levage étant très nombreux, tous très ingénieux, artisanaux et largement décrits.

Quant aux réservoirs artificiels, ils vont du barrage collinaire, c'est le principe du tank de l'Inde péninsulaire, jusqu'aux grands barrages-réservoirs bétonnés dans lesquels la quantité d'eau accumulée peut être considérable. La construction en cours du barrage des Trois Gorges sur le cours moyen du Yang Tsé Kiang offre l'exemple le plus récent.

Les grands transferts d'un bassin fluvial à l'autre constituent une forme nouvelle pour accroître les zones irriguées, et ce à une échelle jusqu'alors inconnue, puisque les projets portent sur des centaines de milliers d'hectares, voire sur des millions. Outre le projet du barrage des Trois Gorges, on peut citer le détournement des eaux de l'Èbre aragonaise vers le sud, le transfert des eaux du Tage, les barrages sur la Nerbada et Tapti afin de conduire les eaux vers le Gujarat, alors que les régions du Madhia Pradesh, occupées par des populations pratiquant l'agriculture sur brûlis, se retrouvent sous les eaux des réservoirs, ou encore les travaux à l'amont du Tigre et de l'Euphrate par les autorités turques noyant des sites archéologiques.

Depuis 1960-70 l'efficacité des modes d'irrigation a fait un bond spectaculaire. À la submersion des parcelles a succédé des formes d'irrigation savantes ayant comme objectif principal d'apporter l'eau au meilleur moment possible compte tenu du cycle végétatif des cultures, et aussi d'économiser l'eau en évitant au mieux les pertes par évaporation.

Ces nouvelles techniques d'irrigation modifient profondément les morphologies agraires ainsi que la distribution des cultures dans l'espace dans la mesure où il y a substitution de cultures sèches (mils, arachides) en cultures irriguées plus rémunératrices (riz, canne à sucre, coton) et augmentation des rendements et donc des revenus.

L'eau, tout autant que la terre, est la ressource naturelle apte à agricoliser les espaces et à les transformer en lieux de production. Aussi les disponibilités en eau, son contrôle, sa maîtrise, sont-ils des éléments essentiels pour comprendre les systèmes agraires, leur expansion et leurs limites. L'eau, on le sait, est désormais un bien rare et précieux qu'il ne faut pas gaspiller et qu'il faut utiliser à bon escient en sachant l'économiser, la recycler et la distribuer. Or, il y a entre les pays et les activités des conflits, des priorités et des choix à faire.

Une évaluation grossière de la consommation d'eau montre que, depuis le début du XX^e^ siècle, elle serait passée de 500 km$^3$ par an à près de 4 000, dont 2 500 pour la seule agriculture. Or, il est des pays dont l'agriculture est fonction de l'utilisation de l'eau. En Égypte, la part de la surface agricole irriguée est de 100 %, elle est de 77 % en Irak, de 72 % au Pakistan, et encore de 45 % au Japon et en Corée. Parmi les moyens d'intensification et d'accroissement des productions, l'usage de l'eau par la mise en place d'hydrosystèmes est l'un des plus assurés. C'est surtout vital dans les régions tropicales. Mais l'irrigation n'est pas seulement une affaire de technique, on ne transforme pas un agriculteur pratiquant l'agriculture sèche en un irriguant du jour au lendemain.

### Chimie et biologie au service d'une nouvelle agriculture

Les techniques qui ont le plus bouleversé les paysages et les rendements ne sont ni dérivés de l'hydraulique, ni de la mécanique, mais de la biologie. Sait-on par exemple que plus de la moitié des variétés de plantes cultivées en Chine aujourd'hui n'existaient pas en 1950 ! Les hybrides et les semences précoces à cycle végétatif court remplacent progressivement l'ancien stock de plantes cultivées et permettent des aménagements nouveaux

Le recours massif aux engrais chimiques, la sélection de nouvelles variétés, la diffusion de semences sélectionnées, calibrées et sans cesse perfectionnées, bénéficiant de traitements biologiques les plus avancés et allant jusqu'à la production d'organismes génétiquement modifiés (OGM) afin d'éviter les aléas des variations des rendements et les maladies cryptogamiques sont des facteurs concordants d'artificialisation des modes d'agriculture, de mainmise des grandes firmes sur la production, et de ruptures sociales au sein des communautés agraires.

Dans les pays du Sud, c'est par le terme de révolution verte introduite à la fin des années 60 que l'on rassemble l'ensemble de ces mutations reposant sur la toute-puissance de la chimie et de la biologie, révolution dont on n'a pas encore mesuré tous les effets mais qui bouleverse les conditions de la production. Les recherches financées par la Banque mondiale et les États-Unis, ont abouti à la création de semences à haut rendement (High Yeilding Varieties Programm, ou HVP) dans les centres agronomiques philippins pour le riz et au Mexique pour le blé.

La révolution verte et ses effets ont été particulièrement importants en Union indienne. Elle a permis une spectaculaire hausse des rendements, mais elle a été sélective. Elle a porté sur des céréales nobles, essentiellement le riz et le blé, et a laissé de côté les mils et sorghos ainsi que les racines et tubercules. En outre ces nouvelles semences exigent engrais et produits phytosanitaires. Elles ne sont donc accessibles, sauf aide publique considérable, qu'à certains agriculteurs. Indéniable réussite économique, la révolution verte a été socialement sélective.

Dans les autres pays du Sud, il n'y avait pas ce souci premier d'une nécessaire intensification, ni les densités agricoles suffisantes. Ce sont les raisons de l'échec de ces technologies en Afrique. On y reviendra plus loin.

## L'intrusion du tracteur

### Les lents progrès de la mécanisation

La mécanisation est inséparable de la mise en place de l'agriculture de marché. Mais si les nouveaux matériels associés à la traction animale, diffusés à partir du XIXe siècle, ont sensiblement amélioré les modes de culture, ils ne l'ont pas révolutionné. En outre leur expansion a été relativement lente. Ainsi, le brabant réversible, économe en main-d'œuvre et très apprécié sur les terres en pente vis-à-vis de la charrue classique, a-t-il mis en France plus d'un siècle pour devenir un outil courant. De même les faucheuses, le semoir mécanique, la moissonneuse lieuse, devront attendre la fin de la Deuxième Guerre mondiale pour être utilisés par la majorité des exploitations. Si leur rôle a été décisif, c'est qu'ils ont libéré de la main-d'œuvre utilisée par l'industrie. En revanche, ces multiples progrès technologiques n'ont pas bouleversé les paysages ni les structures foncières dans les vieilles paysanneries d'Europe. Certes la mécanisation va faire prendre conscience des nécessités de remanier les parcellaires, mais elle va surtout favoriser la mise en place, sur les terres défrichées des pays neufs, et cela se comptabilise par des centaines de millions d'hectares, de structures géométriques et de parcelles de grande taille. Le modèle en sera le système du *township* américain des grandes plaines. La rareté de la main-d'œuvre et la taille des exploitations étant les autres stimulants à la diffusion de ces outils mécanisés pour la traction attelée.

### Les progrès rapides de la motorisation

L'intrusion du moteur, et en particulier du tracteur, va modifier en profondeur et avec rapidité les structures en place.

Dès 1946, au retour d'un voyage aux États-Unis, dans un texte prémonitoire d'où il tirait les leçons de l'agriculture américaine, l'agronome René Dumont avait mesuré les conséquences de l'intrusion du tracteur sur les structures agraires : « Le champ doit être à la taille de l'outil, le tracteur, la "combine" et les travaux d'amélioration foncière nous imposent désormais le remembrement [...] un très rapide remembrement est pour notre économie agraire, donc pour la Nation, une question de vie ou de mort. ». Le tracteur, à la différence des outils mécaniques apparus à partir du milieu du XIXe siècle, va se diffuser avec une incroyable rapidité. Il bénéficie d'un mode de production industriel et du travail à la chaîne, et n'est pas associé au mode de production artisanal de la mécanisation du siècle précédent. Il ne sort pas de la forge villageoise mais d'usines spécialisées. Il en va de même pour les moteurs qui vont démultiplier la force de travail. Il suffit d'évoquer les tronçonneuses individuelles et portables dans le travail de défrichement forestier pour prendre conscience des gains de temps considérables et d'efficacité de ces nouveaux outils, et mesurer ainsi la mutation contemporaine de l'agriculture sur brûlis rendue possible par ces machines diffusées dans toutes les régions du monde en quelques années. Mais le tracteur est aussi un instrument de différenciation sociale entre agriculteurs. Seuls les plus aisés peuvent l'acquérir. Le moteur, associé à l'électrification, a également été un élément clef du progrès de l'irrigation par puits, notamment en Union indienne. Son usage facilite la mobilisation des nappes profondes et libère l'exploitant des aléas climatiques.

Cet ensemble complexe de techniques scientifiques, qui est consubstantiel de l'agriculture de marché, aboutit à la mise en place d'un système agro-industriel dans lequel l'agriculture n'est plus qu'un maillon. Dans ce cadre, les structures agraires et les paysages hérités se trouvent largement désadaptés et sont dans l'obligation d'une brutale et profonde remise en cause. Ce modèle, dominé par quelques grandes firmes internationales, né aux États-Unis, a gagné l'Europe, s'introduit dans les pays du Sud et depuis la décollectivisation modifie les structures des ex-pays socialistes, selon des modalités quelquefois contradictoires, soit par le retour à une économie paysanne, comme en Roumanie ou en Arménie, soit par adaptations à l'économie de marché.

Ces différents aspects d'une profonde et rapide mutation des campagnes agricoles justifient, s'il en était besoin, l'examen de ces nouvelles structures agraires et paysages de ces campagnes agricoles.

## LES CONSÉQUENCES SUR LES STRUCTURES ET LES PAYSAGES

L'intrusion des nouvelles technologies au sein du complexe agraire conduit à des modifications fondamentales entre les différents éléments. Ainsi la superficie cultivable par travailleur va, du fait de l'intrusion du moteur dans le processus de production, démesurément grandir, jusqu'à atteindre pour certaines cultures céréalières le chiffre de plus de 100 hectares. Parallèlement, l'utilisation massive de fertilisants et d'engrais chimiques va autoriser des rendements très élevés et renouveler la fertilité. Tandis que les besoins très importants des marchés urbains sont tels que seuls des outils de production d'une grande taille seront à même de les satisfaire.

Il résulte de tous ces facteurs croisés et concordants une nécessaire adaptation des structures agraires marquée en particulier par des remaniements fonciers permettant l'utilisation optimum des matériels modernes : rampes d'irrigation, tracteurs avec charrues multisocs, *corn-pickers*, tracteur enjambeur associé à une machine à vendanger, récolteuse tractée de tomates, etc. Les parcelles doivent être agrandies et redessinées afin d'être adaptées aux exigences de ces nouveaux matériels. C'est l'objet des remaniements fonciers qui aboutissent à faire disparaître les fines discontinuités dont témoignaient les lanières des champs ouverts, les structures bocagères ou les planches des cultures légumières irriguées des vieilles *huertas*.

Dans un tel contexte, on conçoit aisément que des aménagements faits pour et grâce à une agriculture à bras ou par animaux attelés deviennent obsolètes. C'est le cas des terroirs en pente, des savants aménagements en terrasses, des jardins irrigués par des techniques dépassées. L'agriculture ne peut plus subsister en de tels contextes que pour des cultures hautement rémunératrices où la motorisation et les matériels performants ne peuvent remplacer les systèmes ingénieux d'autrefois. À certaines conditions seulement, les vignobles de cru, l'arboriculture, la riziculture vont pouvoir se pérenniser dans ces structures. Et encore, même dans le vignoble du Porto on peut voir des terrasses être redessinées, reconstruites et élargies afin de faciliter l'intrusion du tracteur.

## Les strates foncières

Avant d'examiner les modes de remaniements fonciers, il faut rappeler que tout paysage agraire est la résultante de plusieurs strates qu'il est nécessaire de décrire rapidement pour une bonne compréhension des choses.

### Utilisation du sol et morphologie agraire

Il y a ce que l'on voit. C'est-à-dire la répartition des formes et couleurs dans l'espace. C'est le dessin des cultures, ce que l'on appelle, les champs, les prés, les bois, etc., délimités par des chemins, des rivières, des haies ou des rangées d'arbres ou des murets. Cette première strate visible, c'est l'utilisation du sol. On peut la décrire, la cartographier, la classer en grands types selon les configurations réalisées et répétées dans l'espace, ce sont les morphologies agraires. Elle peut être éphémère en fonction des rotations culturales, elle peut être plus pérenne. Généralement chaque parcelle que l'œil peut délimiter correspond à une seule culture. L'analyse peut partir des formes et configurations. On distingue des parcellaires orientés, laniérés, géométriques, contournés, avec ou sans limite apparente, opposant champs ouverts ou bocages, etc.

Il peut y avoir également association de cultures dans la même parcelle, sous la forme du complantage d'arbres dispersés dans une prairie ou un labour. C'est le cas en Normandie avec les pommiers à cidre, et dans le Centre-Est de la France avec les noyers, ou encore dans le sud-ouest de la péninsule Ibérique avec le chêne-liège, et sur tout le pourtour méditerranéen des oliviers. La *coltura promiscua* est une autre forme d'association de plusieurs cultures sur le même champ, c'est aussi une association étagée d'arbres, de vigne et de cultures de céréales ou de légumes, qui sont alignés ou disposés en terrasses. Ces champs complantés correspondent à une culture intensive. Le modèle de ce type est le paysage des collines toscanes ou encore celui des *huertas* irriguées. Dans l'agriculture sur brûlis, il n'est plus possible de distinguer des parcelles homogènes puisque l'originalité de ce mode d'aménagement est l'habile et désordonné mélange des différentes cultures sur la même parcelle.

On le comprend aisément ces différents modes d'organisation dans l'utilisation du sol vont réagir différemment aux exigences de la traction motorisée.

### Le parcellaire d'exploitation

Il y a ce qui est exploité par chaque cultivateur. L'unité de référence est ici l'exploitation. Les parcelles de chacune de ces unités peuvent être regroupées autour du siège ou bien disséminées sur plusieurs terroirs dans le finage. C'est ce que l'on baptise le parcellaire d'exploitation. On le conçoit facilement, les configurations de ce parcellaire seront en lien étroit avec le mode d'organisation de l'habitat agricole. Ce parcellaire n'est pas directement visible. On peut le représenter sur des documents cartographiques à partir des limites parcellaires fixées sur le cadastre de propriété, quand ce dernier existe, mais il ne se confond pas nécessairement avec ce dernier. Tout dépend des modes de faire valoir.

Ces parcellaires d'exploitation permettent de mesurer le degré d'éparpillement des parcelles constitutives de l'outil de production, donc de visualiser dans l'espace la dissémination ou le regroupement des parcelles cultivées par chaque exploitation, et d'en apprécier les inconvénients ou les avantages. Ils peuvent donc fournir un outil d'aide à la décision en vue d'un réaménagement foncier dont l'objectif premier est de maximiser le travail fourni. On peut calculer des indices de groupement de chaque exploitation et ainsi définir des priorités dans les réaménagements parcellaires, en fonction de la distance des parcelles au siège et de leur taille. Ce que nous avons personnellement proposé (Renard, 1972).

### La propriété foncière

Il y a enfin le parcellaire de propriété qui définit et délimite ce qui est détenu par chacun. L'outil est le cadastre, dont les registres (les matrices) et les plans (les tableaux d'assemblage) permettent à grande échelle de représenter ce que chacun possède dans un espace administratif défini. Là également on peut dresser un état de la répartition des propriétés, en suivre les évolutions dans le temps en fonction des ventes, donations ou héritages. Savoir qui possède quoi sert d'abord à déterminer l'impôt foncier à payer. L'analyse peut aussi servir à mesurer à quelles catégories d'individus ou de collectivités la terre appartient dans un but d'analyse des réalités sociales.

En France, les géographes ont procédé à partir des années 50, dans les études de géographie agraire régionale, à un examen attentif des cadastres afin de connaître la répartition sociale de la propriété foncière. On retrouvera en nombre de thèses de doctorat des tableaux détaillés sur les répartitions ainsi que sur les méthodes d'analyse. En revanche, il est beaucoup plus difficile de dresser des inventaires précis des parcellaires d'exploitation à échelle communale ou régionale, même si depuis les années 50 et jusqu'à ces dernières années, la mutualité sociale agricole (MSA) détenait la source. En effet, pour toucher les prestations sociales, chaque exploitant devait fournir à la MSA la liste des parcelles cultivées. La MSA se chargeait de calculer le montant des cotisations dues en rapport avec la valeur cadastrale de chaque parcelle.

### Les droits de culture

En réalité les choses sont plus complexes pour comprendre les réalités emboîtées des structures agraires face aux réaménagements fonciers que le simple examen des trois strates évoquées ci-dessus. Ce dans la mesure où, en certaines circonstances, les exploitants peuvent exercer un droit de culture qui consiste en un accord, directement entre locataires, sans en référer nécessairement au propriétaire, afin de se répartir les parcelles exploitées à l'amiable, afin d'en faciliter le travail. On a donc, de fait, très souvent, notamment dans les régions de grande culture et dans les régions où le rapport social est en faveur des fermiers, une quatrième strate, prenant en compte les échanges de droits de culture, qui vient se surajouter à ce que l'on voit, ce qui est exploité légalement, ou ce qui est possédé par les détenteurs du foncier.

Toute analyse localisée à grande échelle des réalités agraires se doit, en préalable à la compréhension des choses, d'établir ces quatre tableaux qui se juxtaposent et se combinent de façon différente selon les lieux, en fonction des sociétés locales, des modes d'exploitation, des rapports entre travailleurs et propriétaires.

Les remaniements fonciers, qu'ils soient volontaires ou autoritairement décidés, s'exercent à grande échelle et vont donc peu ou prou modifier ces quatre réalités morpho-structurales ainsi brièvement rappelées ci-dessus.

## Les remaniements fonciers

### De la nécessité des remaniements fonciers

Des campagnes dans le monde n'ont nul besoin de remaniements et de restructuration du foncier. C'est le cas des pays neufs dans lesquels, dès la mise en culture, les exploitations ont été dessinées d'un seul tenant, et dont la taille des parcelles est adaptée à l'utilisation des tracteurs. C'est aussi le cas des plantations mises en place par les colonisateurs, ou encore dans les régions de vieille agriculture où domine la grande propriété, comme la majeure partie de la Grande-Bretagne.

Dans les pays neufs, deux modes d'aménagement parcellaire coexistent. Soit le défrichement s'est opéré le long d'un axe de circulation, fleuve ou route, avec des exploitations régulièrement disposées de part et d'autre. C'est le *rang* canadien issu directement du système du *waldhufendorf*, que l'on retrouve aujourd'hui en Amazonie brésilienne le long des grands axes routiers. Soit le partage de l'espace se fait en vastes quadrilatères, c'est le système du *township* de l'Amérique anglo-saxonne. On y reviendra (chapitre 9).

Il est d'autres campagnes, en revanche, où le morcellement foncier, et plus encore la dispersion parcellaire des outils de production, sont des héritages d'une longue histoire, c'est le cas des pays d'Europe, et qui de ce fait sont confrontées avec l'intrusion des machines modernes à une nécessaire restructuration.

### Les deux modes principaux de remaniements fonciers

La nature des remaniements dépend directement de l'usage qui est modifié.

En pays libéral, on modifie la répartition des terres exploitées en vue d'améliorer l'outil agricole, c'est-à-dire l'exploitation. C'est le remembrement et les autres modes associés, codifiés dans des textes. Mais ce remaniement passe par le biais d'une réorganisation du parcellaire de propriété, ce sans modifier la taille de cette dernière entre les différents ayants droit. Mieux même, tout l'art du technicien, en l'occurrence le géomètre, est de redonner à chacun, en terme de valeur, la même chose qu'avant l'opération.

En pays « socialiste » en revanche, le mode de remaniement foncier consiste à modifier la répartition de la terre en tant que bien foncier, afin de redistribuer les droits de propriété. Le remaniement peut conduire à fixer un seuil maximum de taille par propriété afin de redistribuer les terres à ceux qui en sont démunies, c'est la réforme agraire. Il peut se contenter d'exproprier les seules grandes propriétés manifestement mal ou insuffisamment mises en valeur.

Paradoxalement, la décollectivisation procède aussi du processus de réforme agraire. Elle consiste à redistribuer les terres des fermes d'État ou les coopératives entre les salariés ou les coopérateurs, ces derniers étant de droit les héritiers des anciens propriétaires d'après le partage des biens lors de la redistribution des terres de la réforme agraire socialiste.

Ce type de remaniement ne pallie pas directement les inconvénients d'un morcellement parcellaire vis-à-vis de la motorisation, il a des objectifs d'ordre social et non pas d'ordre technique. Toutefois, il s'est généralement accompagné d'une transformation radicale des outils par la collectivisation, même si de droit les coopérateurs des kholkhozes conservaient leurs biens.

Les résistances aux restructurations foncières ont longtemps été dominantes et ont interdit les réaménagements. Les raisons de ces refus ont souvent été associées à l'esprit de routine, de conservatisme paysan et à des faits de mentalité et d'attachement aux biens difficilement acquis. En réalité, il faut tenir compte du fait que le morcellement de la propriété, mesuré en nombre de parcelles cadastrées, exagère la réalité de l'émiettement parcellaire puisqu'une seule parcelle foncière, lorsqu'elle est divisée en plusieurs bandes de cultures différentes, comprend plusieurs numéros de cotes cadastrales. En outre les exploitants peuvent pallier cet émiettement apparent par la pratique des échanges amiables qui ne sont pas toujours légalisés. On retrouve la pratique des échanges de droit de culture. Enfin, il peut être utile de posséder et d'exploiter des parcelles sur différents terroirs afin de bénéficier d'expositions multiples ou de sols différents favorisant des décalages dans le temps dans les façons culturales. Le cas de la vigne est patent, l'émiettement parcellaire dans le finage permet d'étaler les vendanges et d'éviter les risques d'un gel généralisé sur toute l'exploitation. Il faut donc éviter les à priori vis-à-vis de la dispersion parcellaire. C'est ce que Max Sorre rappelait en son temps : « Si le désir d'égaliser les conditions d'exploitation par l'attribution de parcelles situées dans des quartiers de valeur différente figure parmi les préoccupations des répartiteurs du sol, l'avantage de posséder des terres propices à différentes sortes d'exploitation a pu paraître essentiel au paysan. »

Jusqu'à l'intrusion du moteur dans les pratiques culturales, et en particulier du tracteur, les inconvénients de l'émiettement foncier des exploitations étaient palliés par ce souci de disposer d'une palette parcellaire différenciée. Au temps où l'exploitant ne comptait guère son temps, et alors que la taille des parcelles était en adéquation avec une agriculture attelée ou à bras, les nécessités du regroupement étaient moins prégnantes. Certes, les enclaves, la dispersion des parcelles, l'extrême morcellement des finages, entraînaient toutes sortes de servitudes, de gênes, de perte de temps. Le cultivateur passe par-dessus tous ces inconvénients et résiste au remembrement rationnel de la propriété rurale par voie d'échanges autant qu'il le peut. Cette disposition d'esprit est une des racines psychologiques du pouvoir fixateur de la structure agraire. Ainsi comprend-on mieux l'étrange pérennité des structures agraires par les esprits rationnels que nous sommes devenus à l'ère du moteur, de l'agriculture de marché et des nécessités de productivité. Un tel constat invite, on le verra plus loin, à conserver des témoignages vivants de ces structures aujourd'hui inadaptées et obsolètes, dans un objectif patrimonial de compréhension du passé.

Ce morcellement parcellaire touchait quelquefois à l'absurde, et faisait de l'exploitation agricole autant une entreprise de transport qu'un outil de production. Le Cemagref a pu établir des calculs montrant que le temps annuel passé par l'exploitant à se rendre d'un champ à l'autre dépassait dans des cas extrêmes celui qu'il consacrait aux façons culturales.

La faiblesse première de l'agriculture européenne, confrontée à la concurrence de l'agriculture des pays neufs, est, dans une économie de marché, cette inadaptation des parcellaires hérités aux formes modernes d'une agriculture technicienne. La nécessité des restructurations foncières, désormais comprise et entamée en nombre de territoires, est donc le fait de la rencontre de ces deux réalités.

En certaines régions, tel le cœur du Bassin parisien, dès le XVII^e^ et XVIII^e^ siècles, des exploitants rassembleurs de terre ont su construire des unités d'exploitation regroupant les parcelles émiettées de nombreux propriétaires, afin de disposer de vastes parcelles adaptées à la grande culture et à la mécanisation qui s'amorçait. Cette création d'un *openfield*-mosaïque (Brunet, 1960), précocement adapté aux techniques modernes, est l'exception. Ailleurs, les vieilles structures ont résisté. Les éléments du contexte social n'étaient pas identiques. Elles n'ont cédé que depuis l'après-guerre en France avec la politique du remembrement officiel mis en place suite à la loi de 1941. Auparavant, les aménagements fonciers n'avaient touché que les territoires dévastés par les combats de la Première Guerre mondiale. Ces restructurations ne sont pas encore achevées ainsi qu'a pu le montrer une thèse récente (Marochini, 2000, fig. 8 et 9).

Ces remaniements bouleversent les parcellaires et conduisent à des modifications radicales des paysages, surtout en pays de bocages où la disparition des haies accompagne les remaniements (Fig. 12).

En France, le remembrement classique, effectué par les techniciens géomètres et pris en charge par l'administration agricole, et désormais sous la responsabilité des Conseils généraux, souffre de trois maux vis-à-vis des évolutions des systèmes agraires :

– Il se contente de redistribuer les biens fonciers afin d'en favoriser leur exploitation. L'amélioration de l'outil passe par le biais du regroupement des patrimoines. En pays de faire valoir direct, il est donc efficace. Il peut l'être moins en pays de faire valoir indirect dominant. Le regroupement de la propriété peut ne pas s'accompagner d'une amélioration parallèle aussi efficace de l'exploitation.

Figure 12 : **L'évolution des structures parcellaires à la Palissonnière (Loire-Atlantique)**

En France, en 1947, la question avait été posée du choix de regroupement prioritaire des propriétés ou des exploitations et le législateur avait tranché en faveur des premières, preuve de l'existence d'un réel problème. Aux Pays-Bas, tout remembrement s'accompagne d'un parcellaire d'exploitation et l'on tranche les litiges en faveur de l'amélioration première de l'outil plutôt que du patrimoine.

– Le remembrement ne modifie pas la taille des outils d'exploitation, il ne fait que redistribuer les parcelles dans le finage. Or les évolutions contemporaines sont associées aux processus d'agrandissement et de concentration. Un deuxième remembrement peut se révéler nécessaire au bout d'une ou deux générations. C'est ce qui se passe dans des communes précocement remembrées du Bassin parisien.

– On rend le remembrement responsable, ce qui est vrai, d'une profonde modification des paysages, et donc d'agresser les milieux et l'environnement. Certes, un remembrement s'apparente à une opération chirurgicale, et le malade n'est pas beau à voir, même s'il est guéri de ses maux à la sortie de la table d'opération ! Mais il faut raison garder en ce domaine. Ce sont surtout les travaux connexes : création de chemins, aménagements hydrauliques, arasement des haies et talus, et autres obstacles à la mise en place d'un parcellaire géométrique qu'il faut incriminer. Les pratiques ont souvent été trop radicales. Dans l'Ouest bocager de la France, les premières réorganisations, faites à l'image des expériences conduites en pays de champs ouverts, ont été aventureuses et ont provoqué des déséquilibres et agressions sur les milieux.

Des évolutions dans les pratiques et dans la législation tentent de limiter les bouleversements paysagers. En France, la pré-étude d'aménagement foncier, la mise en place dans les commissions de remembrement de personnes qualifiées pour la protection de la nature, l'obligation d'accompagner l'opération d'une étude d'impact, la prise de conscience de beaucoup d'acteurs, montrent que peu à peu une prise de conscience se fait entre les nécessités économiques et la protection des paysages, sans doute trop tardivement, d'autant que les intérêts des différents acteurs s'opposent en la matière.

À cet égard, les échanges amiables ou la réorganisation foncière qui se contentent de modifier et d'améliorer les parcellaires d'exploitation sans bouleverser les structures de propriété, sont beaucoup moins traumatisants, et favorisent le maintien des paysages hérités. Or ces modes d'aménagement figurent dans le code rural. On ne les a guère utilisées en France. On leur a préféré le remembrement classique de la propriété, plus radical et plus pérenne, mais aussi plus respectueux des droits de la propriété et soutenu par l'administration agricole.

## Les nouvelles relations à l'environnement

### Uniformisation et intensification de l'agriculture productive

Les liens entre les structures agraires et la question environnementale se posent en termes radicalement nouveaux avec les effets de la révolution agricole contemporaine. Un double mouvement de fond attise les conflits d'usage des espaces agraires. On a d'une part le constat d'une agriculture de plus en plus artificialisée et déconnectée des contraintes des milieux dont les modes antérieurs d'anthropisation avaient, semble-t-il, tenus compte, et d'autre part la crainte qu'aux rythmes actuels les modes de relations aux paysages, à la nature, au patrimoine écologique, se trouvent bouleversés. L'agriculture ouverte sur le marché, soucieuse de productivité, tend à vouloir se libérer des contraintes environnementales. C'est ce mode de production et de relations avec le milieu qui est appelé « agriculture productiviste ».

Les pratiques agricoles changent en profondeur et conduisent à des excès qui se paient en terme d'environnement dégradé. C'est la pollution des eaux entraînée par l'utilisation massive des engrais, fertilisants et produits phytosanitaires. C'est l'érosion des sols liée à leur mise à nu une partie de l'année ou par la disparition des haies, talus, banquettes qui retenaient les terres arables, ou par des labours intempestifs sur des pentes trop fortes. C'est aussi la déforestation accélérée sur des sols fragiles. C'est encore la mise en place de parcellaires géométriques sans souci des facteurs du milieu.

Les aménagements traditionnels tendaient à respecter les équilibres écologiques du fait de fines adaptations, et les paysages agraires étaient la résultante, au sein de chaque société agraire, de modalités particulières d'aménagement façonnées sur le long terme, et déterminées par les techniques d'encadrement, les densités de population et les milieux mis en valeur. À l'inverse, le propre de l'actuelle révolution reposant sur l'usage des techniques modernes, notamment par l'intrusion du moteur, et la toute-puissance de l'économie de marché, a été de gommer ces fines discontinuités et la diversité des milieux.

Ceci se traduit dans les paysages agraires par le triomphe de l'uniformité des modes d'aménagement. Quelques modèles tendent à se répandre : *open-field*-mosaïque, vastes casiers géométriques d'irrigation, plantations tropicales aux vastes parcelles se regroupant à angle droit, système du *ranching*, etc. Les technologies les plus récentes vont même jusqu'à nier le recours à tout support foncier ou presque, avec la multiplication des hors-sols, des serres chauffées, des substrats hydroponiques et autres modes de culture sans sol.

Cette tendance universelle au quadrillage des espaces agraires, et à leur uniformisation, comme symbole d'une totale domination des milieux, débouche sur le questionnement majeur des relations à la nature et à l'environnement. Ces contraintes que l'on pensait avoir dépassées réapparaissent sous une forme nouvelle des relations entre sociétés agraires et leurs milieux.

L'objectif premier de l'agriculture de marché est d'accroître la production agricole en artificialisant les pratiques vis-à-vis des contraintes des milieux naturels, par le biais de la mécanisation, de la motorisation, des engrais chimiques, des semences sélectionnées, des produits de traitement, de la mise sous abri ou sous serre des cultures. Mais en retour ces processus d'intensification, via un système productiviste visant à produire toujours plus au plus bas coût possible, selon des formes et modèles certes différents selon les sociétés locales, mais selon une même logique, conduit à profondément bouleverser les relations à l'environnement.

### De nouvelles mesures de protection

Une prise de conscience des risques de dérive du nouveau modèle agraire se fait. Il prend des formes de contestation politique et de refus sur lesquelles nous n'avons pas ici à nous étendre. Il exprime aussi une réelle volonté de préserver la diversité des paysages au nom d'une défense patrimoniale. Face à un modèle unique de développement qui couvrirait toute la planète, les réactions des exploitants agricoles, des habitants de l'espace rural, des citoyens, des organisations agraires et des pouvoirs publics vont être différentes, mais elles ont comme objectif commun le maintien d'une certaine diversité. Les paysages dont nous avons hérités sont de plus en plus considérés par une part croissante des populations, d'abord dans les pays développés, mais aussi ailleurs, comme un patrimoine qu'il s'agit de conserver.

Des politiques de mise en défens, de protection, de limitations des pratiques intensives font peu à peu leur chemin, tandis que les pratiques d'une agriculture productiviste sont dénoncées. Dès l'entre-deux-guerres aux États-Unis, une politique de protection des milieux face aux érosions provoquées dans les grandes plaines par l'agriculture mécanisée opérant sans précaution et provoquant les fameux *dust-bowl* est prônée par la pratique des labours selon les courbes de niveaux.

En France, les parcs naturels régionaux (PNR) vont à partir de 1967 occuper les espaces dans lesquels la modernisation agricole est rendue difficile du fait des contraintes naturelles assimilées à des handicaps. C'est le cas de zones humides ou de moyennes montagnes qui possèdent encore des caractéristiques paysagères, patrimoniales et culturelles parce que peu modifiées par l'agriculture intensive. Le grand nombre et la vigueur des conflits liés à l'intrusion de l'agriculture productiviste dans les espaces bocagers, et à des remembrements intempestifs et drastiques, illustrent ces ambiguïtés dans le choix des modèles à promouvoir.

À l'échelle européenne et de la PAC, la mise en place de quotas laitiers en 1983 qui obligent à réduire les volumes de production, certes pour des raisons économiques, puis la mise en place d'une politique de protection de l'environnement, avec les opérations locales à partir de 1985, et toute une panoplie de mesures dites agri-environnementales, constituent d'autres étapes de la prise de conscience des dérives sur le plan des paysages d'une agriculture intensive.

Ainsi, tout un arsenal, de plus en plus contraignant, de procédures, de mesures, d'incitations et de limitations, est progressivement mis en place à toutes les échelles géographiques, depuis le maintien de la forêt amazonienne jusqu'à la protection de biotopes à la dimension d'une mare ou d'un bosquet.

Au terme de cette brève description des systèmes agraires, un tableau schématique des évolutions dans le temps peut résumer le bilan de cette longue histoire (Fig. 13).

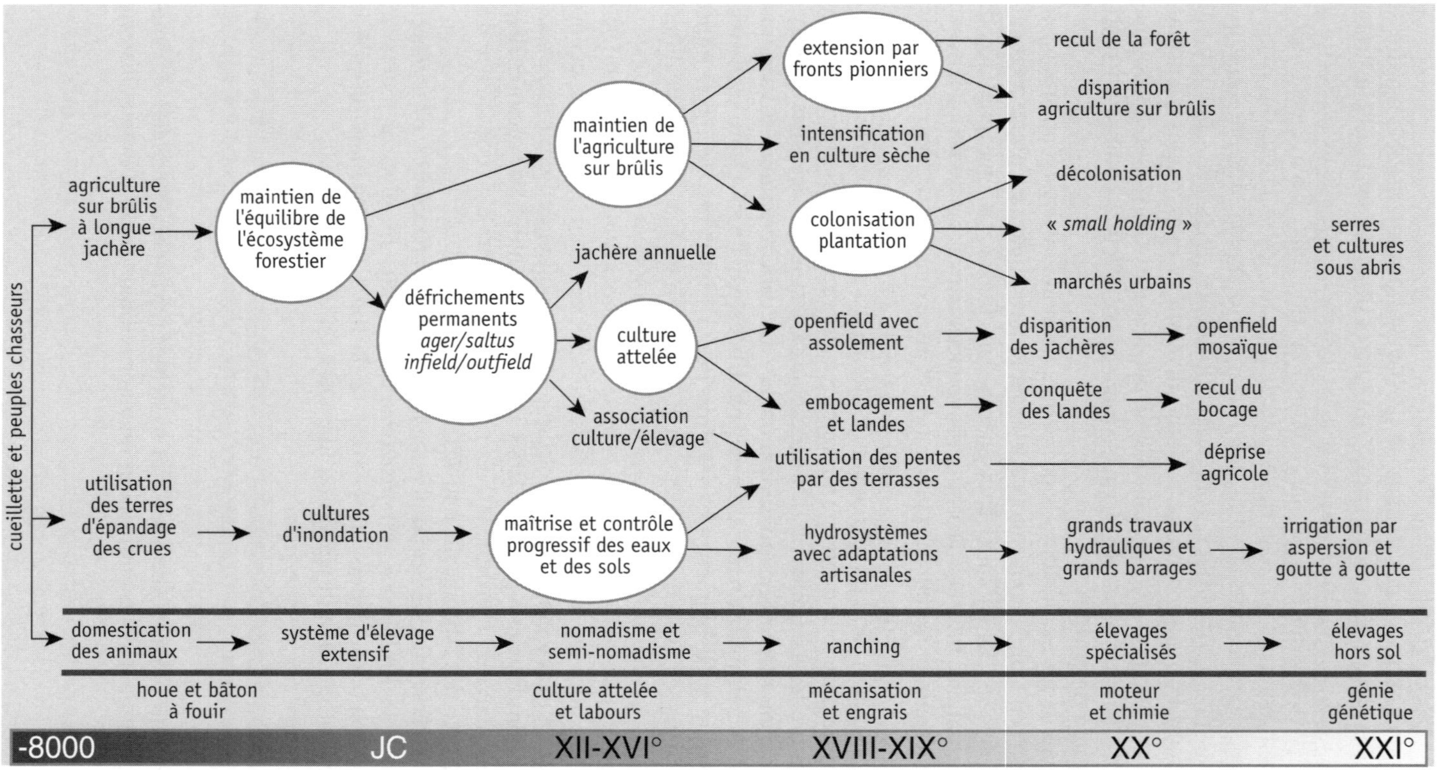


Figure 13 : **Essai de schématisation de la progressive complexification et diversification des systèmes agraires**
D'après M. Mazoyer et L. Roudart (1999) et J. Diamond (2000)

Chapitre 5

# Les nouvelles fonctions des espaces ruraux

LA DIFFUSION des techniques de type scientifique, mécanisation, chimie, biologie, motorisation et désormais génétique, a profondément modifié les modes de production. Elle tend à dissocier les relations entre les terroirs et les ateliers agricoles, ce qui conduit à des processus de délocalisation, impensables il y a encore quelques décennies, et à la constitution de bassins de production dont l'échelle de référence est mondiale. C'est ainsi que les productions de céréales ou de protéagineux, nécessaires aux élevages hors-sol intégrés, peuvent l'être à des milliers de kilomètres des ateliers de valorisation.

À cette spécialisation des espaces agricoles, liée pour l'essentiel à la pénétration des formes capitalistes de l'agriculture de marché, s'ajoute également, comme élément de modification des paysages et des structures agraires, la dissémination des nouvelles fonctions dans les espaces ruraux

## DEUX DYNAMIQUES CONTRADICTOIRES

### De nouvelles populations

Dans un tel contexte de spécialisation des lieux, et de délocalisation des productions, la transformation des campagnes agricoles de l'Europe en des lieux de décor pour une fonction purement résidentielle ou vouées à des aspects récréatifs et ludiques, ou encore de patrimoine à préserver et muséifiés en tant que tel, est, pour une partie d'entre elles, dans l'ordre des choses. Les campagnes anglaises en offrent un exemple qui s'étend désormais à bien d'autres espaces périurbains. Dans un tel cadre, l'agriculture n'est conservée que comme un élément agreste du décor puisque tout un chacun veut vivre à la campagne comme en ville, tout en bénéficiant d'un environnement dit naturel.

C'est sur cette question des nouvelles fonctions attribuées aux espaces naturels et ruraux que l'opposition entre pays développés et espaces en voie de développement est la plus grande. En effet, dans les pays tempérés, de l'ancien comme du nouveau monde, y compris dans les pays neufs, jamais aussi peu d'individus — une ultra minorité — n'ont eu à gérer autant d'espace. Les agriculteurs, de plus en plus rares, ont agrandi leurs ateliers et pour chaque travailleur, dans les systèmes céréaliers ou dans les domaines d'élevage extensif, on comptabilise désormais la surface mise en valeur en dizaines, voire en centaines d'hectares. Mais ces espaces ne sont pas vides pour autant. Ces territoires deviennent des campagnes sans paysans, dans lesquelles cohabitent des groupes sociaux dont l'intérêt se limite à leur habitat, aux équipements et infrastructures, et aux paysages autour de leur lieu de résidence.

Ces nouvelles populations portent sur les paysages un regard très différent de celui des occupants pour lesquels ces espaces sont le lieu de leur activité productive. Il peut en résulter des conflits, d'autant plus vifs que si les agriculteurs gèrent l'essentiel de l'espace, les autres occupants ont pour eux le poids démographique, et donc la légitimité démocratique. Alors que les agriculteurs réclament des restructurations foncières conduisant à des paysages géométriques, uniformes et banalisés, les autres utilisateurs sont friands de paysages agrestes maintenus en l'état, de parcellaires aux formes contournées, coupés de haies et de bosquets, associant cultures variées et prairies, avec un habitat traditionnel, témoins de l'agriculture paysanne et artisanale. En revanche, dans les pays qui ont conservé une importante paysannerie, aujourd'hui les pays du Tiers monde, les espaces agraires ont encore comme principale fonction de subvenir aux besoins exprimés par ceux qui ont la charge de travailler la terre. Même si l'exode rural et l'étalement urbain peuvent y provoquer des conflits sur l'utilisation des sols, l'essentiel demeure les modalités de l'occupation agricole.

## Un nouveau regard sur les campagnes

Si l'on tente de savoir ce que sont les campagnes devenues, il faut rappeler qu'elles sont désormais aménagées, non plus simplement comme lieu de production de matières premières agricoles, mais aussi et surtout comme objet de représentation ou de consumation. Elles sont faites pour le regard, et en ce sens beaucoup entendent les préserver et les transformer en objet de patrimoine. Ce n'est plus qu'un décor, comme au théâtre, afin de satisfaire les désirs des résidents, dont bon nombre ne fréquentent plus les campagnes que dans un but de loisirs et de ressourcements. Certes, l'évolution ici décrite ne touche encore qu'un petit nombre d'espaces agraires, mais les choses vont très vite, et le modèle anglo-saxon de campagnes patrimonialisées est le modèle dominant, et comme tel il l'emporte sur tous les autres.

Le paysage agricolisé, fonctionnel, modernisé, adapté à la motorisation, ne répond pas aux logiques des populations rurales non agricoles, lesquelles exercent des activités sans rapport avec le sol, ou bien fréquentent les espaces agraires pour d'autres objectifs et besoins que ceux des agriculteurs. Aussi peut-on penser que les paysages et les structures parcellaires devront s'organiser dans le futur, se transformer et être réaménagés en fonction de ces attentes et besoins nouveaux.

## Les contradictions entre deux logiques

La difficulté première tient au heurt entre ces deux logiques contradictoires, d'où la multiplication des conflits. On le constate à propos du maintien et de la protection des bocages, des paysages, des chemins, ou plus prosaïquement pour la défense du cadre de vie des nouvelles populations rurales confrontées aux nuisances de l'agriculture industrialisée.

Il y a peu, l'intérêt et la valeur des paysages était lié au fait que leur ordonnancement répondait à des besoins des populations qui y trouvaient les ressources nécessaires. Que ce soit les matériaux pour les constructions ; le bois pour le chauffage, les instruments aratoires, les fruits ; les terres labourables et les prairies pour se nourrir et nourrir les animaux domestiques ; mais aussi les ressources de la cueillette, de la chasse et de la pêche dans les espaces naturels proches des espaces cultivés.

Il en résultait une fine mosaïque paysagère, un puzzle à petites mailles, expression de la diversité des besoins. Or c'est l'ensemble de ces liens qui sont progressivement rompus par l'intrusion de modèles dont le résultat premier est d'introduire l'uniformité et la banalité.

Face à ces évolutions des campagnes, dont les agriculteurs sont les acteurs et complices, on assiste à la mobilisation de multiples intervenants qui ont certes des pratiques et des projets différents sur l'espace rural, mais qui tous, peu ou prou, regrettent les compositions paysagères d'autrefois, et qui défendent tant que possible leur maintien lorsqu'il n'est pas trop tard, ou sinon leur retour. Il y a dans cette nostalgie et dans cette volonté de patrimonialiser les lieux une réelle ambiguïté, mais ce mouvement est porté par un courant d'opinion de plus en plus puissant.

Parallèlement se fait jour la crainte d'un repli de l'agriculture et de l'abandon de vastes surfaces à la friche. Pas de pays et de paysages sans paysans, tel est le slogan du groupe de pression agricole, mais aussi de nombreux élus ruraux qui parlent volontiers de désertification.

Ces attitudes sont partagées par beaucoup. C'est que les dynamiques contemporaines provoquent un véritable renversement des choses vis-à-vis du monde rural plein, trop plein, dont l'apogée se situe à la fin du XIX^e siècle, et qui se traduisait par une « agricolisation » de l'espace jamais atteint, et propre aux vieilles sociétés occidentales. Pour faire image, et vis-à-vis des autres régions du monde, tout l'espace était alors pratiquement jardiné.

Aujourd'hui la crainte partagée est qu'il y aura trop de terre pour trop peu d'agriculteurs dans nos pays développés. Il faut donc transférer l'espace agricole en déshérence à d'autres usages. À la forêt, mais aussi à des usages aptes à satisfaire les besoins des populations non agricoles. Curieux paradoxe de notre planète puisque dans les pays du Sud ce que l'on craint est une déforestation sauvage et la réduction des espaces dits naturels.

Aussi pour préserver les paysages, c'est-à-dire les paysages façonnés par l'agriculture artisanale et paysanne d'autrefois, qui deviennent des aménités, on parle volontiers de qualité des paysages, et on pèse les externalités positives (protection des habitats, maintien de la biodiversité) et les externalités négatives (pollution des eaux, drainage, assèchement des zones humides) des processus d'intensification de l'agriculture, afin d'avoir des arguments pour limiter ses impacts. On va même jusqu'à évoquer les consentements à payer par les utilisateurs de ces espaces pour les maintenir en l'état.

Donner à l'agriculture et aux agriculteurs dans les pays développés du Nord de nouvelles fonctions qui ne seront plus productives se traduit désormais dans les législations. C'est en France l'objet des contrats territoriaux d'exploitation prévus dans la nouvelle loi d'orientation agricole et qui sont en application. Ils ont l'avantage d'associer les acteurs du terrain à des projets dont l'objectif se veut plurifonctionnel, il s'agit, à la fois, de conserver le potentiel productif, tout en sauvegardant les milieux et de maintenir socialement la population

## LA MULTIFONCTIONNALITÉ DES NOUVELLES CAMPAGNES

### Les héritages

La multifonctionnalité des campagnes ne date pas d'aujourd'hui. Jadis les classes sociales citadines possédaient, dans les espaces ruraux à plus ou moins grande proximité des villes, des résidences, allant du château aristocratique dont l'exemple est « la folie nantaise », au cabanon des prolétaires des cités du sud de la France. Chaque résidence s'entourait d'un ensemble de parcelles qui était hors du champ productif et qui servait à des usages ludiques pour le repos et le regard. Ces étendues pouvaient en certaines circonstances occuper un espace considérable. Que l'on songe aux forêts vouées à la chasse, aux prairies et étangs autour des manoirs de l'aristocratie en Grande-Bretagne, ou aux domaines des hobereaux prussiens, ou encore les paysages japonais qui étaient ordonnancés pour la contemplation tout autant que pour la production. Mais ces usages demeuraient minoritaires dans les espaces ruraux, ils étaient quelquefois à l'origine des composantes paysagères

Un bon exemple est fourni par les campagnes bocagères de part et d'autre de la basse vallée de la Mayenne en Anjou (Fig. 14). Un inventaire précis et minutieux des châteaux et de leurs parcs et jardins a été effectué sur 26 communes au nord d'Angers de part et d'autre de la basse vallée de la Mayenne, à l'aide des documents cadastraux. On a pu y relever une centaine de châteaux, manoirs et logis, soit un édifice pour 490 hectares. C'est une densité élevée puisque la totalité du département du Maine-et-Loire abriterait 1 200 châteaux, soit une densité d'un château pour 660 hectares (O. Rialland, in N. Croix, 2000).

L'essentiel des constructions date ou a été réaménagé au XIXe siècle. Ce sont des domaines associés à de grandes propriétés divisées en métairies. Mais presque tous sont accompagnés de parcs et jardins, sans fonction directement productives, faits et aménagés pour l'agrément et le regard, dont le cumul des surfaces est impressionnant puisque si quelques-uns se limitent à quelques hectares, d'autres dépassent largement la centaine. On a ainsi un bel exemple de paysages à la fois « agricoles et paysagers », associant des parcellaires destinés à la production et des espaces voués à la contemplation et au futile, offrant de vastes panoramas, avec plans d'eaux, allées courbes, bosquets d'arbres exotiques, vastes prairies-pelouses, où la recherche du pittoresque et de la mise en scène l'emporte sur les nécessités de l'économie. Plus même, les espaces productifs sont agencés en fonction des points de vue et préservent des échappées et des perspectives. Tout ceci étant l'œuvre de paysagistes patentés (A. Killian, P. de Lavenne, le comte de Choulot) proposant tout au long du siècle des modèles aux propriétaires.

## Les industries rurales

Les industries rurales étaient également présentes dans un certain nombre d'espaces ruraux. Elles ont souvent connu une crise sévère et ont disparu. On a pu parler à la fin du XIX^e^ siècle d'une « agricolisation » des espaces et des populations avec ce repli des industries et de l'artisanat de nos campagnes. Toutefois des espaces ruraux ont su conserver une trame d'ateliers suffisamment dense et des districts industriels ont pu se pérenniser. La population ouvrière y constitue la majorité des actifs et les entreprises sont disséminées dans les bourgs et les petites villes. On retrouve dans ces espaces ruraux des traits communs. Il s'agit de branches industrielles où le coût de la main-d'œuvre demeure important dans le processus de production, où le tissu industriel est constitué de petites et moyennes entreprises, où les initiatives locales dites endogènes sont la règle, et où le travail à domicile et la double activité sont encore présents en certaines circonstances. Ce sont les capacités d'adaptation et les liens entre ces entreprises qui expliquent leur maintien. Ce qui va avec des traits socioculturels associant consensus social, système de valeurs partagées, ambiance paternaliste, proximité des entrepreneurs et des salariés, attachement au « pays », etc.

En Europe, les exemples sont nombreux de ces systèmes productifs localisés à fondement rural. Le Choletais constitue le cas le plus connu, sinon le mieux étudié, c'est le pays « des usines à la campagne », mais on retrouve des cas identiques dans le Vimeu, dans la vallée d'Oyonnax, la vallée de l'Arve, en Espagne dans l'arrière-pays de Valence, au Portugal, dans l'Italie du milieu, en Allemagne du Sud. Chaque espace ayant ses particularités industrielles, chaussures, textile et habillement, décolletage, robinetterie, meubles, etc. Ces espaces industriels peuvent être redynamisés par la multiplication des industries agroalimentaires. C'est le cas en Bretagne ou dans le bocage normand.

La présence de ces industries en espace rural participe au maintien d'un espace aux fonctions diversifiées en offrant aux populations issues des familles agricoles des emplois sur place ou en favorisant la pluriactivité à l'échelle de l'individu ou de la famille.

## De nouvelles fonctions environnementales et sociales

Ces espaces non directement productifs demeuraient toutefois des enclaves dans les campagnes et leur fonction était reconnue en tant que telle. Ce qui a changé est que l'on accorde désormais à l'agriculture et aux forêts, à tout le moins en Europe, des fonctions environnementales et sociales en sus de leur fonction économique. Les espaces agricoles sont entendus comme devant être le lieu de production de biens non marchands : qualité, aménité, valeur environnementale,

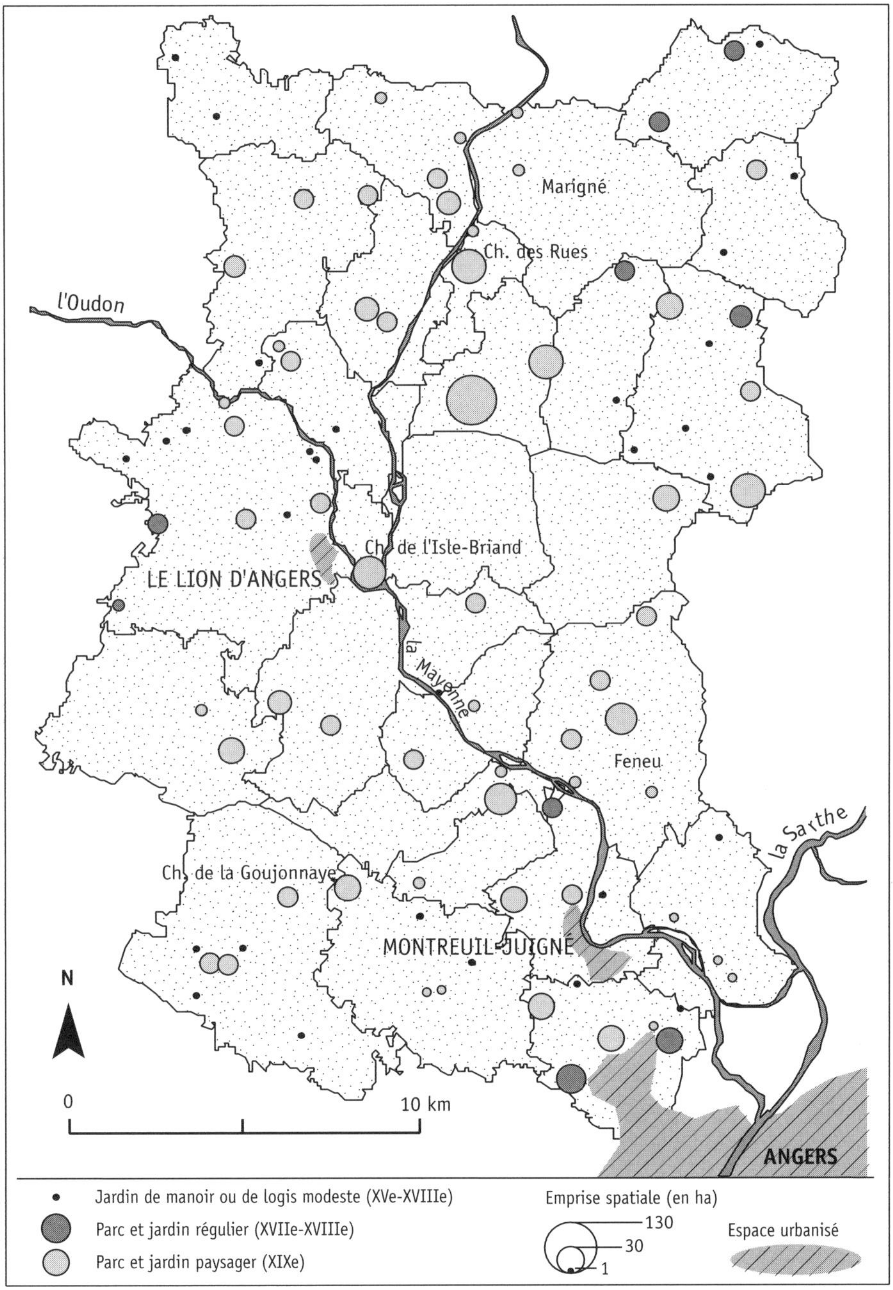


Figure 14 : **La répartition et l'emprise des parcs et jardins des châteaux au nord d'Angers (Maine-et-Loire)**
D'après les relevés d'O. Rialland (thèse)

réponse à la demande sociale. Ces fonctions étant de l'ordre des représentations et du symbolique, tant culturel que social. Ce que l'on entend conserver, préserver, aménager, ce ne sont plus les structures agraires, ce sont les paysages en tant que tel que l'on veut sauvegarder, et donc figer et patrimonialiser. En outre, les campagnes abritent aussi de nouvelles fonctions, résidentielles, de plaisance, de protection de la diversité, qui interfèrent avec la fonction productive pour multiplier les configurations.

Un tel changement des attitudes vis-à-vis des paysages de la campagne, que l'on n'ose plus appeler agraires mais qui sont du domaine de l'agreste, c'est-à-dire du champêtre et du rustique, invite à porter un nouveau regard sur la morphologie et les structures agraires.

## DE NOUVELLES CATÉGORIES D'ESPACES RURAUX

Selon les agencements réalisés entre les différentes fonctions qui cohabitent, se supportent ou s'excluent dans les campagnes, des nouvelles typologies des espaces ruraux peuvent être dressées. Celles-ci reposent sur les activités présentes, les structures socioprofessionnelles des populations, les modes d'occupation de l'espace et donc les paysages.

### Une typologie liée aux dynamiques territoriales

Une première typologie, née dans les pays développés, liée aux dynamiques territoriales observées, permet d'opposer espaces périurbains dominés par le fait résidentiel, campagnes fragiles ou « profondes » sujettes à des processus convergents de dévitalisation, et campagnes vivantes dans lesquelles les fonctions se juxtaposent et s'organisent. On y reviendra (chapitre 7).

### Une typologie liée aux modes d'occupation de l'espace

Une autre classification repose sur les modes d'occupation de l'espace. On y distingue :

– *Les espaces agricoles* dont les morphologies foncières héritées très diversifiées cèdent le pas, avec le tracteur et les remaniements fonciers, à un paysage de plus en plus uniformisé et constitué de grandes parcelles géométriques. Dans la vieille Europe, ce processus de diffusion d'un « *openfield*-mosaïque » dans les espaces à dominante agricole est un modèle de plus en plus prégnant, lequel efface peu à peu les traces des anciens parcellaires.

– *Les espaces résidentiels* dans lesquels la nature et l'agricole ne sont plus conservés que comme des éléments de décor. Ils occupent les espaces périurbains dont les couronnes autour des villes, grandes et petites, tendent à s'élargir d'un recensement à l'autre. Dans ces espaces, l'occupation agricole se réduit, les exploitations sont tronçonnées par les voies de desserte tandis que les remaniements fonciers sont très difficiles du fait de la spéculation sur la terre liée à ces changements de fonction espérés ou subis. Un type d'adaptation fréquemment rencontré est le maintien d'ateliers agricoles dont les productions sont en rapport direct avec la demande citadine proche : vergers et productions légumières avec cueillette organisée par les visiteurs, pensions pour chevaux de loisirs, fermes pédagogiques à destination des écoles, etc.

– *Les espaces de plaisance* voués à la récréation et aux loisirs, où l'agencement des territoires se fait en fonction des valeurs patrimoniales à conserver ou pour un usage ludique, sont de plus en plus étendus. Une bonne partie des espaces ruraux du nord-est de l'Amérique du Nord, des pays anglo-saxons européens, et de plus en plus des montagnes agricolisées de l'Arc alpin, vivent en fonction de leurs aménités naturelles et sociales héritées pour ces usages de plaisance. Depuis les chalets alpins, transformés en résidences secondaires, aux abris de pêcheurs autour des lacs des citadins québécois, jusqu'aux domaines solognots organisés pour la chasse, en passant par les parcs de loisirs, tous les cas de figure existent.

– *Les espaces de nature* destinés à la protection de la biodiversité sont également nombreux et tendent à s'étaler, depuis les premiers grands parcs américains nés à la fin du XIX^e^ siècle, jusqu'à nos parcs naturels nationaux et régionaux. En France, c'est désormais plus de 12 % du territoire qui est couvert par cette législation.

Ces espaces de protection des milieux dans lesquels on essaie de sauvegarder faune et flore ne sont pas du seul domaine des vieux pays industrialisés. On les retrouve sous la forme de parcs animaliers dans les régions tropicales. Ils forment des enclaves interdites à l'agriculture et à l'élevage, au grand dam quelquefois des populations indigènes voisines, trop à l'étroit sur leurs territoires. Ce qui peut expliquer le braconnage pratiqué par les populations et les tensions qui existent à proximité de ces espaces.

## CONFLITS D'USAGE ET RÉGLEMENTATIONS DES SOLS

### Le difficile arbitrage entre les fonctions

L'exemple des grands parcs ou des espaces réservées à un non-usage, si ce n'est celui de la protection des milieux, montre que les sociétés locales doivent accepter une réglementation des usages des sols. C'est toute la question de l'arbitrage entre les fonctions. Celui-ci est de plus en plus nécessaire du fait de l'accroissement des densités et des besoins en espace de nouvelles fonctions qui entendent se partager les espaces agraires avec l'agriculture.

Les dynamiques sont telles qu'en une ou deux générations on voit des paysages agraires se fermer face à l'offensive de la forêt. C'est le cas du Limousin, où une législation a été mise en place afin de mettre de l'ordre dans le reboisement des terres agricoles et afin de conserver des zones réservées à l'agriculture.

Ces « respirations » des finages, fonction des densités, de l'exode et des conjonctures économiques, peuvent être illustrées par le cas des Cévennes, où depuis le milieu du XIX^e^ siècle, date de l'apogée de la mise en culture, les terroirs agricoles se sont recroquevillés et les terrasses cultivées ont été abandonnées, au

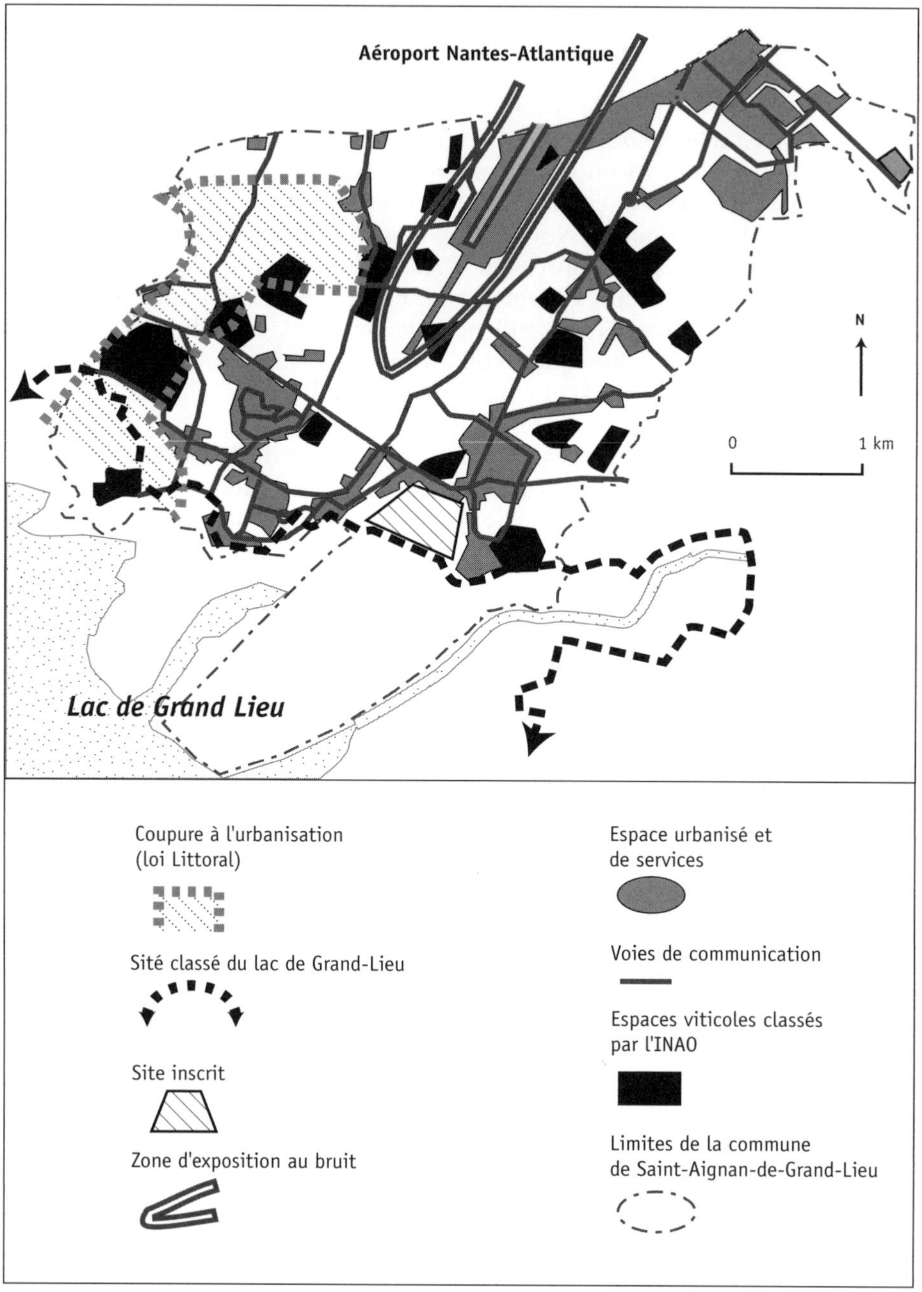


Figure 15 : **Les contraintes réglementaires de l'utilisation de l'espace à Saint-Aignan de Grandlieu (Loire-Atlantique).**
Source AURAN

profit de la forêt et de l'enrésinement. Parallèlement, les maisons agricoles disparaissent ou changent de fonction, et deviennent des ruines ou des résidences secondaires.

Les Plans d'occupation des sols en France, et leurs équivalents en d'autres pays, qui réglementent l'usage des parcelles sont les outils de gestion entre les différentes activités afin de modérer, ou à tout le moins d'organiser, le recul des espaces agricoles. Ces POS, documents opposables aux tiers, fixent la destination de chaque parcelle cadastrale quant à son utilisation future. Des zones à construire sont délimitées, ce sont les zones dites U, d'autres destinées à la construction dans le futur à certaines conditions, sont dites Na ou Nb, tandis que les parcelles réservées à l'agriculture sont classées en zone Nc et les zones de protection des paysages et milieux naturels en Nd.

Ces réglementations peuvent, en se combinant et en se juxtaposant, aboutir à interdire toute évolution des exploitations agricoles. Un bel exemple, à échelle communale, est fourni par l'exemple de la commune de Saint-Aignan de Grandlieu, au sud de Nantes (Fig. 15). La commune « bénéficie » de se retrouver à proximité d'un aéroport, donc en zone d'exposition au bruit, d'être en partie touchée par la proximité d'un site inscrit, d'avoir le privilège de posséder des espaces viticoles classés en AOC, et de devoir conserver une coupure d'urbanisation du fait de loi littorale qui s'applique ici du fait de la proximité du lac de Grandlieu. Enfin, et ce n'est pas la moindre des choses d'être dans la deuxième couronne de périurbanisation.

Nul besoin d'insister sur les tensions, conflits, marchandages et contentieux liés à ces classements des sols dans la mesure où le changement d'affectation peut s'accompagner de fructueuses plus values pour le propriétaire. En outre, des comportements d'anticipation et de spéculation font que les propriétaires tentent de libérer les sols de toute contrainte foncière, et préfèrent laisser leurs parcelles en friche plutôt que de les donner à bail à un locataire.

Ces réglementations figent les situations agraires à proximité des villes, des littoraux et des lieux susceptibles de changer d'utilisation, et interdisent pratiquement les restructurations foncières à finalité agricole du type remembrement classique. Cette ankylose des structures fragilise d'autant les exploitations agricoles qui se retrouvent dans l'impossibilité matérielle d'améliorer leur parcellaire et qui se heurtent également à la proximité de l'habitat résidentiel leur interdisant de fait des pratiques industrielles. Seule la procédure du remembrement-aménagement, nous l'avons déjà évoqué, est susceptible d'associer le maintien de l'agriculture et une distribution équitable des droits à construire.

## L'ampleur de l'étalement urbain

Ces dynamiques peuvent se mesurer par les changements d'affectation des sols qui portent en France sur plusieurs dizaines de milliers d'hectares par an. Etablis jusqu'ici à l'échelle communale ces POS peuvent être interprétés très différemment d'une commune voisine à l'autre en fonction des politiques locales (Fig. 16).

Cette forte consommation des surfaces agricoles par l'urbanisation est — il faut le souligner — un fait nouveau. En Provence, les fonctionnaires de la DDE ont

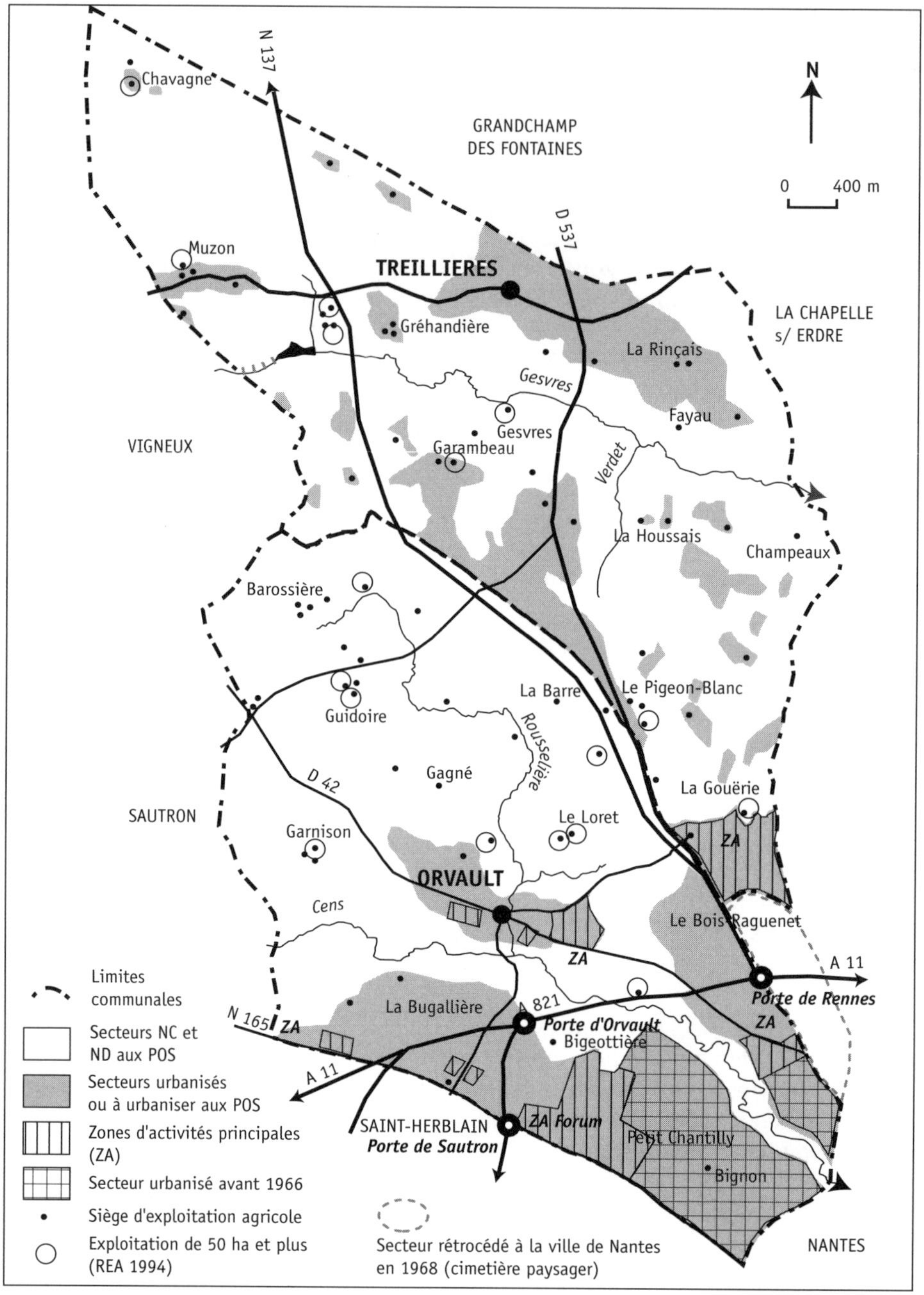


Figure 16 : **Exemple de politiques différentes de répartition des droits à construire : le cas des communes d'Orvault et de Treillières, au nord de Nantes**

calculé que la consommation d'espace pour l'extension contemporaine de l'urbanisation avait été dans les trente dernières années équivalente à la consommation depuis les origines ! Cet étalement urbain résidentiel s'accompagne de la multiplication des infrastructures de transport, des surfaces commerciales et industrielles à la périphérie des villes, de la consommation d'espaces liée aux activités touristiques. Ce processus est général sur toute la planète et il contribue au repli des surfaces agricoles considérées souvent comme les meilleures.

# LES POLITIQUES DE CONSERVATION DES PAYSAGES

L'idée de préserver le cadre rural traditionnel et de l'entretenir dans un souci patrimonial est relativement récente.

## Dans les pays développés

### La patrimonialisation des paysages

Mis à part le cas particulier du Japon, dans lequel le paysage rural en tant qu'objet lié au regard de l'observateur, est une tradition millénaire et une valeur de civilisation, le phénomène de conservation des paysages traditionnels est né dans les pays du nord de l'Europe. Dès la fin du XIXe siècle, on se préoccupe dans les pays scandinaves de conserver les maisons rurales traditionnelles, que l'on n'hésite pas à déménager et à reconstruire dans des parcs destinés à la contemplation et à la pédagogie. En Amérique du Nord, un mouvement identique apparaît au même moment, associé avec le souci écologique de la protection des milieux naturels.

En France, le mouvement prendra la forme des écomusées, dans la tradition des travaux du musée des arts et traditions populaires à l'instigation de Georges-Henri Rivière, et ce à partir des années 70. Cette prise de conscience relativement tardive s'explique sans doute par le retard de la modernisation agricole dans notre pays. Mais la rapidité et l'ampleur de la modernisation au lendemain de la guerre, qui fait disparaître les formes et les choses d'autrefois, va accélérer les choses.

Le bouleversement du contenu social des campagnes, l'exode agricole considérable des années 50-60, la disparition des formes paysagères traditionnelles par les opérations de remembrement : arasement des haies et talus, agrandissement des parcelles de culture, recul des champs complantés de pommiers ou de noyers, en un mot tout ce qui faisait la diversité et l'identité des « pays », tend à s'effacer. Qui sait par exemple aujourd'hui que l'identité rurale du Bas-Chablais reposait, il y a encore une cinquantaine d'années, sur la présence des peupliers et des pommiers, arbres qui ont pratiquement disparu des paysages, alors que la quasi-totalité de l'espace est occupée par un semis de maisons qui se dispersent et s'étagent sur le piémont face au lac Léman, le transformant en un espace totalement périurbanisé ?

Ces menaces sur le patrimoine rural ont d'abord été perçues au travers du risque de disparition de l'habitat rural traditionnel. Elles l'ont été plus récemment face aux effets des remembrements sur les paysages. Aussi tente-t-on désormais de limiter les impacts visuels des mutations de la morphologie agraire en conservant des morceaux du passé, voire en rétablissant des éléments paysagers disparus, haies, talus, terrasses, bosquets, etc. Il y a une certaine ambiguïté dans les choix effectués puisqu'il s'agit, non pas de figer les structures et les paysages, mais d'utiliser toute la gamme possible de décors en trompe-l'œil, en jouant sur les perspectives, afin de ne pas heurter le regard et les représentations que se fait l'observateur d'un espace rural rêvé et imaginé. On va même jusqu'à jouer sur les couleurs des constructions neuves, sur leurs ouvertures, sur les matériaux des toitures, afin de mieux les insérer dans les paysages. On favorise la replantation d'espèces plus que d'autres. Des métiers nouveaux sont apparus pour répondre à ces demandes.

Les objectifs de toutes ces retouches et actions de préservation sont de maintenir, autant que possible, l'intégrité des campagnes, sans brider le développement économique. Ceci n'est pas toujours facile et la cohabitation d'une agriculture modernisée et productiviste et d'un décor paysager préservé, tient souvent de l'utopie. Il suffit de constater les dégradations paysagères.

À cette phase d'engouement pour la préservation des paysages, contemporaine de la vague de périurbanisation et de constructions de bâtiments d'élevage hors-sol à tout va, soutenue par les groupes écologiques et les mouvements en faveur des identités locales, a succédé la crainte d'un repli des espaces entretenus par l'agriculture, d'un gain des friches et des incultes, du risque de fermeture des paysages au profit de la forêt envahissante. En nombre de villages, on abandonne les bâtiments anciens qui ne sont plus adaptés aux techniques modernes et qui perdent toute fonctionnalité, tandis que sur les finages des reboisements anarchiques, dits en « timbre poste », gênent considérablement les projets de remaniements fonciers.

On a ainsi un double mouvement contradictoire qui fait que les atteintes aux paysages sont de nature différente selon les lieux. Ici ce que l'on craint est la banalisation et l'uniformisation au profit de bâtiments agro-industriels standardisés, ou encore l'irruption massive et déstabilisante de la fonction résidentielle multipliant lotissements ou le mitage de l'espace agricole, avec des maisons partout. Là c'est la peur d'un repli désordonné et l'abandon de l'entretien des paysages, avec à l'horizon d'une génération une coupure, entre d'une part la mise en place d'une agriculture industrialisée sans précaution vis-à-vis des équilibres antérieurs, et d'autre part de vastes espaces voués à l'élevage extensif de type *ranching*.

### Les politiques en faveur du paysage

Aussi voit-on des actions variées se mettre en place en faveur d'une politique du paysage rural. Elles ne sont pas propres à la France, on les retrouve dans l'ensemble des pays développés, en particulier en Amérique du Nord et au Japon, où elles sont liées à tout un système de valeurs envers la nature.

La rapidité et l'intensité des transformations de l'agriculture sont telles que l'idée reçue que les agriculteurs seraient par nature les mieux à même de préserver les paysages, n'a plus de raison d'être. L'agriculture productiviste perd ses attaches avec les terroirs et banalise les finages du fait d'une recherche de la productivité, des rendements et des gains. Elle n'a plus grand-chose à voir avec l'ordre éternel des champs. Il est temps de comprendre où sont les responsabilités de ce nouvel état de fait. Le slogan syndical « pas de pays sans paysans », sous entendu pas d'équilibre harmonieux des paysages sans paysans, est une illusion. Les mieux à même de conserver et d'entretenir les paysages, avec un objectif patrimonial, ne sont plus les agriculteurs d'aujourd'hui.

Dans les pays développés l'idée d'entretenir les paysages ruraux à la façon d'un parc dans lequel les activités agricoles seraient dépendantes du souci premier de maintien de la biodiversité et de l'équilibre harmonieux des formes pour le regard, n'est plus une simple utopie rustique.

En France, les parcs naturels régionaux dont le nombre et la place occupée dans l'espace rural ne font que croître, jouent peu ou prou le rôle consistant à faciliter la cohabitation des activités en bridant autant que possible la toute-puissance de l'agriculture. Préservation de l'habitat traditionnel, maintien en état de la morphologie agraire, mesures en faveur de la découverte des richesses naturelles ou de protection des variétés en voie de disparition, sont des actions convergentes pour transmettre aux générations futures les exemples des modes d'aménagement d'avant la motorisation de l'agriculture. Ce peut être paradoxalement la chance des espaces ruraux en retard de développement économique qui ont conservé des paysages hérités à peine transformés

#### De nouvelles fonctions pour les agriculteurs ?

On va même jusqu'à évoquer l'idée d'agriculteur-jardinier de l'espace. L'avenir de l'agriculture de montagne passe ainsi par son acceptation de mettre en priorité son rôle d'entretien du paysage, ne serait-ce que pour prévenir les catastrophes naturelles. C'est ce que la législation suisse reconnaît explicitement pour l'agriculture de montagne du pays.

En France, la prise en compte de la multifonctionnalité des exploitations agricoles a été retenue par la loi d'orientation agricole du 9 juillet 1999. L'idée étant de rémunérer les agriculteurs pour de nouvelles missions afin de répondre aux attentes de la société concernant l'emploi, la qualité et la sécurité des aliments, le respect de l'environnement et l'équilibre territorial. Un outil a été conçu, il s'agit du Contrat Territorial d'Exploitation ou CTE. Il s'agit d'un contrat individuel passé entre un exploitant et l'État. L'exploitant s'engage à la mise en œuvre d'un système de production rendant des services collectifs jusque-là non rémunérés, en contrepartie l'État lui accorde une aide financière. Fin 2001, près de 23 000 CTE avaient été conclus. La marge est encore grande avant d'aboutir à la prise en compte systématique des paysages dans les futures exploitations.

### Dans les pays du Sud

L'idée même de préserver les paysages pour des fonctions de l'inutile dans des espaces agraires où la faim de terre est encore considérable et dans lesquels la pression démographique demeure un facteur déterminant tient de la gageure.

Aussi les formes de patrimonialisation des paysages, les politiques mises en œuvre pour les protéger, et les nouvelles fonctions non directement productives de l'agriculture, sont-elles encore rares et souvent utopiques. Même si quelques exemples d'accueil touristique dans les villages avec hébergement dans les cases, comme au Sénégal, ou encore la découverte des coutumes et mœurs des populations autochtones, peuvent être pratiqués ici et là, assurant des revenus complémentaires aux populations agricoles.

Cependant, trois modes de régulation coexistent. La mise en réserve de territoires pour leur richesse écologique, la prise de conscience des dangers d'une déforestation trop brutale, la mise en défens de vastes parcs animaliers pour le tourisme dont les revenus peuvent être considérables pour les économies locales comme le montre le cas du Kenya en particulier.

Va t-on vers une nouvelle alliance entre l'agriculture et la société ? Insérée dans des espaces de plus en plus multifonctionnels, plongée dans un monde de plus en plus urbanisé, soumise à des contraintes de plus en plus fortes, pratiquée par des hommes de moins en moins nombreux, l'agriculture n'est plus dans les pays développés qu'un élément parmi d'autres des espaces ruraux, même si elle occupe encore la majorité des surfaces. Elle se doit de redéfinir sa place, son rôle et ses objectifs, puisqu'elle fait face à des surproductions, des accidents et des dérèglements (vache folle, érosion des sols, pollutions des eaux, abus des pesticides et engrais) que la société tolère de plus en plus difficilement. Le sociologue Bertrand Hervieu, président de l'INRA, a résumé dans un article « Orienter l'agriculture » (*Études*, sept. 1996) les différentes missions de l'agriculture française, exemple parmi d'autres en Europe, en ce début du XXI^e^ siècle.

En revanche, les espaces agraires du Sud sont dans une dynamique dont la logique première est encore toute autre. L'intrusion du concept environnemental, une invention récente du monde occidental, dans la gestion des milieux des pays tropicaux, pose une question difficile. On a pu parler « d'ingérence écologique » (Rossi, 2000) ou « d'écogéographie des espaces ruraux » (Tricart, 1994) pour évoquer ce dialogue entre le Nord et le Sud quant à la destination des espaces ruraux tropicaux. Comment les experts du Nord peuvent-ils justifier le maintien des grandes forêts tropicales alors même que nous avons détruit les nôtres, au long des siècles ?

## Chapitre 6

# Crises et adaptations dans le Tiers monde

La carte de la part de la population rurale dans la population totale et celle de la population agricole dans la population rurale sont suffisamment éloquentes à l'échelle mondiale pour justifier un examen séparé des pays sous développés ou du Tiers monde, et des pays développés des régions tempérés (Fig. 17). La dichotomie est franche et caricaturale entre deux mondes. Tout les oppose. Ne serait-ce que les évolutions des populations agricoles, mais aussi les facteurs et les raisons des crises et mutations qu'elles connaissent.

Ces pays du Sud demeurent aussi des espaces de mal et de sous-nutrition, alors même que plus des trois quarts des paysans du monde s'y retrouvent. Il faudra expliquer cet apparent paradoxe dans une vision sociale inséparable d'une véritable géographie.

## LES HÉRITAGES

### Le rôle des conditions sociohistoriques

#### Une grande majorité de ruraux

En dépit d'une urbanisation galopante la part de population rurale demeure très élevée dans les pays du Tiers monde, et la très grande majorité de ces ruraux sont des paysans. Les campagnes du Tiers monde, comptent environ 2,7 milliards d'habitants en 1995, soit à peu près la moitié de l'humanité, et sur ce total près de 50 % vivent en Inde ou en Chine, les deux géants paysans !

Quelles sont les dynamiques à l'œuvre dans les espaces ruraux des pays du Sud ? Avant d'y répondre, un bref rappel des structures héritées du passé est nécessaire.

#### Le poids des héritages

L'idée d'une incapacité des sociétés tropicales à créer des paysages agraires achevés et à se donner une agriculture prospère, soit pour des raisons naturelles

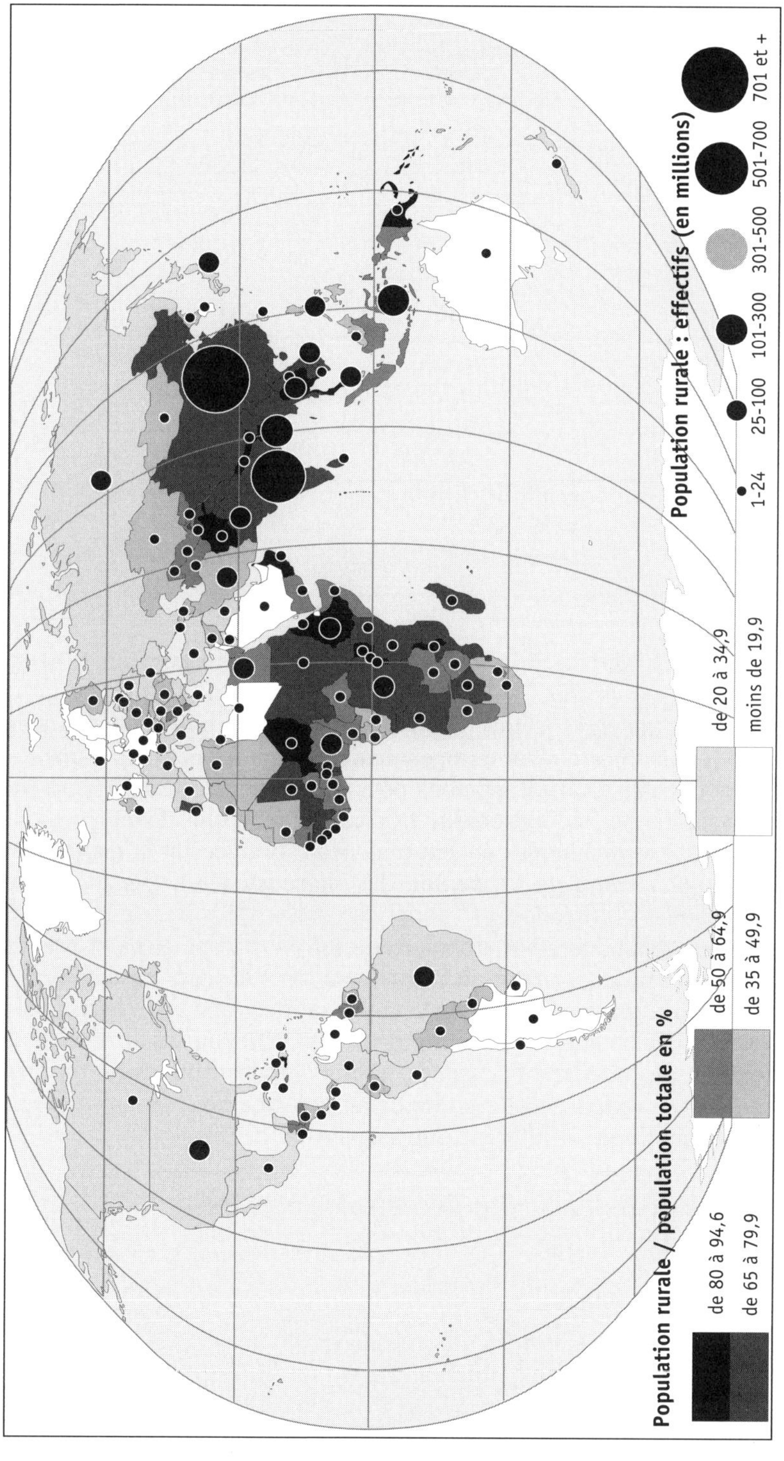


Figure 17 : **La population rurale dans le monde**
D'après J. Bonnamour (1996) et J.-P. Diry (1999)

Tableau 7 : **L'évolution de la part de population rurale en quelques pays en voie de développement (1960-1995)**

| Pays | 1960 | 1995 |
|---|---|---|
| Cameroun | 86 | 57 |
| Nigeria | 86 | 62 |
| Bostwana | 98 | 74 |
| Namibie | 85 | 65 |
| Niger | 94 | 84 |
| Thaïlande | 87 | 80 |
| Malaisie | 73 | 48 |
| Indonésie | 85 | 66 |
| Brésil | 55 | 23 |
| Colombie | 52 | 28 |

(tropiques maudits) soit pour des faits de civilisation, n'est pas recevable. L'éclairage sur les espaces agraires doit s'alimenter par la réflexion historique, l'analyse de cas concrets, la logique des sociétés paysannes encore à l'œuvre, et par le détachement d'une vision étroitement européaniste faisant du productivisme un absolu à atteindre (Rossi, 2000). Rappelons pour mémoire que jusqu'à l'époque moderne certains domaines de l'agriculture tropicale étaient plus développés que le domaine tempéré. Les techniques étaient plus perfectionnées et la maîtrise de l'espace et de l'eau plus complète. L'exemple des plaines de l'Asie des moussons est patent.

La théorie la plus répandue est d'affirmer que les pays tropicaux ont pris du retard, les populations ayant souffert de l'isolement, de l'absence de techniques d'encadrement fortes et stables, tandis que la colonisation aurait brisé le développement endogène. Inversement, les pays tempérés bénéficiant de la révolution industrielle auraient pu faire décoller leur économie agraire, l'industrie fournissant les techniques nouvelles, accélérant les échanges, libérant la main-d'œuvre excédentaire, rompant l'autarcie et l'autosubsistance.

## Les caractères principaux des économies agraires des pays du Sud

### Des surfaces agricoles réduites

Un premier trait est que les terres cultivées ne représentent, sauf exceptions, qu'une faible part des finages disponibles. C'est une différence fondamentale avec les pays tempérés, si évidente qu'on l'oublie. Toutefois les situations régionales sont très différentes. Selon P. Gourou, l'Afrique noire tropicale consacrerait 6 % des surfaces aux cultures, tandis que le pourcentage s'élève à 35 % en Asie tropicale et à 65 % dans l'État indien de l'Orissa. Au Gabon, pays sous peuplé, 0, 5 % des surfaces seraient cultivées, mais au Rwanda 34 % du sol serait consacré aux cultures. Il y a donc une apparente corrélation entre densités et surfaces cultivées. Un ouvrage pionnier (Boserup, 1970) a mis en valeur ces relations étroites entre les densités de population et les formes de mise en valeur traditionnelles en pays tropical. L'auteur parle « d'ajustement technique ».

Il y a de larges disponibilités en terres cultivables en Afrique noire et en Amérique du Sud, et donc possibilités de création de paysannats et de paysages agraires, en dépit de la faible fertilité naturelle de beaucoup de sols tropicaux, mais pas de tous. Le choix entre l'intensification et la colonisation de terres neuves est possible. Encore faut-il assurer un bon encadrement technique en routes, écoles et contrôle sanitaire.

Aussi très souvent les espaces cultivés apparaissent comme des îles au sein de vastes secteurs incultes ou consacrés à l'élevage extensif. Les champs sont comme perdus au milieu de la forêt ou des savanes, ou bien constituent de minces rubans le long des fleuves, et aujourd'hui des routes.

En Asie tropicale, ce caractère vacuolaire prend la forme d'une opposition brutale de mise en valeur entre les fonds de vallée et les basses plaines, aménagés dans les moindres recoins, et les collines et les pentes voisines formant écran avec les populations montagnardes des hauts plateaux vivant d'une agriculture itinérante. Il existe toutefois des pentes aménagées par des terrasses en Asie sous la forme d'escaliers de rizières comme aux Philippines ou à Bali, mais ce type d'aménagement est relativement rare.

### Densités et surfaces cultivées

Un deuxième trait est donc l'opposition franche, caricaturale, à grande échelle, entre des foyers très peuplés et des déserts humains, en quelques kilomètres, tandis qu'à petite échelle on retrouve une même opposition de mise en valeur entre l'Asie et les deux autres continents, et entre montagnes et plaines.

La contrainte démographique est le facteur clef de ces oppositions. Les techniques agricoles créatrices des paysages agraires sont des faits de société où l'habileté supplée l'archaïsme et elles sont fonction des densités paysannes. Tout naturellement et par bon sens, l'extensification est la réponse de la logique paysanne, c'est elle qui permet d'obtenir la meilleure productivité travail. En ce sens on comprend pourquoi l'agriculture itinérante sur brûlis est généralisée lorsque les densités sont faibles.

C'est cette contrainte qui éclaire et explique la totale opposition entre le système extensif par excellence qu'est l'agriculture sur brûlis, et le système d'intensification-travail le plus perfectionné qu'est la rizière irriguée. Tout ou presque les oppose sauf l'archaïsme des techniques, l'absence de recours à la machine et au moteur, et la quantité de denrées obtenues à la journée de travail. En revanche, la production à l'unité de surface est très différente, elle est faible en système extensif, elle peut être considérable en système le plus intensif. La densité de population, donc, tout autant le nombre de bras que de bouches à nourrir, est l'élément distinctif.

### Les rapports agriculture-élevage

À ces oppositions de mise en valeur s'ajoutent des rapports particuliers entre agriculture et élevage. Il existe des peuples pasteurs et des peuples d'agriculteurs, et il très rare de les voir associés. Des populations voisines peuvent occuper des espaces communs, et il se pose alors des problèmes de partage, de complémentarités, de rivalités. La boucle du Niger offre un cas patent d'une telle surimposition des sociétés et a été magistralement analysée (Gallais, 1984).

Il y a très peu, contrairement aux régions des pays tempérés, d'agriculteurs-éleveurs. Les statuts sont par trop différents, de même les techniques et les rapports sociaux. Généralement l'élevage assure le prestige social. On lui réserve de vastes territoires, voire l'essentiel des activités. Souvent utilisé pour un seul usage, comme au Kenya, quelquefois non économique, comme chez certaines populations à Madagascar, en Inde ou chez les Toradja d'Indonésie, il sert de monnaie d'échange. Cette dissociation fréquente des deux activités et la subordination de l'agriculteur à l'éleveur, font que l'engrais animal est fort peu utilisé pour le renouvellement de la fertilité des sols. La bouse est même souvent un combustible apprécié faute de bois.

Dans les formes traditionnelles de mise en place de structures agraires, ces relations originales entre les deux types d'activités sont à l'origine du maintien des modes de production.

### Les structures foncières traditionnelles

Un autre frein et obstacle aux transformations de ces systèmes agraires traditionnels réside dans les structures foncières, héritées de structures sociales sécrétées par ces adaptations entre les hommes et les milieux dans un cadre démographique stable.

Dans les systèmes extensifs la terre appartient à la communauté, que ce soit le clan, le village ou la tribu. Toute initiative individuelle était condamnée. Chaque année il y a redistribution des terres selon les besoins et les capacités de travail de chaque groupe familial, ce qui assure une réelle souplesse et une étonnante adaptation, évitant paupérisation et exclusion. Ailleurs, dans les systèmes intensifs, en particulier en Asie des moussons, la propriété individuelle est très inégalement distribuée et les grands propriétaires tiennent le foncier, et en tirent le plus grand profit. Le grand nombre de travailleurs par rapport aux terres disponibles conduit à des loyers de la terre très élevés ou à des systèmes de métayage très défavorables au paysan. Ce type de relations est exacerbé en Afrique du Nord ou au Moyen-Orient dans le contexte de l'agriculture d'oasis.

Ces contrastes d'accès au foncier, et ces inégalités sociales, se retrouvent en Amérique du Sud dans un contexte différent où la grande propriété sous exploitée côtoie de minuscules propriétés au statut mal défini.

### La diversité des situations

Les systèmes traditionnels formaient donc un puzzle complexe de situations, allant du plus extensif au plus intensif, de l'essartage périodique et éphémère, au minutieux et très savant assemblage de parcelles irriguées en culture continue. Ceci étant on ne saurait oublier qu'en effectifs les paysanneries les plus importantes sont en pays tropical, et en particulier dans l'Asie des moussons qui à elle seule rassemble les trois quarts des paysans du monde. Toute analyse des systèmes, des paysages et des mutations doit prendre en compte cette réalité. Mais le fait fondamental était que les techniques agricoles, fonction des densités, étaient, jusqu'à il y a peu, adaptées à des sociétés figées vivant en quasi-autarcie ou en autosubsistance.

Toutefois, un élément perturbateur était intervenu avec l'intrusion de l'agriculture de plantation qui avait localement bouleversé ces conditions de stabilité, introduisant, toute chose égale par ailleurs, un déséquilibre par la confiscation de surfaces agricoles. Là où la colonisation s'est contentée de défricher des terres neuves il n'y a pas eu directement des effets sur les systèmes traditionnels. Il en a été différemment lorsque les cultures d'exportation se sont introduites dans les assolements ou lorsqu'elles ont remplacé purement et simplement les cultures vivrières.

Aussi avait-on face à face deux types de sociétés rurales, deux types de mise en valeur, deux types d'économie et deux types de paysages. D'une part des sociétés agraires dont la finalité reposait sur une agriculture de subsistance, sous des formes variées, allant de l'agriculture sur brûlis à l'agriculture irriguée savante. Mais ces types d'agriculture avaient comme objectif unique d'assurer la subsistance du groupe familial, du clan ou du village, tandis que le degré de mise en valeur, de domestication et d'artificialisation des milieux était en étroite relation avec les densités humaines. Au temps, pas si lointain, de la démographie d'ancien régime qui conduisait à une très lente accumulation des hommes, il y avait équilibre et stabilité sur le long terme. D'autre part des enclaves d'économie marchande fondée sur l'économie de plantation dont les objectifs, la raison d'être et les modes de production étaient sans rapport avec les économies agraires endogènes.

Il y avait donc juxtaposition de deux modes de production. Une agriculture paysanne nourricière, traditionnelle et peu outillée techniquement. Une agriculture spéculative d'exportation, moderne, reposant sur l'utilisation des machines, la main-d'œuvre serve puis salariée, et des rapports sociaux de type capitaliste.

Les systèmes paysans traditionnels vivant en équilibre relativement stable avec les milieux étaient de trois types :

– l'agriculture itinérante sur brûlis (le *shifting-cultivation* des Anglo-Saxons) permettant le maintien de l'écosystème forestier, mais qui exigeait de faibles densités (5 à 10 habitants au km$^2$) ;

– l'agriculture pérenne en culture sèche, présente dans le monde indien, supportant de fortes densités, bénéficiant des pluies de mousson permettant une culture annuelle d'été ou d'hiver (*kharif* ou *rabi*), système que l'on retrouve en Afrique, de façon plus vacuolaire, notamment dans les montagnes, au Nigeria et dans les régions soudaniennes, associé quelquefois à l'élevage, mais qui est toujours à la merci des aléas climatiques et de la fertilité des sols, d'où le terme de « culture-loterie » souvent attaché à ces types d'agriculture sèche ;

– l'agriculture irriguée, permettant d'assurer une récolte, voire lorsque la maîtrise est suffisante, de faire deux ou trois cultures annuelles. Ce type d'agriculture minutieuse et savante se retrouvant selon des modalités variées dans les deltas et basses plaines asiatiques, le long des fleuves, du Nil au Gange, ou dans les oasis et piémonts des secteurs sub-désertiques du Maroc au Pakistan

Comment ces campagnes ont réagi aux bouleversements contemporains de la démographie, de la décolonisation, de l'ouverture des économies, de la brutale expansion urbaine et des crises des systèmes agraires ?

## LES FACTEURS D'ÉVOLUTION ET DE RUPTURE

### La fin de l'agriculture sur brûlis ?

#### L'inertie de l'essartage

Pour évoquer la crise des campagnes tropicales on peut partir du paradoxe qui fait que dans un bon nombre de pays, et non des moindres (Java, Union indienne, Vietnam, etc.), l'agriculture sur brûlis à longues jachères est condamnée et interdite par les autorités administratives, tout au moins sur le papier, et tolérée dans les faits, dans la mesure où on l'accuse de gaspiller l'espace de plus en plus compté du fait de la pression démographique sur la terre, tandis que P. Gourou affirmait encore en 1982 « parcourant les tropiques, j'y découvre partout l'essartage bien vivant, au Mozambique ou en Amazonie, en Angola ou sur le plateau brésilien, dans la cuvette congolaise ou au Laos, toujours les mêmes visions, parcelles défrichées aux dépens des forêts, incendies, champs encombrés de branches carbonisées » et plus loin il ajoutait : « Celui-ci (l'essartage) n'est donc pas l'inévitable résultat du climat, des sols ou de la forêt. Il est le produit d'une économie de subsistance, de techniques de production qui n'utilisent pas d'instruments plus perfectionnés que la houe et le sabre d'abattis, de techniques d'encadrement qui n'ont pas su mettre à la disposition du paysan un bon réseau de communications. »

#### Des surfaces considérables

P. Gourou chiffrait au début des années 80 les surfaces annuelles essartées entre 5 à 10 millions d'hectares en Asie, ce par 50 millions de personnes, et à 50 à 100 millions d'hectares en Afrique et Amérique, permettant de nourrir 200 millions de personnes. Qu'en est-il au début du XXIe siècle de ce modèle, autrefois généralisé à l'ensemble des pays tropicaux, de l'agriculture sur brûlis ? Vit-il ses derniers moments ou a-t-il encore une chance de se voir pérenniser alors que partout s'accroissent les densités agricoles qui le condamnent ?

## Les agents du changement

Depuis une ou au plus deux générations toute une série d'éléments viennent bouleverser les équilibres antérieurs et remettre en cause, ici comme ailleurs, l'ordre éternel des champs. Faire la part des choses et mettre en relation tous ces éléments du changement n'est pas facile.

### La pression démographique

Le facteur premier est la croissance démographique. Dans les campagnes du Tiers monde, même si l'exode rural sévit et joue un rôle de soupape, les campagnes connaissent, depuis la rupture de l'équilibre démographique d'autrefois qui aboutissait à réduire périodiquement les gains de population par des crises alimentaires accompagnées d'épidémies, une augmentation de la charge démographique qui oblige à imaginer des solutions afin d'accroître les productions agricoles.

La révolution démographique conduit à l'augmentation très rapide des densités. En quarante ans, la population de l'Afrique a triplé, et en un siècle, à l'horizon 2020, elle aura décuplé. Au Vietnam, en dépit des guerres, en moins d'un siècle la population est passée de 11 à 78 millions. Cette dynamique sans précédent est à l'origine des mutations agraires, d'autant qu'il y a alourdissement des densités rurales en dépit de l'exode vers les villes. La mobilité des populations, en fonction des classes d'âge, avec les migrations vers les villes et les zones de plantation ou de cultures commerciales, brise les équilibres de populations paysannes jusqu'alors enracinées et solidement structurées par des cadres sociaux, différents selon les lieux, mais qui possédaient tous une logique de reproduction. En outre des populations d'ethnies différentes vont se retrouver à vivre sur les mêmes territoires mais avec des statuts sociaux différents.

### L'ouverture et le désenclavement

L'amélioration des techniques à la disposition des communautés villageoises est un autre facteur d'évolution. L'intrusion du moteur décuple les possibilités, tant pour les défrichements de la forêt que pour la fourniture de l'eau ou les façons culturales. La diffusion de ces nouvelles techniques : culture attelée, tracteurs, labours, est très rapide. C'est aussi un instrument de différenciation sociale.

L'ouverture des routes et chemins à la circulation automobile permet également d'élargir les réseaux d'échanges et favorise le développement d'une agriculture commerciale, et donc la diffusion de nouvelles productions destinées à la vente. Ceci est d'autant plus vrai lorsque les espaces agraires se retrouvent à proximité des villes dont l'accroissement est tel qu'il se met en place une ceinture agricole destinée au ravitaillement des citadins.

L'ouverture des marchés à l'agriculture vivrière modifie les rapports fonciers et sociaux. Elle provoque, toutes choses égales par ailleurs, une rupture des économies vivrières puisqu'il y a plus de monde à nourrir et moins d'espace consacré aux cultures de subsistance, et monétarisation des surplus agricoles devenus cultures de vente.

Tous ces processus sont interdépendants et vont dans le sens de rupture des équilibres antérieurs. Ils existaient auparavant, mais les rythmes d'adaptation étaient très lents.

#### L'essor du « vivrier marchand »

Lié à l'ouverture et au désenclavement on assiste depuis quelques années, en particulier en Afrique, au développement d'un nouveau modèle agricole, il s'agit de la mise en place d'un système agricole reposant sur des cultures vivrières, non plus destiné à la communauté agraire locale, mais aux populations urbaines dont l'accroissement est considérable. Ce processus, analysé en Côte-d'Ivoire (Chaléard, 1996), fait naître autour des villes des ceintures maraîchères et de vergers dont les productions sont destinées aux marchés artisanaux urbains. Les femmes jouent un rôle clef dans ces initiatives. Cette production marchande est rentable du fait de l'explosion urbaine et de la masse des nouveaux citadins déracinés. On voit même des anciennes plantations indigènes de bananes ou de café être abandonnées au profit de ces cultures vivrières marchandes. Cet exemple confirme que l'Afrique noire paysanne n'est pas condamnée à l'immobilisme. Mais ces dynamiques sont socialement inégalitaires. Elles profitent à un petit nombre dans les villages et elles s'accompagnent d'une concentration foncière. Enfin, la question se pose de la solvabilité des populations urbaines paupérisées pour assurer l'essor de ces productions.

## LES SOLUTIONS AUX CRISES ET DÉSÉQUILIBRES DES SYSTÈMES AGRAIRES

Les modalités des évolutions et des transformations, tant des sociétés locales que des paysages, entraînées par les facteurs évoqués ci-dessus sont différentes selon les lieux. Les formes d'adaptation aux contraintes nouvelles sont multiples. Certaines sont valides à court terme, d'autres sont socialement injustes ou conduisent à une différenciation sociale au sein de la communauté locale, quelques-unes sont habiles et équilibrées et démontrent des capacités trop longtemps sous-estimées par les observateurs, tous les cas de figure existent.

Si l'Amérique tropicale offre encore de vastes réserves, en Asie méridionale, la conquête des pentes donne naissance à de nouvelles formes de mise en valeur vis-à-vis de plaines saturées depuis longtemps. En Afrique, la disparition des réserves forestières et des dernières terres neuves s'accompagne d'une intensification sur les finages fixes.

### L'extensification et les défrichements de nouvelles terres

#### Une première réponse à la croissance démographique

Le premier moyen dans la logique paysanne face à l'augmentation de population qui rompt les équilibres antérieurs, est d'étendre la zone cultivée. Ceci doit se concevoir à toutes les échelles géographiques, depuis la famille élargie jusqu'aux fronts pionniers à l'échelle continentale qui mobilisent des peuples entiers. En un certain sens, c'est le même type de réponse que ce qu'ont connu les campagnes européennes au siècle dernier lorsque les paysans chassés par l'appauvrissement consécutif à la croissance démographique, et aux conditions foncières et sociales qui leur étaient promises, ont émigré aux États-Unis, ou encore lors des grands défrichements du Moyen Âge élargissant les zones cultivées aux dépens de l'*outfield.*

Mais, alors qu'en Europe la forêt tend désormais à regagner les espaces qu'elle a perdus, les espaces agraires tropicaux sont dans une phase de rapide extension.

### Deux échelles d'analyse

#### *À l'échelle villageoise*

La conquête de terres au-delà du finage par la mise en culture des secteurs de brousse ou de forêt à la périphérie est une forme d'extensification. On répond à la croissance du nombre des hommes par une augmentation des zones cultivées. Ainsi chez les Senoufo de Côte-d'Ivoire, au centre de la zone la plus peuplée, le Korhogo, il y a intensification, avec recherche d'associations culturales complexes, alors que vers la périphérie de l'espace occupé par l'ethnie il y a comme une progressive simplification et une occupation plus ténue. L'explication n'est pas dans la nature des sols, elle est dans la pression démographique.

Dans ces situations où la terre n'est pas un bien rare, c'est la logique paysanne qui fait le meilleur calcul économique. De façon paradoxale, c'est dans les zones où la maîtrise technique de l'espace agraire est la plus parfaite que la pauvreté des populations est la plus grande, tandis que l'aisance est le produit de rendements modestes sur des surfaces mal maîtrisées. Ainsi que le rappelle P. Pélissier, dans les paysanneries tropicales, « l'intensif nourrit et l'extensif rapporte ».

#### *À l'échelle régionale*

L'expansion des zones cultivées pour répondre à la croissance démographique se heurte en beaucoup d'États africains à la présence de parcs naturels, mis en place à l'époque coloniale, et destinés à la protection des animaux ou voués à la chasse au gros gibier. Ces parcs sont des sources appréciables de devises du fait de leur fréquentation par les touristes des pays riches. Au Kenya, le tourisme est même au premier rang dans la balance commerciale. Aux limites de ces parcs, les braconniers, pourchassés par les gardes, sont en fait souvent des paysans à la recherche de terres neuves qui viennent s'agglutiner aux frontières de ces espaces quasi vides. Un conflit latent existe entre utilisation agricole ou sauvegarde des espèces.

## Les fronts pionniers

L'expression est utilisée à propos de mouvements, soit organisés soit spontanés, qui concernent de vastes territoires et qui se fait aux dépens des milieux naturels, en particulier de la forêt.

### L'exemple brésilien

Au Brésil le processus de front pionnier est une vieille réalité. Toute la conquête des terres s'est faite selon ce principe. Au XIX$^{e}$ siècle et jusqu'en 1930, ce fut l'épopée des *fazendas* caféiéres, entre Saõ Paulo et le Parana, sur les fameuses « terres violettes » d'origine volcanique. Plus au sud, la colonisation sera le fait de colons européens (Allemands et Italiens). Aujourd'hui les fronts pionniers actifs sont en Amazonie. Le mouvement a été déclenché au milieu des années 60 avec l'ouverture par les routes. Le gouvernement militaire d'après 1964 a résumé en un slogan « une terre sans hommes pour des hommes sans terre », sa volonté de favoriser cette conquête qui servait d'exutoire aux tensions foncières existantes dans le Nordeste. L'idée étant de transférer les surplus de population. Parallèlement à la construction des routes transamazoniennes, le gouvernement fédéral s'attribue le contrôle de toutes les terres publiques situées de part et d'autre des axes routiers sur une profondeur de 100 km. Un tel programme ouvrait en théorie plus de 2,25 millions de km$^2$ à la colonisation (Fig. 18).

### *Première phase*

En un premier temps a été tentée une colonisation de type familial. Ainsi à l'ouest d'Altamira, sur des sols de *terra roxa*, on a établi, via l'INCRA (Institut de Colonisation et de Réforme Agraire), des chemins perpendiculaires à la route, tracés tous les 5 km (les *glebas*). Les langues de terre entre chaque chemin ont été loties sur une profondeur de 10 km par lot de 100 hectares, destinés à une famille. Chaque colon devait défricher par brûlis et établir des cultures vivrières de riz, haricot, manioc et maïs, et devait payer son lot par des paiements échelonnés. En même temps, sur chaque *gleba*, « une agroville » devait rassembler de 48 à 64 familles de colons, un magasin, une pharmacie et une école. À l'échelle supérieure, des « agropoles » regroupant de 1 500 à 3 000 habitants étaient prévues et enfin des centres urbains baptisés « ruropolis » complétaient le dispositif.

L'échec de la tentative se résume par quelques chiffres. Alors que l'INCRA avait prévu d'installer 100 000 familles, six années plus tard il n'y avait que 5 000 à 6 000 familles, 29 agrovilles terminées et seulement deux agropoles. Des processus identiques avec les mêmes résultats se sont déroulés dans l'Acre et dans l'État du Rondonia. Les raisons des difficultés et du semi-échec de cette colonisation par l'État sous une forme familiale tiennent à des facteurs multiples, lotissement géométrique mal adapté aux réalités écologiques, inconfort de l'habitat, routes impraticables en saison des pluies, difficultés financières, encadrement technique et médical insuffisant, etc. Le long de l'axe Cuiaba-Porto Velho, les colons (les *posseiros*) se sont installés spontanément, sans droit sur la terre, et ils se sont heurtés aux hommes de main des grandes compagnies (les *grileiros*) qui ont acquis les terres dans un but spéculatif.

### *Deuxième phase*

Une deuxième phase de la colonisation s'ouvre en 1974. Il s'agit de favoriser l'occupation de l'espace par les grandes compagnies, en leur accordant des facilités fiscales. Toute entreprise enregistrée au Brésil peut consacrer 50 % de ses impôts au financement de projets, notamment d'élevage. Il suffit d'obtenir l'accord de la SUDAM (Surintendance pour le Développement de l'Amazonie). Des programmes de développement d'élevage extensif à grande échelle et d'agrobusiness sont mis en place. Au total, en une dizaine d'années, 549 projets sont

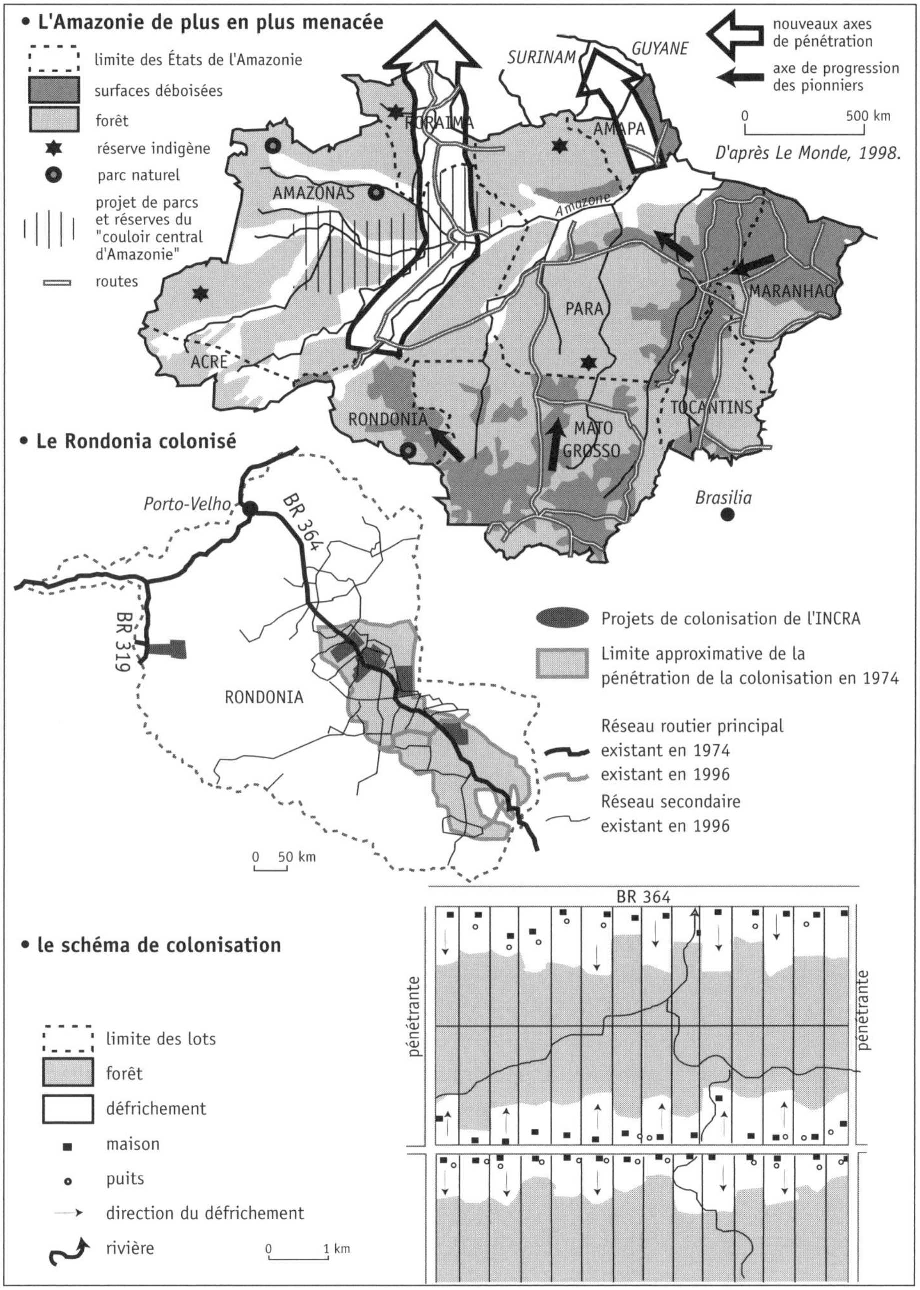


Figure 18 : **Les fronts pionniers en Amazonie**
D'après H. Théry, *Mappemonde*, n° 3, 1997.

acceptés dont 335 agricoles sur 7,9 millions d'hectares (soit 25 000 hectares par projet) et d'élevages regroupant 6 millions de têtes.

Ces projets de type extensif, puisqu'au total ils auraient créé 17 000 emplois, soit 2 pour 1 000 hectares, ont favorisé la croissance et la consolidation de la grande propriété, notamment de la part de grands groupes internationaux, tels Liquigas, Nestlé, Goodyear ou Volkswagen-Brésil. L'aspect social et peuplant est sacrifié au profit des produits d'exportation. Dans le même état d'esprit, on favorise les plantations nouvelles de cacao et d'hévéa en portant les lots à 60 000 hectares. Quinze régions ou *poros* sont délimitées au sein de l'Amazonie, celles offrant les conditions les plus favorables, vis-à-vis des sols et des axes de circulation.

Au total, par ces deux modes de colonisation, en dix ans (1970-1980) on estime que l'espace agricole s'est accru de 71 millions d'hectares, dont 70 % en Amazonie, et les surfaces destinées aux seules cultures auraient progressé de 1,5 million d'hectares par an. Ce mode d'accroissement, tant des surfaces que des productions, ne fait que perpétuer les mentalités que certains assimilent à un mode de prédation (Pebayle, 1989).

#### *Troisième phase*

La troisième phase de 1984 à 1998, du programme de colonisation et d'installation confirme les modes d'aménagement et les comportements hérités. Les défrichements se font le long de deux axes, dans le Maranhao, le long des routes fédérales BR 158 et BR 120, et à l'ouest, le long de la frontière, dans l'Acre et le Rondonia. Depuis le début des années quatre-vingt-dix, le mouvement se prolonge vers le nord par Manaus et Boa Vista (Waniez, 1998).

La mise en valeur se fait dans un climat de tensions sociales ponctuées de meurtres et de violences. Grands propriétaires et paysans occupant des terres sans droit réel. On parle à ce propos d'un ethnocide des populations indiennes, mais aussi d'un « écocide » lié au saccage du milieu, mettant en avant la fragilité de l'Amazonie, la désorganisation de l'agriculture traditionnelle et le gaspillage de la forêt (Tricart, 1994).

En une trentaine d'années, des dizaines de millions d'hectares de forêts (à mi-1994, le ministre de l'environnement brésilien donnait le chiffre de 47 millions d'hectares de forêts déboisées, soit 12 % du total originel, d'autres témoignages parlent de 100 à 110 millions d'hectares déboisés, soit 25 % des surfaces, en 20 ans : 1975-1995) et de terres neuves ont été sacrifiées pour de piètres résultats au plan social puisque le transfert a porté sur quelques centaines de milliers de paysans sans terre depuis les régions surpeuplées du Nordeste. En revanche, il est vrai, les fronts pionniers ont accompagné le boom des cultures spéculatives d'exportation (en particulier le soja) et des produits d'élevage, faisant du Brésil la première grande puissance agro-exportatrice, tandis que les cultures vivrières sont en crise profonde.

### Les fronts pionniers du Sud-Est asiatique

Dans le Sud-Est asiatique la colonisation agraire s'est portée pour l'essentiel sur les régions de collines et de basses pentes, zones paludéennes et longtemps déserts humains entre les plaines rizicoles surpeuplées et les hauts plateaux voués à l'agriculture sur brûlis. Le moteur principal a été encore, et plus qu'ailleurs, la charge démographique. Peuplée de 32 millions d'habitants en 1800, de 83 millions en 1900 et de 470 millions en 1995, l'Asie du Sud-Est a vu le recul des espaces forestiers accompagner la croissance des populations. Entre 1960 et 1990, la forêt aurait reculé de 87 millions d'hectares, passant de 300 millions d'hectares à 215, et les cultures en auraient gagné 35 millions, passant de 42 millions d'hectares à 77 millions (Fig. 1).

Pour éviter la poursuite de cette consommation boulimique d'espaces forestiers, il faut limiter l'extensification qui accompagne la progression des fronts pionniers. Les effets peuvent être dévastateurs. On l'a constaté fin 1997 lorsque les incendies se sont propagés pendant plusieurs semaines en Malaisie et en Indonésie, empêchant l'atterrissage des avions. Plus de 800 000 hectares auraient été la proie des flammes. Or les observateurs estiment que la responsabilité est à rechercher dans les feux mal contrôlés de secteurs voués aux cultures commerciales, notamment du palmier à huile. Brûler la forêt est moins onéreux qu'un défrichement manuel.

Le recours est l'intensification, avec l'accroissement des rendements, qui passe ici, contrairement à l'Amazonie, par l'irrigation. En trente ans, l'Asie du Sud-Est a doublé les surfaces irriguées qui seraient passées de 8,2 à 17,6 millions d'hectares, les progrès les plus rapides ont été constatés au Vietnam dont la part des cultures irriguées est passée de 9 à 27 % des surfaces cultivées entre 1960 et 1990, les plus lents en Birmanie et Malaisie.

De la part des États les raisons de l'expansion des surfaces agricoles sont partout identiques, il s'agit de contrôler les marges des territoires et de désamorcer le problème agraire. En Indonésie, les fronts pionniers sont associés à la transmigration, politique de l'État qui vise à déplacer les populations agricoles de Java, trop peuplée, vers Sumatra et les autres îles. Près de 5 millions de personnes ont été ainsi déplacées en 25 ans, chaque famille recevant 2 hectares à défricher et une maison. Ces transferts de population posent de difficiles problèmes de relations avec les populations indigènes. Début 2001, des conflits et massacres ont eu lieu à Bornéo, les Dayaks rejetant les immigrés venus des îles voisines. En Malaisie, sous l'égide du *Fédéral Land Development Authority*, les colons ont été installés sur la côte est (Johore) et cultivent hévéa et palmier à huile. En Thaïlande la colonisation spontanée a porté sur 4 à 5 millions d'hectares, avec des défrichements le long des axes de circulation ouverts dans la forêt. Les terres neuves sont consacrées à des cultures d'exportation : soja, manioc, maïs.

Dans toute l'Asie du Sud-Est cette croissance des fronts pionniers s'explique aussi par le rôle des intermédiaires chinois de la diaspora qui fournissent les semences, intrants, crédits et transports. Ainsi se met en place, entre les paysages des plaines rizicoles et ceux des hauts plateaux de l'agriculture sur brûlis, un troisième paysage correspondant aux fronts pionniers. Il comprend des cultures sous pluie (c'est-à-dire bénéficiant des pluies de la saison humide), des plantations arbustives pérennes et des lambeaux de forêts. Il y a donc désormais trois mondes et trois paysanneries aux comportements spécifiques, les essarteurs de la forêt, en voie de disparition, les riziculteurs, les pionniers et planteurs.

Ces dynamiques agraires et les mobilités de population qui les accompagnent peuvent provoquer tensions et conflits. Un bon exemple est fourni par les hauts plateaux du centre Vietnam, sur lesquels se juxtapose un front pionnier de cultures arbustives pérennes, en l'occurrence le caféier, conduisant à la déforestation massive, et une agriculture traditionnelle sur brûlis et de type pluvial. Cette dernière est pratiquée de temps immémoriaux par les minorités ethniques de type Mnong et Edé, tandis que les plantations de caféiers, développées au temps de la colonisation, ont été considérablement étendues depuis 1975. Cette expansion s'est accompagnée de l'installation de populations Kinh venues des plaines rizicoles surpeuplées, d'abord sous la forme de fermes d'État, puis par colonisation spontanée. La province de Dak Lak, et plus précisément le district de Buon Ma Thot, est au cœur de cette mutation des paysages et des modes d'agriculture (Fig. 19). Dans la province, les caféiers sont passés de 6 000 hectares en 1965, à 21 800 en 1985 et à 130 000 hectares en 1997. Les cultures pérennes du district de Buon Ma Thot, essentiellement caféiers et hévéas, occupaient 48 % des surfaces tandis que la forêt était réduite à 5 %. On comprend aisément les incidents avec les minorités ethniques pratiquant le *ray*.

## L'intensification

### La saturation des finages, l'exemple Sérer

L'exemple du pays Sérer, au Sénégal, au sud-est de Dakar, offre un cas remarquable de saturation des finages. Dans un article fondateur de 1953, P. Pélissier a décrit les structures agraires de ces villages, et R. Lebeau en a fait dans son manuel le cas type d'un paysage d'*openfield* rappelant par certains traits d'organisation les paysages de champs ouverts de l'Europe, associant une auréole de champs nus, non enclos, bénéficiant des fumures du troupeau, et cultivés en permanence, et au-delà le finage divisé en trois soles, séparées par une haie, faisant alterner arachide, mil et jachère selon un rythme triennal classique de nos contrées. À cela s'ajoutait la présence d'arbres complantés, baobabs et acacia albida, ces derniers fournissant en saison sèche un fourrage apprécié. Les champs de brousse s'étendaient à la périphérie du finage et étaient mis en culture selon le système d'agriculture itinérante. Ce paysage exprimait équilibre et maîtrise en associant l'élevage et une culture commerciale (l'arachide) tout en évitant l'épuisement des sols par la fumure et la rotation des cultures.

Or, depuis, la croissance de la population a perverti le système. Désormais, la totalité du finage est mise en culture selon un assolement arachide, mil. La jachère a disparu, avec elle la fertilisation par le bétail et le parc arboré d'acacia albida. Les troupeaux transhument dans la région voisine du Ferlo. Certes, l'augmentation des rendements du mil a jusqu'ici permis de faire face, mais la saturation de l'espace met en cause la pérennité du système. Ce sont les migrations temporaires ou définitives de travail qui fournissent désormais la soupape de survie, mais jusqu'à quand ?

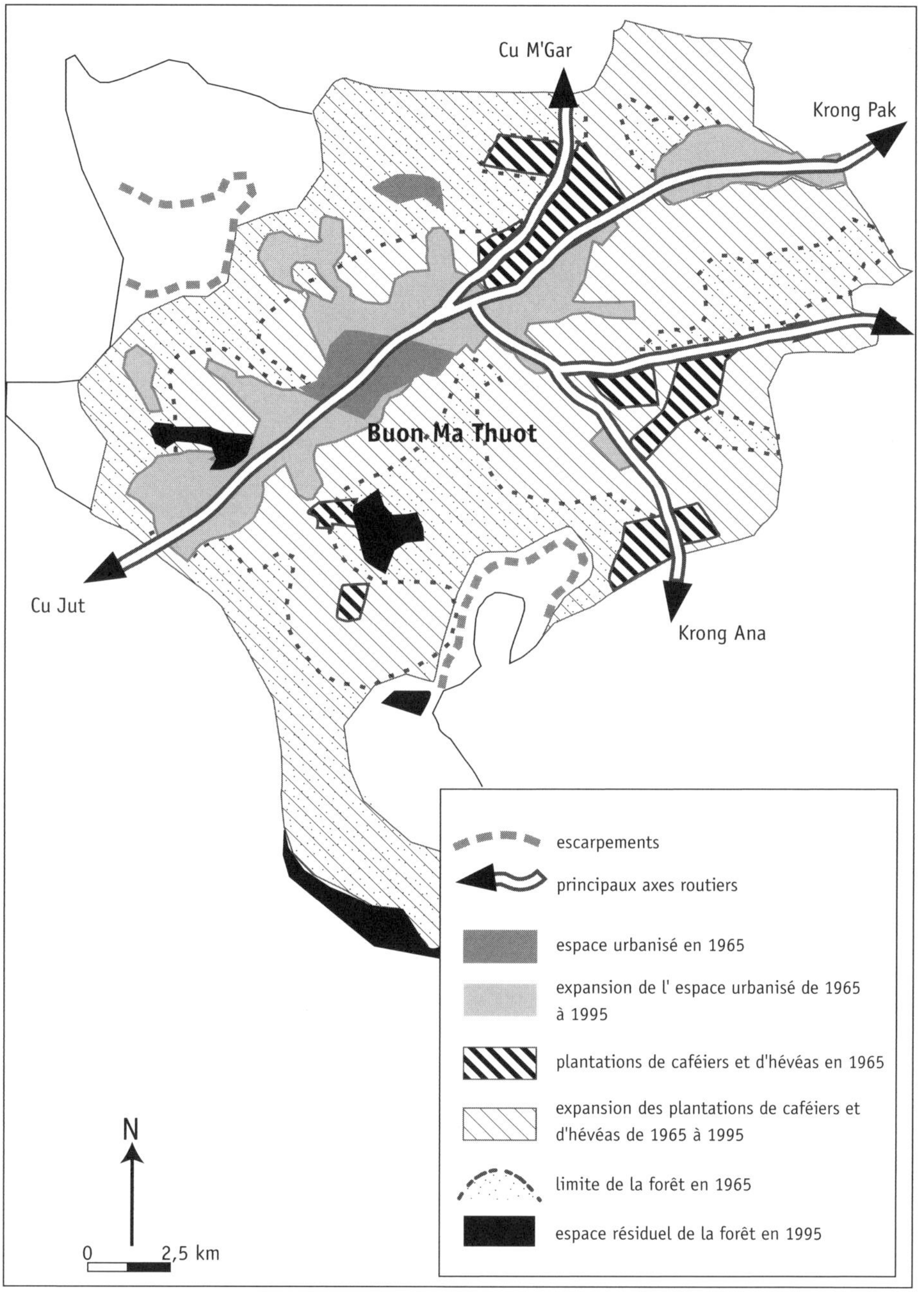


Figure 19 : **Évolution de l'utilisation du sol dans le district de Buon Ma Thuot (Vietnam) entre 1965 et 1995**
Source : F. Fournet, *Le café au Vietnam*, l'Harmattan, 2000

### Les étapes de l'intensification

Ces formes d'intensification en culture sèche par le raccourcissement des jachères et la disparition de l'agriculture itinérante ont été multipliées en pays tropical. Les étapes de l'intensification à partir du modèle de l'agriculture sur brûlis sont variées. On peut les rappeler schématiquement, étant bien entendu que dans la réalité des finages et des villages les faits sont plus complexes.

– Les jardins de case constituent le premier degré d'intensification. Ils sont la règle autour des habitats. On y cultive, en culture continue et associée, légumes, condiments, arbres fruitiers, tabac, etc. C'est le domaine des femmes. Les sols sont engraissés par les déchets de cuisine et les déjections des petits élevages. Pratiquement tous les villages des régions tropicales sont entourés par ces jardins, souvent clos. D'où un habitat étalé.

– La juxtaposition d'un secteur en culture continue, associé à l'agriculture sur brûlis est une autre étape. Cela conduit à un système de culture en auréoles d'intensité décroissante, et l'on peut parler de finages semi-aménagés. L'association de cultures fixées et de champs de brousse itinérants répond à la pression démographique.

– Très souvent l'introduction d'une culture de vente, coton, arachide, destinée à l'exportation à côté de la culture de subsistance, mil, sorgho, riz, manioc, a accéléré la constitution de ces finages auréolaires. Les dynamiques ont été différentes selon les populations. L'exemple Sérer analysé ci-dessus, montre une intégration réussie. Il en est d'autres qui ont conduit au rapide épuisement des sols et à la nécessité de déplacer le village. Ainsi, les Hmong du nord de la Thaïlande ont introduit la culture du pavot sur leurs brûlis, ils font suivre trois années de riz par 5 à 10 ans de culture de pavot mêlé au maïs. Avec un tel système, il ne repousse plus qu'une maigre savane sur des sols en pente très fragile, et l'érosion menaçant, il leur faut aller défricher un autre pan de forêt.

Tant que les densités restent modestes et que des terres sont disponibles à la périphérie le système fonctionne.

## L'intensification montagnarde

En zone de montagne les possibilités d'extension des finages sont faibles compte tenu des particularités du milieu naturel. Les surfaces cultivables sont réduites du fait des pentes et des risques d'érosion, tandis que l'étage « alpin » n'offre pas les possibilités des montagnes tempérées. En revanche, il s'agit de milieux sains et écologiquement variés, avec l'étagement des formations. Nombre de massifs ont ainsi permis depuis longtemps une accumulation des populations et ces montagnes-refuges possèdent, en Afrique comme en Amérique, de hautes densités.

### L'exemple du Rwanda

L'exemple du Rwanda est un cas remarquable, d'autant qu'il a été analysé à quarante ans d'intervalle par P. Gourou (*Les densités de populations au Rwanda-Burundi* en 1953) puis par François Bart, dans sa thèse (*Montagnes d'Afrique, terres paysannes,* 1993). Sur 26 000 km$^2$, c'est le pays le plus densément peuplé de l'Afrique. En 1989, avec 7 millions d'habitants, la densité était de 270, dont 93 % de ruraux et 82 % d'actifs agricoles. Entre 900 et 2 800 mètres d'altitude vivent des paysans qui cultivent tout ce qui peut l'être, utilisant toute la gamme des terroirs et des cultures. Une étonnante intensification, la maîtrise de l'espace et des adaptations subtiles aux qualités des sols et des milieux, associent bananeraie (à la fois nourriture et boisson), cultures vivrières (céréales, légumineuses, tubercules) et plantes d'exportation (café, soja, thé). Au bas des versants, au-dessous de 1 400 mètres, sont les terres chaudes (*mayaga*) avec l'association riz-canne à sucre. À l'étage intermédiaire (*muginga*) l'élevage bovin domine. La vache étant l'un des fondements de l'organisation sociale. Les conditions climatiques sont optimales pour le bananier, la patate douce, le haricot, ainsi que le tabac, le café et le soja. Au-dessus, de 2 000 à 2 500 mètres, c'est le pays montagneux et frais (*rukiga*), dans lequel on retrouve des cultures de pays tempéré, maïs, pomme de terre, blé, ainsi que pyrèthre et thé. La très forte charge humaine se comprend du fait de la complémentarité des terroirs et des échanges entre chaque zone altitudinale. Bien entendu, dans un tel contexte, la forêt a disparu et il y de gros problèmes d'alimentation en bois de chauffage.

Si dans un premier temps seules les terres les plus fertiles et les mieux exposées ont été mises en culture, désormais il y a conquête des terres marginales, fragiles et sujettes à l'érosion. Tout est occupé. Il y a surexploitation et si les potentialités du milieu ont favorisé l'accumulation des hommes, celle-ci déstabilise désormais les écosystèmes. On est aux limites de la rupture. Et ces facteurs expliquent, pour partie, les événements tragiques des années 90. Ainsi que le souligne Guy Lasserre dans la préface de la thèse de François Bart, « accumulée sur un territoire montagnard isolé à l'intérieur du continent, la paysannerie rwandaise est piégée par des frontières dont l'efficacité s'est accrue avec l'indépendance ».

De telles situations dramatiques de saturation des finages se retrouvent au Burundi voisin, au Salvador en Amérique centrale, également montagneux et dont les densités atteignent 250, ou encore à Haïti, dans le pays Ibo au Nigeria. Dans toutes ces montagnes très peuplées les densités à l'hectare cultivable sont voisines de celles du Bangladesh ou de Java. Les mêmes problèmes de survie s'y posent, et tous ces pays, on le sait, sont au bord de l'implosion, pour bon nombre d'entre eux (Haïti et le pays Bamiléké) l'émigration des jeunes actifs constitue le moyen de la retarder.

## L'exemple du pays Bamiléké

En pays Bamiléké au Cameroun on retrouve une importante accumulation humaine. Ce haut plateau à 1 400 mètres couvre 6 200 km$^2$ et abrite des densités moyennes de 150 habitants au km$^2$, atteignant même 500 en certaines chefferies, base de l'organisation territoriale, et ce en dépit d'une émigration traditionnelle. Dans un article au titre évocateur, J.-L. Dongmo évoque la stratégie des Bamiléké qui repose sur « Les efforts pour adapter leur agriculture à l'accumulation démographique et pour sauver leur équilibre alimentaire contre les agressions de l'économie marchande ».

Sur ce territoire exigu et enfermé, l'accumulation humaine exceptionnelle tient certes pour partie à des conditions naturelles favorables à l'intensification (pluies abondantes bien réparties, températures fraîches et sols volcaniques fertiles), mais aussi à des techniques anciennes qui se sont progressivement affinées et adaptées à la croissance des populations, ce dès l'époque précoloniale. Il y a eu enrichissement de la gamme des cultures, avec l'introduction du maïs, du manioc, de la pomme de terre, d'arbres fruitiers, etc., d'élevages variés (chèvres, porcs et bovins), la pratique du mélange des cultures dans chaque parcelle, lesquelles sont en culture continue. La suppression de la jachère a été permise par la fertilisation par les cendres ménagères, le fumier des animaux domestiques et la pratique de l'engrais vert. La culture en billons et l'établissement d'un réseau serré de haies évitent l'érosion. Au total, on avait une remarquable intensification en système d'agriculture vivrière dont l'exemple a été largement analysé et diffusé (Lebeau).

L'introduction de la caféiculture va désorganiser le système, d'autant que les meilleures terres lui seront réservées. L'extension des cultures vivrières aux dépens des pâturages entraînant le déclin de l'élevage des chèvres et donc l'utilisation du fumier. Outrepassant la volonté des autorités coloniales, les paysans bamiléké vont associer les cultures vivrières aux plantations de café afin de répondre à la nouvelle demande exprimée par l'expansion des villes. L'utilisation des engrais chimiques, d'abord pour les caféiers, puis pour les cultures vivrières, ainsi que la conquête des terres situées à la périphérie des finages, servant jusqu'ici de réserves, ont permis de faire face, mais jusqu'à quand ?

L'intensification en système traditionnel montre donc ses limites en pays tropical et a de plus en plus de mal à faire face à l'accumulation des hommes. Pour y répondre, il faut une augmentation spectaculaire des rendements à l'hectare cultivé, c'est ce que la « révolution verte » permet en offrant un « package technologique » qui transforme les pratiques.

## La révolution verte

### Une révolution sélective

Une autre voie vers l'intensification a été le choix d'introduire de nouvelles variétés à haut rendement mises au point par les grands organismes internationaux. Ceci a été appelé « la révolution verte ». L'objectif était de provoquer une hausse spectaculaire des rendements favorisant l'autosuffisance, et évitant de ce fait les risques de tension sociale et de remise en cause des droits sur la terre.

Prônée par la fondation Ford et la Banque mondiale, la mise au point de variétés de céréales, riz, maïs et blé, a été un facteur de différenciation très important des agricultures tropicales. Mais la révolution verte a été sélective. Elle a porté sur l'amélioration des céréales et non pas des racines et tubercules, et de trois céréales non spécifiquement tropicales, et avec des variétés exigeantes en eau. Aussi les paysanneries qui en ont le plus profité ont été celles de l'Asie rizicole et le Mexique, alors que l'Afrique n'a guère bénéficié dans un premier temps de ces améliorations. Il a manqué à l'Afrique les techniques de maîtrise de l'eau, des encadrements politiques, et les marchés urbains suffisants.

Cette différenciation dans le succès de l'introduction des variétés à haut rendement tient aussi au rapport entre le nombre des hommes et la terre disponible. Là où l'espace est mesuré, comme en Union indienne, les nouvelles variétés sont la voie de recours, là où l'on peut étendre les finages, comme souvent en Afrique, elles ne s'imposent pas. En outre, les bons rendements obtenus par ces nouvelles variétés de céréales exigent des fertilisants et des soins vis-à-vis des maladies, contrairement aux variétés locales. Il en résulte une différenciation sociale au sein des communautés villageoises entre ceux qui peuvent se payer semences et intrants et ceux qui ne le peuvent pas.

### L'exemple indien

La révolution verte est un ensemble (un *package*) à prendre ou à laisser. C'est-à-dire que les semences sélectionnées à haut rendement exigent l'utilisation d'engrais chimiques, et le recours aux intrants coûteux mais efficaces, comme les produits phytosanitaires et les pesticides. Il y a une interdépendance entre ces différents aspects et pour adopter et diffuser les nouvelles variétés il faut donc, des investissements, des connaissances techniques, un encadrement social et politique, une maîtrise de l'eau, des débouchés, c'est-à-dire des populations citadines ayant un pouvoir d'achat minimal, et donc de bonnes densités. La paysannerie indienne possède ces qualités. Ce n'est guère le cas sauf exceptions de l'Afrique. La révolution verte a permis à l'Union indienne de devenir autosuffisante, alors que R. Dumont pronostiquait en 1950 la pire des famines avant la fin du siècle. Mais socialement elle a accru les écarts entre paysans aisés et prolétaires appauvris. Territorialement elle a également favorisé les secteurs irrigués et les régions de sols fertiles vouées au blé ou au riz, laissant de côté les secteurs agricoles fondés sur la culture des mils et sorghos.

On a donc pu parler d'une « révolution vert pâle » du fait de ses effets pervers et dans la mesure où l'intensification d'une agriculture tropicale restée pluviale demeure limitée (Landy, 1997). Les solutions seraient à rechercher à la fois dans une « révolution doublement verte », c'est-à-dire associant intensification, protection des milieux et développement social, dans un objectif de développement agricole durable, et aussi par l'essor des activités non agricoles en espace rural (artisanat, et services) permettant de faire baisser la pression démographique sur les terres.

## L'extension des périmètres irrigués

### Typologie

L'irrigation, en tant que technique d'aménagement intensificatrice par excellence, est seule à même de pouvoir permettre l'accumulation de populations agricoles. Aussi en pays tropical y a-t-il une étroite corrélation entre la part des surfaces irriguées et les foyers de forte densité. L'association de la culture du riz et de l'irrigation explique dans nombre de basses plaines et de deltas de l'Asie les concentrations paysannes qui sont les plus denses du monde. Ce fait est bien connu et il a été abondamment décrit.

Pour faire face à l'accroissement des populations, l'extension des périmètres irrigués apparaît donc comme l'une des solutions. En pays tropical, le recours à l'utilisation de l'eau par la maîtrise des apports dans le temps et dans l'espace offre plusieurs modalités :

– l'irrigation assure la régularité des récoltes et évite donc le risque de disette dû à des rendements insuffisants liés à des sécheresses périodiques fréquentes dans les zones de précipitations comprises entre 500 et 1 200 millimètres par an. C'est le cas de la diagonale du plateau du Dekkan, lieu par excellence, en l'absence d'irrigation, de « la permanente incertitude » ;

– elle permet la double récolte annuelle en associant culture pluviale d'été (culture *kharif* en Inde) et culture d'hiver (culture *rabi*). Dans toute l'Asie du Sud, l'essor des productions est le fait de ce système de diffusion de la double récolte, qui fait que les cultures occupent environ 140 % de la surface agricole ;

– dans les régions trop arides (moins de 500-700 mm), la fourniture d'eau soit en utilisant les nappes par la multiplication de puits tubés avec moteur, soit par des canaux distribuant les eaux stockées à l'amont par de grands barrages réservoirs, ou par des barrages de relèvement des eaux, a considérablement élargi les oasis d'hier en vastes aires irriguées. C'est le cas du Sind sur le cours inférieur de l'Indus, grâce à la création de trois grands barrages situés dans la basse vallée (Gudu, Sukkur et Lower Sind) qui permettent d'irriguer plus de 4 millions d'hectares, soit un doublement des surfaces irrigables, et un quadruplement des surfaces cultivées grâce à l'introduction d'une culture d'hiver. Cet aménagement de la partie aval complète le dispositif mis en place à l'amont par les Britanniques à partir de la fin du XIX<sup>e</sup> siècle par la construction de grands barrages de stockage des eaux venues de l'Himalaya permettant d'irriguer les interfluves (ou *doabs*) sur plus de 6 millions d'hectares en 1947.

On retrouve un même cas de figure d'une irrigation de grands ensembles territoriaux par l'utilisation de techniques modernes en Asie centrale dans les anciennes républiques soviétiques le long des vallées de l'Amou-Daria et du Syr-Daria. On évalue les terres irriguées à près de 7 millions d'hectares, consacrés au coton, riz et fourrages.

### Un monopole de l'Asie

Mais jusqu'ici la place de l'irrigation dans les systèmes agraires est restée l'apanage de l'Asie. En Afrique comme en Amérique du Sud le contraste est flagrant et les zones irriguées sont encore très peu étendues alors même que les potentiels en faveur de la mise en place d'hydrosystèmes existent. On oppose donc volontiers les fleuves nourriciers de l'Asie du Sud ou du Moyen-Orient et le Nil, aux fleuves des régions vides qui n'ont pas de ce fait été des rubans de mise en valeur intensive, c'est le cas du Congo comme de l'Amazone. L'aménagement de la vallée du Sénégal, ou encore les travaux sur le Saõ Francisco dans le Brésil du Nordeste, montrent toutefois que des progrès sont possibles. Mais les bilans sont maigres, tant sur le Niger que sur le Sénégal les travaux portent sur quelques dizaines de milliers d'hectares, et ils sont liés tout autant à la production de coton qu'à l'intensification des cultures nourricières. C'est que l'irrigation est un fait de civilisation, elle n'est pas seulement une solution technique.

# LES CONSÉQUENCES OU LES EFFETS

## Les évolutions foncières récentes

Deux cas de figure se présentent selon la nature des droits sur la terre. Si la terre est déjà individuellement appropriée, cas de l'Amérique du Sud et centrale et de l'Asie, la pression démographique et la nouvelle agriculture ouverte sur le marché exacerbent les tensions sociales et provoquent des tentatives de réforme agraire, tandis qu'en Afrique l'on assiste aux progrès d'une appropriation privée aux dépens des terres communes.

### Les tentatives de réforme agraire

En Amérique du Sud, la grande propriété latifundiaire domine la question foncière, et en Asie du Sud ou au Moyen-Orient les relations foncières s'organisent entre locataires (fermiers et plus souvent métayers) et propriétaires autour des loyers de la terre, les évolutions récentes n'ont guère bousculé ces rapports, en l'absence de réforme agraire radicale. En revanche, en Afrique tropicale la nouvelle pression démographique et l'ouverture sur le marché par les cultures commerciales modifient la question foncière en remettant en cause les droits sur la terre. En Amérique centrale et du Sud, le rôle et la place des grands propriétaires latifundiaires, relayés par les grandes compagnies internationales, sont tels que le problème se pose en terme de réforme agraire, c'est-à-dire de tentatives pour redistribuer les droits fonciers à un plus grand nombre.

Ces remodelages des structures agraires héritées, par le biais d'une redistribution des biens fonciers les plus vastes ou les moins bien exploités, se heurtent aux intérêts d'une puissante oligarchie souvent alliée aux pouvoirs en place. Aussi on leur préfère l'ouverture de fronts pionniers afin de désamorcer les tensions sociales.

Lorsque ces réformes sont de nature libérale, elles se contentent de programmer une limitation autoritaire de la taille des propriétés, notamment celles manifestement sous-exploitées, et s'accompagnent généralement d'indemnisations de la part de l'État. Ces terres sont ensuite redistribuées sous la forme de lots aux petits propriétaires ou aux ouvriers agricoles selon des formules de crédit à long terme et de prêts de matériel. Proclamées en de nombreux pays du Tiers monde ces réformes ont souvent abouti à des redistributions symboliques et elles n'ont guère modifié la nature des rapports sociaux, d'autant que beaucoup de grands propriétaires ont compris l'intérêt de mettre en valeur leurs biens, notamment en développant les cultures lucratives d'exportation. C'est l'exemple du Brésil et de la Thaïlande, deux pays dans lesquels l'agri-business a constitué l'échappatoire aux réformes agraires.

### Les mutations du foncier en Afrique

En Afrique sub-saharienne la gestion de la terre et son statut ont été longtemps de type collectif. L'accroissement brutal des densités et l'intrusion des cultures commerciales, surtout des cultures pérennes, type du caféier ou du cacayoer, soulèvent la question de l'appropriation privée. Il y a émergence d'une question foncière jusqu'alors ignorée. L'accès au foncier, hier réglé par la redistribution périodique ou annuelle en fonction des besoins et de la force de travail des familles, est révélateur d'une tension. À l'abondance d'espace succède sa rareté, et donc une compétition pour la terre. On passe comme a pu le dire Paul Pélissier, « du temps des terroirs au temps des finages » avec l'expérience d'un espace agraire fini et délimité. Cette transition entre deux systèmes est illustrée par la cadastration des espaces agricoles mise en œuvre en un grand nombre de pays africains.

Jusqu'à il y a peu, le statut des terres cultivées obéissait à trois principes :

– le défrichement fondait le contrôle foncier, et l'exploitation du sol justifiait la pérennité de la tenure ;

– tout membre de la communauté villageoise avait accès au sol en fonction de ses capacités de travail et des bouches à nourrir, il n'y avait donc pas de paysans sans terre ;

– l'agriculteur n'est que l'usufruitier. Le bien ne lui appartient pas. Il est aux ancêtres. C'est donc un bien inaliénable.

De ces trois principes découlaient deux conséquences :

– la même terre est soumise à plusieurs droits : celui des descendants des premiers défricheurs (les maîtres du feu), les exploitants détenteurs d'un droit d'usufruit, le droit de culture sous la forme de prêt temporaire ;

– au sein d'un même finage la terre peut être soumise à des droits différents selon qui l'exploite.

Dans un tel cadre, les pratiques foncières sont directement en relation avec la société. Dans les sociétés lignagères où chaque unité de résidence correspond à une famille élargie, on distingue les champs dépendants de chaque lignage, mis en culture régulièrement, et d'autre part la forêt ou la brousse qui est territoire indivis et qui sert pour la chasse, la cueillette ou d'éventuels brûlis, et qui est une sorte de réserve.

Un tel système est très souple et il s'adapte aux variations de la force de travail. Il interdit l'accumulation foncière par certains puisqu'il y a un incessant et régulier réajustement du foncier disponible en fonction des capacités de travail et des besoins de chaque famille. C'est l'usage du sol, via le travail, qui fonde des droits nouveaux sur la terre. Aussi la question agraire au sens d'une inégalité dans l'accès à la terre n'existait-elle pas.

Avec l'accroissement de la pression démographique, on constate une adaptation et un grand pragmatisme des sociétés paysannes africaines. Plus la pression est forte et plus l'affirmation des droits d'exploitation se renforce tandis qu'il y a morcellement des parcellaires. Dans les situations d'extrême entassement, cas de certaines montagnes paysannes, les parcelles cultivables sont appropriées par les individus et la terre devient un bien, il y a privatisation.

Toutefois, mis à part ce cas des réduits montagnards, partout ailleurs, du fait de la relative faiblesse des densités, il y avait une relative aisance foncière et donc maintien de réserves foncières occupées par la forêt ou la brousse. Or ce sont ces espaces interstíciels, ces territoires éloignés de villages, qui font l'objet d'enjeux fonciers, et dans lesquels se heurtent le droit coutumier de biens indivis et inaliénables et le droit moderne, occidental, d'appropriation. Les États, nés de la décolonisation, prétendent en disposer et ils en font des « domaines publics », alors que pour les populations il s'agit de « réserves foncières » puisque pour elles c'est le défrichement qui fonde la mainmise sur la terre.

À ce conflit entre les administrations et les agriculteurs pour l'usage des terres jusqu'ici non cultivées, s'ajoute sur les marges tropicales le heurt entre cultivateurs et éleveurs. Pour ces derniers, ces réserves leur servaient de terrains de parcours. Ils s'en voient déposséder par les nouveaux besoins exprimés tant par les États que par les agriculteurs.

Ainsi, l'Afrique est devenue un champ complexe de situations allant du maintien de systèmes coutumiers jusqu'à des formes d'appropriation privée sur le mode occidental appuyées sur la cadastration des terres. Les explications de ce nouvel état de fait sont à rechercher dans l'explosion démographique, on va vers la fin des terres disponibles et vacantes, et le principe de la terre à qui la défriche ne tient plus. Il faut également incriminer les techniques nouvelles, notamment l'usage du tracteur qui exige de vastes surfaces d'un seul tenant. Or il est souvent aux mains d'une petite minorité qui s'assure ainsi la mainmise sur le foncier. Son intrusion bouleverse les tenures coutumières. Un autre élément perturbateur est l'emprise foncière de la part des nouvelles bourgeoisies urbaines, notamment des fonctionnaires, qui investissent dans le foncier autour des villes afin de spéculer, soit sur le changement d'usage des sols, ou soit comme placement financier dans des plantations ou des périmètres irrigués.

Il y a donc apparition d'un marché du foncier, balayant les systèmes en place, et la terre désormais se vend, se loue, s'hérite et devient source de profits monétaires et objet de prestige social. Il y a donc le risque de voir se développer en Afrique les deux maux principaux de ce que l'on baptise ailleurs la question foncière, c'est-à-dire l'accaparement des terres par certains et l'apparition de paysans sans terre.

L'Afrique noire est à un tournant dans son évolution agraire. Il y a dissolution des structures villageoises qui permettaient hier l'accès à tous de la terre, et la diffusion d'un modèle à l'occidental des droits fonciers. Encore faudrait-il clarifier ces droits en garantissant aux paysans la sécurité de leurs finages et aux éleveurs les droits d'utilisation des parcours.

Beaucoup de troubles actuels sont à mettre sur le compte des enjeux fonciers. En Casamance, les Diolas s'opposent à la loi sénégalaise sur la question du « Domaine national » de l'État. En Afrique centrale, la question agraire est également sous-jacente dans l'explication des massacres. Au Zimbabwe, ce sont les biens des 9 000 fermiers blancs, sur 12 millions d'hectares, soit 70 % des terres, souvent les meilleures, qui sont menacés par l'occupation illégale opérée par d'anciens combattants et des paysans pauvres, faute de la mise en place d'une réforme agraire toujours repoussée.

En schématisant à l'extrême ce dont a besoin l'Afrique c'est d'une transition foncière, dont la logique est à l'opposé de ce qui se passe depuis 1989 en Europe de l'Est. C'est-à-dire qu'il s'agit de garantir les droits des communautés villageoises ou lignagères, et l'accès à la terre libre et héréditaire, tout en contrôlant et en réglementant la vague de fond qui pousse à l'appropriation individuelle qui se fait au bénéfice des citadins, des fonctionnaires ou des migrants de retour qui font main basse sur les terres hier collectives. Ainsi sur la rive mauritanienne du fleuve Sénégal, un décret de 1983 a mis fin au régime coutumier et a autorisé l'appropriation privée. La terre a été acquise par des nantis qui font travailler des *haratins*.

La question foncière est la conséquence du passage d'un monde où la terre était abondante et les hommes rares, à une société où la croissance démographique a renversé le rapport fondamental. Désormais, c'est la terre qui est la ressource rare et donc disputée.

## Essor des terres cultivées et déforestation

### Un recul forestier important

Un bilan des dynamiques agraires est difficile. Entre 1950 et 1980, soit en une génération, les surfaces agricoles auraient progressé de 330 millions d'hectares dans le monde, l'essentiel aux dépens des forêts tropicales. Selon J.-F. Richard, entre 1700 et 1850, à l'époque des grands défrichements et de la mise en valeur de l'Amérique du Nord et des autres pays neufs, les surfaces agricoles auraient gagné 270 millions d'hectares. Et de 1850 à à 1910, dans les seuls États-Unis encore 60 millions d'hectares.

Aujourd'hui, à l'échelle mondiale, deux dynamiques s'opposent. Alors que dans les pays du Sud les défrichements l'emportent largement, rappelons pour mémoire qu'en Europe la forêt progresse. Ainsi en France la forêt occupait 14 % du territoire en 1789, 17 % en 1850, 27 % aujourd'hui, tandis qu'aux États-Unis la forêt aurait regagné 24 millions d'hectares depuis 1910. Le recul forestier constaté tant en Amérique du Sud (au Brésil surtout) qu'en Afrique (en Côte-d'Ivoire en particulier) ou qu'en Asie du Sud-Est, est le fruit d'une colonisation agricole par cultures permanentes aux dépens de l'agriculture sur brûlis qui, elle, maintenait l'écosystème forestier. Nous en avons vu les raisons. La cartographie diachronique de l'utilisation du sol, via l'interprétation des photographies aériennes ou des images satellitaires, confirme ce processus.

Le Vietnam offre un bon exemple du recul des forêts exacerbé par la forte pression démographique qui règne dans les plaines littorales, mais aussi par les migrations de population voulues et organisées par l'État après 1975, par le choix de cultures commerciales d'exportation (le café) aux dépens des cultures vivrières, et enfin par la volonté de contrôler les zones frontalières peuplées par les minorités ethniques. En 1943, les forêts occupaient 18,7 millions d'hectares, en 1975, seulement 14 millions, et en 1984, il n'y avait plus que 7,2 millions d'hectares de forêts (soit un rythme annuel de diminution de 370 000 hectares). En 15 années, de 1975 à 1990, les surfaces agricoles du pays seraient passées de 4,3 millions d'hectares à 6,9 millions, soit plus 60 %, avec 3 millions d'hectares irrigués.

On retrouve les mêmes facteurs explicatifs dans les autres pays. La forêt, sous toutes ses formes, diverses et variées, occupait à la fin des années 40 du siècle dernier, 70 % des surfaces de l'Asie du Sud-Est, 63 % de l'Amérique centrale et du Sud, 44 % de l'Afrique tropicale. Or en 1990, elle n'occupait plus que 49 % des surfaces de l'Asie du Sud-Est et le mouvement se poursuit.

### La responsabilité de l'économie de marché

Le taux de recul forestier le plus élevé est sans doute celui de la Côte-d'Ivoire. En 1956, les forêts couvraient plus de 12 millions d'hectares, elles sont réduites à 2,2 millions quarante ans plus tard. Ce, du fait de l'exploitation du bois, mais surtout de l'extension des plantations indigènes d'hévéas, palmiers à huile, cocotier et cacaoyer.

Cette rapidité du recul forestier ne s'explique pas, contrairement à l'idée reçue, du fait des pratiques d'essartage de l'agriculture sur brûlis. Tout au contraire, celle-ci préservait le couvert forestier tout en le modifiant par des pratiques plus complexes et plus efficaces que ce que l'on pensait autrefois. L'objectif de ce mode traditionnel d'aménagement étant de maintenir la biodiversité en jouant savamment sur la durée de mise en culture des différentes parcelles, en gérant la fertilité selon les lieux, en répétant les brûlis afin d'éviter une reforestation trop rapide synonyme de trop de travail, en pratiquant la cueillette sur d'anciennes parcelles, etc. Ce que des observateurs européens pouvaient prendre pour une dégradation était en fait un savant dosage.

Or, c'est tout cet équilibre qu'une activité prédatrice de type capitaliste, avec la pratique des fronts pionniers et l'expansion des cultures commerciales d'exportation, rompt. La responsabilité de la déforestation contemporaine, récente et massive, est donc le fait de l'intrusion de cultures permanentes, portée et voulue par l'irruption de l'économie de marché. Ceci a été prouvé et confirmé il y a peu (1997) en Indonésie lors des grands feux de forêt déclenchés par les agents des grandes sociétés capitalistes de mise en valeur agricole.

## Environnement et développement

### Vers une sacralisation de paysages ?

Face à ces dynamiques agraires et au processus de déforestation accélérée y a-t-il surexploitation, dangers d'érosion et menaces sur l'environnement ?

La querelle fait rage entre spécialistes autour de cette question de la conservation des milieux naturels en pays tropical (Rossi, 2000). L'idée se fait jour de protéger ces milieux, voire de les réhabiliter, alors qu'ils auraient été agressés par la colonisation humaine. Ce mouvement, porté par l'écologisme militant des défenseurs de la « Nature », va jusqu'à proposer de retirer aux communautés agricoles la possibilité de gérer de larges parties de leur espace, pour créer des parcs et réserves afin de sauvegarder les milieux.

Cette sacralisation des paysages conduisant à figer les paysages, et cette vision du retour nécessaire à un pseudo équilibre mythifié, s'explique par la puissance des techniques modernes faisant fi des contraintes biophysiques et par la rapidité de transformation des paysages. Le progrès technique est assimilé dans cette conception à un agent destructeur, responsable de la dégradation des milieux.

C'est oublier que l'accroissement démographique génère du progrès, de l'innovation et de l'adaptation. L'accélération des rotations sur brûlis, et plus encore l'extension des cultures fixes et permanentes, témoignent d'une dynamique nouvelle qui succède à une longue situation stable dans laquelle la forêt ne reculait pas compte tenu des pratiques utilisées. La disparition définitive du couvert forestier est le fruit de pratiques nouvelles aboutissant au défrichement, à l'imitation de ce que les pays tempérés ont précédemment connu.

### Une remise en cause des aménagements

Auparavant, les forêts tropicales, contrairement à l'idée reçue, n'étaient pas des forêts vierges, primaires. Elles résultaient de l'action des hommes, et étaient associées aux faibles densités de population et à un mode de mise en valeur agricole de l'incendie contrôlé qui évitait toute dégradation et qui favorisait la reforestation, de même que les feux de brousse maintenaient les équilibres au sein des savanes.

Ce n'est donc pas tant le processus qu'il s'agit de condamner que les modes d'aménagement qui lui sont associés, en particulier lorsque les défrichements aboutissent à une exploitation par un élevage trop extensif, comme cela se constate au Brésil. À cet égard, la prise de conscience des dangers d'une déforestation accélérée, due à des pratiques de mise à nu par une exploitation forestière commerciale abusive, ou par une colonisation de populations d'agriculteurs immigrés, et la pratique de reboisements par des peuplements homogènes d'espèces à croissance rapide (eucalyptus ou pins) n'est pas non plus sans poser question.

L'agriculture itinérante avait un caractère de durabilité. Les ressources y étaient renouvelées. Cette durabilité se mesure en termes de ressources renouvelables par rapport au temps. Elle résulte d'interactions permanentes et évolutives qui ne brisent pas la structure, mais qui lui permette d'évoluer tout en se pérennisant. C'est une suite d'équilibres dynamiques entre l'état de la société et l'état de l'environnement. Les nouveaux systèmes agraires à l'œuvre dans ces pays du Sud ont-ils ces caractéristiques de durabilité ? On peut en douter.

Comment retrouver ce caractère de durabilité après les déséquilibres engendrés par l'explosion démographique, et plus encore par l'ouverture quasi généralisée à l'économie de marché ?

## Tensions sociales

### Des tensions foncières

Ces dynamiques agraires constatées, tant au travers des modes d'intensification montagnarde, que des fronts pionniers ou que des nouvelles techniques d'irrigation, bousculent les équilibres antérieurs. Il y a déstructuration des sociétés locales enracinées, via l'effet de mobilité, mais aussi accentuation des écarts sociaux au sein des collectivités rurales, ou entre régions plus ou moins aptes à accepter les progrès techniques et l'intrusion de nouveaux modes de culture.

En ce qui concerne le foncier, les tensions pour l'accès à la terre sont liées à l'alourdissement des densités ou aux rapports de force entre agriculture paysanne et modes d'agriculture capitaliste. Ces tensions se manifestent en particulier à l'occasion d'une migration de population, spontanée ou organisée par une politique de colonisation de la part des autorités. Il s'agit généralement de déplacements de populations entre des régions trop peuplées et des espaces demeurés forestiers et occupés par des populations aux faibles densités et pratiquant l'agriculture itinérante. L'exemple de l'Indonésie est significatif. L'impact le plus évident a été les transferts vers Sumatra à partir de Java. Cette « transmigration » a porté sur plusieurs millions de personnes, avec des programmes de colonisation agricole aidée par l'État. À Kalimantan les migrations de Madurais et l'ouverture de fronts pionniers aux dépens de la forêt ont créé des heurts avec les populations locales.

### Une violence agraire latente

Au Brésil la violence agraire entre les grands propriétaires (les *fazendeiros*) et les petits cultivateurs (les *posseiros*) alimente régulièrement la chronique des faits divers. Le mouvement des sans-terre (le MST) créé en 1979 au sein de communautés ecclésiales de la base, a lancé dès 1996 sur la quasi-totalité du pays une campagne d'occupation des terres improductives. C'est que près de la moitié des propriétés des terres enregistrées au cadastre national, dont 75 dépassent 100 000 hectares, sont aux mains de moins de 2 % des propriétaires, et l'immense majorité n'est pas ou est très sous-utilisée. Certains grands propriétaires répondent par la violence avec le recrutement de tueurs à gages (les *pistoleros*).

L'installation de colons dépourvus de terre sur des exploitations expropriées par la Réforme agraire, ou *assentamentos*, est le moyen mis théoriquement en œuvre par les gouvernements brésiliens successifs. Mais ce n'est pas une réforme agraire. C'est une réponse aux mouvements sociaux des sans terres et aux occupations illégales. Le MST est le plus connu de ces mouvements, mais il en existe beaucoup d'autres. Quant au nombre d'occupations sans titres de propriété il a décuplé en dix ans (1987-1997). Début 1998, le conseil pontifical a publié un document sur la propriété et l'exploitation de la terre qui, partant du constat d'échec des politiques agraires dans le Tiers monde, met en cause le « climat de terreur » que font régner l'élite foncière et les grandes entreprises d'exploitation des ressources minières et forestières, et condamne la politique abusive de concentration des terres qui freine les politiques de développement, aggrave les gaspillages et la misère. Une logique inverse doit être mise en œuvre pour une réforme agraire efficace.

### Nouveaux paysages et nouvelles configurations parcellaires

Organisé ou spontané, clandestin ou affiché, ce mouvement de colonisation agraire par déforestation, conduit à toutes les échelles géographiques, à remplacer le mode ancestral d'aménagement agro-forestier qu'est l'agriculture itinérante sur brûlis, par la mise en place de cultures permanentes.

Un paysage agraire éphémère, discontinu, apparemment cahotique, associant sur la même parcelle des cultures différentes, en fait savamment organisé, fait place à un paysage agraire ordonné de champs permanents consacrés chacun à une seule culture et organisés en un parcellaire classique de défrichement sur le modèle européen, soit sous la forme d'habitat linéaire comparable au rang canadien ou au *waldhufendorf*, soit sous la forme d'un parcellaire quadrangulaire et géométrique identique au *township* anglo-saxon, soit sous la forme d'auréoles concentriques d'intensification décroissante, les cultures arbustives et pérennes étant proches de l'habitat.

Ce sont ces paysages agraires récents qui occupent ce qui est généralement baptisé « les terres neuves », tant au Brésil qu'en Indonésie. En réalité il s'agit du passage d'un type agri-forestier à un type d'agriculture fixe, non pas d'un élargissement de l'espace cultivé, mais de la substitution d'un paysage agraire par un autre, ce dernier plus conforme à la vision européenne de ce qu'est un paysage agraire.

Les dynamiques agraires à l'œuvre en pays sous-développé sont principalement liées à deux facteurs, d'une part la croissance démographique et d'autre part l'irruption des cultures commerciales hors du schéma classique de l'agriculture de plantation coloniale. Il en résulte des déséquilibres en chaîne, avec ruptures et crises dans les économies vivrières. Les moyens pour tenter de retrouver un nouvel équilibre sont variés :

– élargir les espaces cultivés permanents aux dépens de la forêt ou sur les pentes des montagnes, c'est tout le thème des fronts pionniers, et ce à toutes les échelles : continentale, c'est le cas de l'Amazonie ; régionale, c'est le cas de la Malaisie ; locale, c'est la pression sur les parcs naturels ;

– intensifier, par l'abandon des longues jachères et la mise en place d'une culture continue de plantes vivrières ;

– diversifier les systèmes de production, notamment par les cultures commerciales, en s'ouvrant sur le marché et donc dans le cadre d'une économie ouverte, soit pour la vente aux citadins, soit pour l'exportation (par exemple les cultures de haricots verts ou de roses au Kenya) ;

– améliorer les techniques, soit par la « révolution verte », soit par le recours à l'irrigation, ce qui réduit les risques dus aux aléas climatiques.

Ces paysanneries pléthoriques peuvent jouer simultanément sur ces quatre modes d'évolution, ou bien en privilégier un, tout dépend des circonstances et des lieux.

Les signes des ruptures sont tout aussi nombreux et différents selon les cas : appauvrissement des sols surexploités, transformations des systèmes fonciers, instauration de nouveaux rapports ville-campagne, mobilités nouvelles des populations et déstructuration des communautés villageoises enracinées, etc.

Il y a une réelle complexification des situations qui oblige à réviser les certitudes et notions qui figurent dans les manuels et ouvrages des années 60. En Afrique tropicale en particulier, on a assisté, depuis les années 60, à plusieurs phases (Lesourd). L'agriculture de subsistance a fait place aux cultures de produits d'exportation, ce fut le temps des petites plantations, de cacao et café en Côte d'Ivoire. L'essor de ces cultures qui procuraient du numéraire aux paysans a été favorisé de 1960 à 1982 par des cours élevés. Mais à partir des années 80, ce cycle spéculatif, qui avait profondément transformé la société locale (nouvelles terres ouvertes aux dépens de la forêt, infrastructures de transport, scolarisation, essor des villes) entre en crise. Les petits producteurs doivent trouver de nouveaux revenus. Or, parallèlement, la demande des urbains en produits vivriers offre un nouveau marché. D'où le développement des cultures vivrières de vente destinées aux villes tandis que de véritables campagnes périurbaines naissent avec des ceintures maraîchères. L'agriculteur joue sur deux tableaux, d'une part des cultures de plantation destinées à l'exportation, c'est souvent le travail des hommes, d'autre part des cultures vivrières, c'est le rôle des femmes.

Toutefois, ces nouvelles cultures et orientations économiques se heurtent aux caprices climatiques et au danger d'une surexploitation des sols. Les facteurs explicatifs sont de nature variée, faut-il incriminer la déforestation, le surpâturage, les modes de culture favorables à l'érosion ? Les deux dernières décennies du siècle ont montré la fragilité des écosystèmes, sans que l'on sache très bien s'il faut en imputer les responsabilités aux activités humaines ou à des cycles naturels.

Devant la montée des périls, les pouvoirs publics tentent de faire face. Mais en Afrique jusqu'ici, les aménagements hydro-agricoles ont eu des succès inégaux. La maîtrise de l'eau n'est pas le point fort des Africains et l'irrigation est largement sous-utilisée. La mise en place d'un encadrement administratif, de cadastres permettant d'assurer les droits sur la terre par l'appropriation privée, l'essor des infrastructures routières, sont des éléments conjugués favorisant la fixité et la délimitation des structures agraires.

Les dynamiques agraires constatées posent des questions majeures sur leur durabilité et sur les risques de dégradation des ressources en sol et en eau. En tout état de cause elles modifient les rapports à la terre. Or, il faut le rappeler avec force, dans un grand nombre de pays, il y a encore une forte croissance des populations rurales. La majorité sont des paysans. Il y a donc accentuation de la pression sur la terre. C'est le moteur premier des mutations mais aussi des crises.

Chapitre 7

# Réorientations en Europe de l'Ouest

Consacrer un chapitre aux espaces ruraux et aux structures agraires d'un ensemble politique récent comme l'Union européenne, même en y ajoutant la Suisse et la Norvège, peut surprendre et paraître quelque peu artificiel. Certes, cet espace s'est doté d'une politique agricole commune qui est le fer de lance de l'intégration. Il y a donc désormais un encadrement identique, des orientations économiques voisines, des sujétions administratives de plus en plus contraignantes, des sociétés rurales de plus en plus multifonctionnelles. Mais cela ne saurait suffire, même si ces données peuvent contribuer à expliquer la nature des mutations subies ou souhaitées, et à comprendre les crises qui peuvent en résulter.

La réalité première est que ce sous-continent offre des paysages ruraux et des structures agraires incomparables, fruits d'une série de déterminants qu'il est nécessaire de rappeler dans un premier temps, avant de les décrire, d'en comprendre les évolutions récentes, d'analyser les facteurs explicatifs et les raisons de leurs mutations contemporaines débouchant sur de nouvelles configurations, assimilées par certains à une crise, par d'autres à une « renaissance » ou à de « nouvelles campagnes », voire pour quelques-uns à « la fin des campagnes ».

Cet aspect, familier pour le regard, d'espaces « agricolisés » occupant la majorité des surfaces est un trait particulier qui échappe à l'observateur européen tant il est prégnant. Encore faut-il le rappeler d'entrée de jeu. À l'échelle de l'Europe des Quinze, c'est 40 % du territoire qui est en surface agricole utilisée en 1993 (source : enquête structure d'Agreste), et sans les pays du Nord (Finlande et Suède) le taux dépasse 50 %. Nulle part ailleurs dans le monde l'on atteint un tel taux. Les variations à l'échelle des États allant de 67 % pour le Royaume-Uni, 51 % en France, 43 % pour le Portugal, et à 27 % pour la Grèce.

Les territoires agricoles occupent non seulement les plaines alluviales et les plateaux qui bénéficient généralement d'aménités climatiques favorables, et de bons sols hérités des crises du quaternaire, ce qui peut en partie expliquer la part élevée des terres agricoles, mais ils occupent également une part non négligeable des versants des montagnes, et ce jusqu'à une altitude élevée du fait des pratiques pastorales associées à l'utilisation saisonnière des pentes et hauts plateaux permises par l'étagement de la végétation, sous la forme de transhumance ou d'estivage.

Cette utilisation agricole et pastorale des montagnes différencie l'Europe de l'Ouest, des autres pays tempérés, que ce soit l'Amérique du Nord ou le Japon dont les montagnes sont préservées et vides d'activités agricoles pour l'essentiel.

# TRAITS FONDAMENTAUX DES CAMPAGNES EUROPÉENNES

## Une mise en valeur ancienne et progressive

Ces 130 millions d'hectares qui constituent le territoire agricole européen sont le fruit d'une longue et lente artificialisation des milieux qui a commencé au Néolithique, et que l'on ne retrouve qu'au Moyen-Orient ou dans l'Asie du Nord-Est pour ce qui est du processus de diffusion.

### Une étonnante diversité

Il en résulte une très grande diversité des paysages et des organisations parcellaires dans la mesure où ceux-ci ont été mis en place à des moments variés, selon des modalités différentes de mise en valeur, selon des pratiques et des comportements propres à chaque population et à chaque période de défrichement. Les termes habituellement utilisés pour faire image de puzzle agraire, de mosaïque paysagère, rendent bien compte de cette hétérogénéité des formes et des couleurs qui caractérise les paysages agraires européens. Il y a peu de grands espaces monotones et banalisés à l'inverse de ce qui est le propre des pays neufs.

Compte tenu des avatars historiques dans la mise en valeur des territoires ruraux, des avancées et des reculs des espaces agraires en rapport avec les crises démographiques et politiques du continent, des modalités des défrichements, des politiques volontaristes de restructuration foncière afin d'adapter les parcellaires aux exigences des techniques modernes, des modes variés d'appropriation des terres allant de la petite tenure paysanne aux grands domaines aristocratiques, les paysages agraires de l'Europe offrent des configurations extraordinairement variées.

### Des traces du passé privilégiées par la recherche

Cette diversité des formes et des structures inscrites dans le temps a permis de lire les traces peu ou prou fossilisées des anciens parcellaires, ce depuis l'époque gallo-romaine, voire au-delà. Longtemps historiens et géographes se sont volontiers engagés dans ces recherches du palimpseste paysager, négligeant, en revanche, quelque peu les évolutions contemporaines. Pour expliquer cet engouement il faut toutefois rappeler que dans l'entre-deux-guerres, et même jusque dans les années 60 du siècle dernier, les campagnes européennes étaient pour l'essentiel comme figées dans des structures qui apparaissaient comme immuables. Faut-il rappeler que dans la France de 1946, la population active primaire est encore dominante ? Désormais, il en va tout autrement et l'attention de la recherche se porte sur les modalités des dynamiques.

À l'origine de ce constat des orientations de la recherche en sciences sociales sur les campagnes européennes il faut incriminer le fait que les campagnes européennes ont accepté les changements avec un réel décalage vis-à-vis des espaces urbains. Cet apparent immobilisme de la première moitié du XX^e siècle, sauf exceptions, est à rechercher dans des causes variées de type comportemental. L'équipement, l'aménagement et le développement des campagnes ont été en retard, avec certes des décalages selon les lieux. Elles apparaissaient aux yeux des observateurs comme des conservatoires du passé, et elles ont été souvent analysées en fonction de cette représentation que l'on pouvait s'en faire.

Ce maintien des traditions, des pratiques, des comportements allait de pair avec l'enkystement paysager, magnifié en de nombreux écrits (*cf.* R. Dion, D. Faucher, A. Demangeon, G. Roupnel) comme révélateur d'un pseudo équilibre entre l'action des hommes et la nature. Il suffit de lire les ouvrages consacrés aux campagnes européennes de l'entre-deux-guerres. On y insiste sur la genèse des paysages, les traits du passé, le poids des traditions et des organisations sociales figées

## Des structures agraires à fondement paysan

### Le système de polyculture-élevage

Cette longue histoire de progressive mise en valeur a été le fait de sociétés paysannes, c'est-à-dire de groupes attachés à la terre, d'enracinés, de polyculteurs-éleveurs ayant su très précocement associer élevage et cultures dans un cadre polycultural de subsistance, mais jamais complètement fermé et au contraire ouvert sur le marché et pratiquant des échanges.

Ce système de polyculture-élevage constitué d'exploitations familiales est la caractéristique de l'Europe. Il en délimite l'aire d'expansion. Au-delà, vers le sud, règne le système latifundiaire que l'on rencontre en Italie du Sud et en Andalousie, tandis que vers l'est le maintien tardif d'un système reposant sur le servage, puis une brutale collectivisation, a donné d'autres traits d'organisation aux campagnes.

### L'émergence d'un modèle paysan

Il y a donc eu, au long des siècles, une lente maturation en Europe de l'Ouest d'un modèle paysan qui est l'ancêtre direct de notre exploitation familiale modernisée, dite en France à 2 UTH (Unité de travailleur humain) — correspondant à l'emploi de deux travailleurs à temps plein — suite aux lois agricoles de 1960-1962. C'est-à-dire une exploitation qui associe la reproduction du système dans un cadre familial préservé, à une ouverture raisonnable sur le marché par la vente des surplus, lesquels sont dégagés par une intensification-travail et la modernisation des techniques, aboutissant à l'entreprise d'aujourd'hui, spécialisée et productiviste, tout entière tournée vers le marché et qui évolue vers des formes sociétaires.

Ce modèle a évolué, il serait né aux XVII^e et XVIII^e siècles au Danemark et aux Pays-Bas, par transformation lente de l'ancien système agraire paysan, puis il s'est diffusé, perfectionné et amélioré. On le retrouve, sous des formes variées mais identiques sur le fond, tant en France qu'au Royaume-Uni, en Allemagne ou en Italie du Nord, et il s'est perpétué jusqu'à aujourd'hui, où semble-t-il, il entre en crise. En revanche, dans la périphérie de l'Europe, tant au sud qu'à l'est, il a été bloqué.

Ce bref rappel du décor explicatif des traits originaux du modèle agricole européen issu de la longue durée est un préalable à la compréhension des mutations actuelles. Il explique les structures des exploitations et les paysages associés.

Tableau 8 : **Poids de l'agriculture et des agriculteurs en Europe de l'Ouest en 1997**

| **Pays** | **SAU (milliers de km²)** | **Part du territoire (%)** | **Exploitations agricoles (milliers)** | **SAU moyenne (ha)** | **Emplois agricoles (UTA) (milliers)** | **Part dans l'emploi (1) (%)** |
|---|---|---|---|---|---|---|
| Royaume-Uni | 162 | 67 | 233 | 69 | 416 | 2,2 |
| Danemark | 27 | 64 | 63 | 42,6 | 98 | 5,2 |
| Irlande | 43 | 61 | 148 | 29 | 202 | 13,7 |
| France | 281 | 51 | 680 | 41,7 | 958 | 5,9 |
| Espagne | 247 | 49 | 1 208 | 21 | 1 099 | 10 |
| Italie | 147 | 49 | 2 315 | 6,4 | 1 798 | 7,9 |
| Luxembourg | 1,3 | 49 | 3 | 42,5 | 5 | 3 |
| Pays-Bas | 20 | 48 | 108 | 18,6 | 209 | 3,7 |
| Allemagne | 171 | 47 | 534 | 32 | 657 | 3,5 |
| Belgique | 13 | 44 | 67 | 20,6 | 179 | 2,9 |
| Portugal | 39 | 43 | 417 | 9,2 | 519 | 11,5 |
| Grèce | 35 | 27 | 821 | 4,3 | 597 | 21,8 |
| Europe des 12 | 1 189 | 50 | 6597 | 17,4 | 6737 | 5,9 |
| Autriche | 34 | 41 | 210 | 16,3 | 178 | 7,1 |
| Finlande | 22 | 8 | 91 | 23,7 | 126 | 8,7 |
| Suède | 31 | 7 | 90 | 34,7 | 82 | 3,3 |
| Europe des 15 | 1 282 | 40 | 6 989 | 18,4 | 7 023 | 5,8 |

(1) Total civil en 1993

Source : Eurostat

## Un puzzle paysager héritage de l'histoire

### La mosaïque paysagère européenne

Les paysages ruraux hérités de cette longue histoire agraire ont été longuement décrits, et ce à toutes les échelles géographiques, depuis les organisations parcellaires des finages en fonction des terroirs, jusqu'à des essais de représentation de localisation des principaux types à l'échelle continentale. Les classifications opérées reposent sur la répartition de l'habitat, sur la présence ou non d'enclos permettant d'opposer paysages bocagers et paysages découverts, sur la taille, les formes et l'organisation des parcelles, sur la présence ou non d'arbres sur les parcelles de culture, sur la trame des chemins desservant habitat et parcelles, toutes choses relativement permanentes, mais aussi sur la répartition des cultures, laquelle est changeante en fonction des saisons, sauf pour des cultures pérennes comme la vigne. Les raisons avancées pour expliquer la mosaïque paysagère européenne ont été diverses. Certains ont mis en avant les sujétions des milieux naturels, d'autres ont à juste titre rappelé que les paysages agraires ont profondément changé au cours des temps, et qu'ils ont été bouleversés par des facteurs économiques et sociaux.

L'analyse de la progressive humanisation des paysages naturels a constitué le fait majeur des géographes ruralistes tout au long du siècle dernier. Il était de règle de classer les paysages en fonction des plus naturels aux plus fortement humanisés, artificialisés et transformés.

### Les contraintes de ces dynamiques héritées

De tels examens sont désormais plus du ressort de l'historien que du géographe. En effet, depuis une ou deux générations, les techniques et les nécessités économiques tendent à gommer, à effacer, voire à faire disparaître ces fines discontinuités qui faisaient sans doute le charme des explorations des voyageurs du XIX^e siècle. Toutefois, face à la banalisation paysagère qui guette les finages agraires de l'Europe, des résistances de nature variée demeurent et font obstacle à une homogénéisation que les techniques entraînent.

Il n'empêche, tout réaménagement volontariste ne saurait se faire sans une bonne intelligence des équilibres antérieurs, fruits d'héritages dont la compréhension demeure nécessaire si l'on ne veut pas aboutir à des mécomptes. À cet égard dans le domaine des aménagements appliqués, par exemple lors des restructurations foncières, une analyse préalable des raisons des configurations antérieures demeure nécessaire. Ce devrait être le rôle, en France, des pré-études d'aménagement foncier. Aussi la description des paysages n'est pas obsolète, elle doit orienter les études conduisant à de profondes modifications parcellaires. Trop souvent ce précepte a été oublié par les aménageurs, ignorants des faits du passé.

## Des campagnes multifonctionnelles

### Des campagnes au service de la ville

Un autre trait propre aux campagnes européennes a été leur multifonctionnalité séculaire. Les campagnes ont longtemps abrité en Europe d'autres activités que les activités agricoles. Ceci s'explique par leur imbrication dans un réseau urbain ancien, dense et hiérarchisé qui fait que les campagnes ont été profondément influencées par la ville. Que ce soit comme débouché des productions, comme lieu d'investissements sous la forme de placements fonciers, ou encore comme espace de plaisance et de récréation.

Certes, du début du XIXe siècle au milieu du siècle dernier, l'exode rural a dans un premier temps, en relation avec l'ère industrielle, touché les actifs non agricoles, et a vidé les campagnes de bon nombre de leurs activités artisanales et proto-industrielles, sauf exceptions localisées, et a transformé les espaces ruraux en des campagnes peuplées pour l'essentiel de travailleurs de la terre. Mais cela n'eut qu'un temps. Désormais, les campagnes retrouvent une nouvelle diversité de fonctions, associant le fait résidentiel à l'essor d'activités non agricoles, et au développement accéléré d'une fonction de loisirs ou de plaisance très diversifiée selon les aménités des lieux. Tout se passe comme si la phase ayant conduit à la monofonctionnalité agricole n'avait été qu'un accident de parcours.

### Des campagnes revitalisées par la ville

Le résultat de ces évolutions fait que, pour la première fois dans l'histoire des campagnes européennes, les agriculteurs ne sont plus désormais qu'un groupe minoritaire parmi d'autres, voire même ultra minoritaire. Certes, des nuances demeurent selon les lieux, avec un gradient nord-sud opposant les campagnes des pays anglo-saxons aux pays latins. Mais partout le nombre des agriculteurs diminue rapidement (2 à 4 %/an), et leur part dans les populations rurales encore plus, du fait de l'essor de la fonction résidentielle, principale ou secondaire, et dont l'exode urbain est le responsable.

Les campagnes européennes sont donc confrontées depuis quelques décennies à un renversement des courants migratoires et à une spectaculaire évolution de leur contenu sociétal sans aucun précédent, toutes choses qui justifient une remise à jour des analyses.

## Des campagnes entre dépeuplement et repeuplement

### Typologie des situations actuelles

Si la diminution des effectifs agricoles est un fait général dans les pays européens, selon des rythmes et des modalités différents, on constate un accroissement des contrastes en fonction de l'encadrement urbain, des aménités touristiques, des avantages climatiques, dans la diversification et la dynamique des sociétés locales. Dans chaque État européen il est aisé d'opposer plusieurs situations :

– Des campagnes fragiles qui se vident de leurs forces vives et dont la population diminue, les activités non agricoles n'ayant pu relayer efficacement la baisse des effectifs agricoles. C'est en particulier le cas de moyennes montagnes et des régions isolées à l'écart des grands axes de circulation ou des lieux bénéficiant d'atouts touristiques, ce dans toute l'Europe, de l'Écosse aux campagnes aragonnaises, en passant par les Ardennes, le Massif central ou les Apennins.

– Des campagnes vivantes, généralement densément peuplées, dans lesquelles des fonctions non agricoles revigorées ou nouvelles sont à l'origine de la croissance du peuplement.

– Des campagnes périurbaines associées à l'étalement des villes et qui sont touchées par l'effet résidentiel.

Il est donc devenu commun et opératoire d'opposer les campagnes qui s'engourdissent de celles qui se repeuplent. Cette typologie simple mais efficace, entre campagnes qui se meurent, campagnes vivantes et espaces périurbanisés, tend à effacer les anciennes disparités fondées sur les paysages agraires dans l'explication des dynamiques rurales. Qui plus est, les campagnes européennes deviennent attractives et accueillent un grand nombre de nouveaux habitants, et les espaces en croissance, contrairement à l'idée reçue, tendent à s'étaler, résultat d'un exode urbain de plus en plus important.

### Un renversement spectaculaire des fonctions

Des évolutions aussi rapides et généralisées modifient en profondeur les relations des habitants à leur cadre de vie, et en particulier les rapports aux réalités agraires. Les paysages ruraux prennent une valeur de consommation et de contemplation. Il faut les entretenir, les gérer, les conserver pour des populations dont les valeurs ne sont plus celles des ruraux enracinés et particulièrement des agriculteurs. C'est tout l'enjeu de faire des agriculteurs, selon une expression maladroite et mal perçue, « des jardiniers de l'espace ». On y reviendra.

Ce renversement spectaculaire entre fonctions en espace rural fait craindre ou espérer selon la position de chacun le risque d'avoir trop de terres pour trop peu d'hommes, et donc un repli des surfaces agricoles. Ces interrogations sur l'usage des sols dans les espaces ruraux conduisent à penser que ce ne sont plus les usages productifs qu'il s'agit d'améliorer et d'étendre, mais les usages résidentiels, de récréation ou de protection des milieux (biotopes fragiles, marais humides, pâturages d'altitude) qu'il s'agit d'organiser et de mettre en place. Bien entendu, il s'agit d'une conception de pays riche qui va à l'encontre des comportements hérités de plusieurs millénaires et qui n'est pas du tout la conception à l'œuvre dans les pays en voie de développement où l'on continue à détruire des écosystèmes dits naturels pour étendre les terres cultivables.

Cette révolution d'ordre comportemental se heurte à des habitudes et à des attitudes ancestrales qui font que subsistent des décalages et des incompréhensions, et donc des réactions ou des refus devant cette nouvelle donne transformant les campagnes. D'où les interrogations actuelles, les campagnes n'étant plus ce qu'elles étaient.

La grande originalité des campagnes européennes est que la mise en mouvement des processus d'évolution des espaces ruraux de l'Europe s'est effectuée en transformant en profondeur les modes de production, les systèmes agricoles, l'utilisation des sols, mais ce, sans bouleverser jusqu'ici, ni les paysages, ni le fondement d'exploitation à responsabilité familiale. Certes, bon nombre de configurations parcellaires ont été modifiées ou simplifiées. Les bocages ont été souvent très largement démantelés, le complantage a beaucoup reculé, les *openfields* laniérés ont fait place à des champs quadrangulaires et à une mosaïque géométrique à grandes mailles, tandis que les exploitations se sont agrandies et modernisées, mais il n'y a pas eu passage, sauf exceptions, ni à un paysage fonctionnel banalisé, ni à une organisation de la grande entreprise industrielle. C'est ce qui différencie l'Europe de l'Ouest des pays neufs ou des anciens pays socialistes.

Plus même, les traces des héritages demeurent encore tenaces en dépit des mutations paysagères, des remembrements et des réaménagements fonciers. C'est ainsi qu'en France la vieille frontière entre les pays de grande culture et ceux de petite culture, définie par M. Bloch et R. Dion, peut encore se lire dans les paysages et les modes de production agricole, même si peu à peu les oppositions caricaturales de jadis s'estompent. On peut en dire autant en Angleterre avec l'opposition entre l'East-Anglia et les bocages qui l'entourent, ou encore en Allemagne avec la pérennisation des structures de grande propriété de Poméranie, héritage d'une agriculture semi-féodale latifundiaire des *junkers*, face à la petite agriculture familiale et paysanne des régions occidentales modernisée par le remembrement.

## LES SYSTÈMES AGRICOLES ONT PLUS CHANGÉ QUE LES STRUCTURES AGRAIRES

### Le modèle agricole européen

#### Ses grands caractères

Au centre et au cœur de l'Europe s'est progressivement mis en place un modèle agricole fondé sur l'exploitation familiale artisanale, dont l'objectif premier est de maintenir par reproduction sociale une dense paysannerie, de l'instruire et de la rendre compétitive par une intensification raisonnée à base de travail. Cette thèse assimile l'Europe à une entité historique agraire originale, avec une société paysanne traditionnelle dont les membres ont su évoluer, associant dynamisme et progrès et récusant l'immobilisme (Mendras, 1995).

Ce modèle s'accompagne de processus identiques d'un pays à l'autre. Il est par nature dynamique, c'est-à-dire qu'il ne se proroge que par évolutions successives. D'une part il s'accompagne d'un régulier, mais semble-t-il inéluctable, agrandissement des ateliers de production, d'autre part il tend à spécialiser les entreprises et à abandonner l'ancienne polyculture-élevage sur laquelle il avait fondé son développement, enfin il ne peut survivre que par l'intégration dans le complexe agroalimentaire puisque le travail quitte l'exploitation au profit des firmes d'amont et d'aval.

Sa dérive contemporaine, qui pose le problème de sa reproduction et durabilité, est le choix du système productiviste, c'est-à-dire la recherche maximum des rendements et du travail. Produire le plus possible, avec une main-d'œuvre de plus en plus réduite, ce qui entraîne l'utilisation massive d'intrants et de machines, ce, au péril des équilibres environnementaux, et la disparition des exploitations les moins performantes, donc l'affaiblissement des densités agricoles.

Désormais les évolutions tendent à s'accélérer. Ainsi en Bretagne entre les deux derniers recensements agricoles de 1988 et 2000, le nombre des exploitations a baissé de 45 %, la taille moyenne est passée de 19 à 33 hectares, tandis que dans l'élevage hors-sol de porcs les effectifs moyens ont bondi de 300 à 970 !

### Sa diffusion

Ce modèle, né au Danemark et dans le sud de la Suède au début du XVIIIe siècle, s'est diffusé aux Pays-Bas et en Allemagne, puis en France et en Italie du Nord. Aujourd'hui il atteint l'Espagne et le Portugal du Nord, deux régions qui conservaient encore au moment de leur entrée dans l'Europe politique (1986) des paysannats pléthoriques fondés sur le minifundium. Il remplace progressivement l'ancien système paysan d'agriculture de subsistance qui couvrait les espaces agricoles de l'Europe selon des modalités d'organisations agraires et paysagères variées. Ce système, jugé souvent archaïque, reposait sur des micro-exploitations qui combinaient un collectif de travail de type familial offrant beaucoup de souplesse pour amortir les crises économiques ou climatiques, la pratique d'usages communautaires, la pluriactivité à l'échelle de la famille. C'est cette combinaison qui explique sa pérennité, ses capacités de résistance et d'adaptation et donc de durabilité.

Aussi le modèle agricole progressiste, dynamique, conquérant, et rapidement productiviste, a-t-il mis du temps à émerger et à s'imposer. En France c'est la révolution agricole de l'après dernière guerre reposant sur l'utilisation des techniques agronomiques nouvelles et du moteur qui va le voir triompher. En face, la petite exploitation paysanne, vivant de ressources variées, a su et pu se pérenniser contrairement aux prévisions des économistes. Il faudra attendre 1967 pour que la fin des paysans soit proclamée (Mendras, 1967), c'est-à-dire la fin de la petite exploitation vivant en large partie en autosubsistance, dégageant de faibles excédents commercialisables, refusant l'endettement, la course aux rendements, l'utilisation massive d'intrants, en un mot le système productiviste.

### La diversité géographique

Une graduation peut être observée du nord au sud de l'Europe du fait de décalages dans l'adoption du modèle. Dans le Nord, notamment au Danemark et Pays-Bas, ce type d'exploitation est ancien, rodé, généralisé et performant. En France sa diffusion a été accélérée par les lois d'orientation agricole de 1960-62 (lois Pisani-Debré) mettant en place le type d'exploitation artisanale modernisée à 2 UTH. Dans les pays méditerranéens de l'Europe, ce modèle est en plein développement.

Au cœur de l'Europe vont se concentrer les systèmes de production les plus intensifs et les plus performants économiquement, de la Bretagne au Danemark, du sud de l'East-Anglia à la Lombardie. L'unité de mesure de cette efficacité est l'UDE (Unité de dimension économique) calculée en fonction des productions et de la marge brute standard. La moyenne des exploitations européennes est de 14,3 UDE en 1996. Mais aux Pays-Bas, 60 % des exploitations ont plus de

40 UDE, en France 25 %, tandis que dans les pays du Sud elles ne sont que de 1 à 5 % à dépasser ce seuil.

Dans les États du Sud la diffusion du modèle intensif se heurte à la présence d'un très grand nombre de micro-exploitations de subsistance que l'ouverture sur le marché et la concurrence déstabilise. Il y a encore pléthore de paysans, tant en Galice que dans le nord du Portugal ou en Italie centrale. La question est de savoir comment ils seront éliminés par ce modèle dont la dérive consiste à faire disparaître les plus petits et les plus faibles et de produire toujours plus avec le moins d'hommes possible.

Or si l'exode agricole a pu, dans les pays du Nord, être absorbé par l'essor des villes et de l'industrie lors d'une phase de forte croissance de la demande de produits agricoles, la conjoncture a changé. Ces pays du sud sont confrontés à des impératifs nouveaux, d'une part la fermeture des frontières et donc l'arrêt de l'exportation de la main-d'œuvre agricole excédentaire, d'autre part la saturation des marchés et la nouvelle politique agricole commune qui bloquent les perspectives économiques de ces agricultures qui arrivent trop tard pour prendre une place déjà occupée.

Ce heurt entre un modèle conquérant, progressiste, expansionniste, reposant sur des gains de productivité, associés à une forte intensification-travail, et un vieux substrat de micro-exploitations archaïques d'autosubsistance qui s'est pérennisé jusqu'à aujourd'hui en certains espaces reculés, en particulier dans les pays de l'Europe du Sud, notamment en Galice, dans le Minho, et la Grèce, prend les traits d'une crise de reconversion et d'ouverture sur les marchés, marquée par la poursuite d'un important et nécessaire exode agricole.

L'alignement des pays méditerranéens sur les autres pays industriels est à ce prix, ainsi que les chiffres ci-dessous le démontrent. L'agriculture méditerranéenne de l'Europe des 15, c'est-à-dire l'Espagne, le Portugal, la Grèce et l'Italie, c'est encore, en 1996, 5 millions d'emplois (6 millions en 1985), les deux tiers des agriculteurs et des exploitations de l'Europe des 15, et seulement 40 % de la production agricole finale, tandis que 76 % des exploitations portugaises font encore moins de 5 hectares, 70 % en Grèce et 56 % en Espagne, contre seulement 19 % en France.

L'Angleterre présente un tout autre visage qui repose sur la concentration de la propriété foncière et la mise en place de fermiers qui ont la charge de gérer de grandes exploitations. En 1996, 40 000 exploitations de plus de 100 hectares contrôlaient plus des deux tiers des surfaces agricoles en Grande-Bretagne. L'espace rural en sort transformé avec le sacrifice précoce de la petite paysannerie, dont le mouvement des *enclosures* est la prémisse dès avant la révolution industrielle du XIX^e^ siècle. Il en résulte une image et une représentation de la campagne anglaise, contrepoint de la ville. Elle devient le symbole vivant de l'époque pré-industrielle qu'il faut conserver, préserver, entretenir, patrimonialiser, avec un réel souci esthétique. Dès 1926 est créé le Council for the Protection of Rural England dont le secrétaire est Patrick Abercrombie (le promoteur des villes nouvelles) et pour lequel « le plus grand monument historique de l'Angleterre est la campagne, le bourg-marché, le village, les haies, les chemins, les ruisseaux et les fermes ». Cette citation est le raccourci de la conception britannique de la campagne dont les fonctions non agricoles et agricoles s'insèrent dans un cadre qui se veut harmonieux, c'est l'expression du *countryside*, à la fois nature, paysage, espace agricole et ensemble historique. La campagne anglaise est alors, dans ce modèle européen, comme une variante plus paysagère que productive, autant parc naturel entretenu que lieu de production. Cette campagne décor, voulue au départ par les élites, est une représentation idéalisée, un lieu de mémoire, protégé et géré comme tel. Sur les 165 000 exploitations ayant un cheptel, 40 % appartiennent soit à des *gentlemen farmers* pour lesquels la production est secondaire, soit à des fermiers à temps partiel dont l'activité principale est l'accueil touristique.

Toutefois les événements récents survenus en Grande-Bretagne du fait des dérives productivistes montrent que l'image idyllique d'une campagne paysagère qui a conservé chemins creux et haies vives est à relativiser. Elle cohabite avec des formes d'intensification qui mettent en péril les équilibres agrobiologiques. En outre, le nombre des exploitations continue à diminuer. Elles seraient au nombre de 168 000 en 2000, 50 % ont disparu depuis trente ans. D'ici 2020 une moitié des exploitations aura disparu.

Il y a donc bien un gradient nord-sud dans la mise en place et les évolutions de ce modèle européen, que la politique agricole commune soutient et diffuse. L'exemple anglais permet de mieux comprendre le défi et les ambiguïtés de ce modèle agricole européen, partagé entre la recherche de l'efficacité économique agricole et la prise en compte des besoins des populations rurales non agricoles et des citadins pour qui la campagne est un paysage à préserver.

Les campagnes de l'extrême sud de l'Europe représentent un cas particulier. En Italie du Sud (Sicile, Basilicate, Pouilles, Lucanie et Calabre) et dans le sud de la péninsule ibérique (Alentejo, Estremadure, Andalousie) la diffusion du modèle agricole européen d'exploitations artisanales et familiales modernisées s'est heurtée à la présence du système du latifundium. C'est un système de très vastes exploitations de plusieurs centaines à plusieurs milliers d'hectares, aux mains de grands propriétaires cumulant les pouvoirs et les fonctions politiques et sociales, et caractérisé jadis et naguère par l'extensification, l'exploitation directe par le biais de régisseurs, l'utilisation d'une abondante main-d'œuvre saisonnière d'ouvriers agricoles logeant dans de gros villages, et qui a été admirablement décrit dans le roman de Lampedusa (*Le Guépard*) porté à l'écran par Visconti en 1962.

Ce système, dont l'origine remonte aux modalités de la redistribution des terres lors de la Reconquista aux dépens des royaumes arabes au Moyen Âge, est l'expression de rapports sociaux entre les hommes et la terre dominés par la toute-puissance des grands propriétaires. Ces grands domaines, manifestement sous-exploités, n'assuraient pas le plein emploi des ouvriers agricoles et des paysans sans terre. Ces derniers, les *disoccupanti*, ayant le choix entre guetter chaque matin le camion du régisseur qui venait chercher selon les besoins les hommes nécessaires, laissant le plus grand nombre sur la place du village, ou bien l'exil vers le nord de l'Europe.

Les raisons de la pérennité de ce système socialement inégalitaire ont donné lieu à controverse. L'extensification était-elle la meilleure réponse aux conditions du milieu naturel ? C'est la thèse défendue par O. Balabanian (1980) pour qui la grande exploitation (la *dehesa* d'Estremadure), et le *montado* de chênes verts, expression d'un équilibre agro-sylvo-pastoral, serait la meilleure réponse économique possible. Tandis que M. Drain (1975) rendait le système social responsable du retard économique et de la misère du plus grand nombre.

Longtemps, beaucoup ont pensé que la solution résidait dans une profonde réforme agraire consistant à redistribuer les terres des grands domaines sous exploités, soit aux ouvriers agricoles, soit aux petits tenanciers. Le dernier avatar a été l'échec de la réforme agraire portugaise en Alentejo après la révolution des Œillets. Depuis trois ou quatre décennies, la solution sociale d'une meilleure adéquation entre capital, terre et travail, avec partage des terres et lotissements au profit des sans-terre, a laissé la place à une révolution technico-économique au sein même des grands domaines. En clair, on assiste, en particulier en Italie du Sud et en Andalousie, à la transformation des anciens grands domaines sous exploités et extensifs, en des entreprises capitalistes à production intensive et forte productivité par le biais de l'irrigation et de l'intensification. Cette alternative se retrouve, et ce n'est pas une coïncidence, dans toute l'Amérique centrale et du Sud, où le système de latifundium avait été implanté par les colonisateurs espagnols et portugais.

Cette brutale transformation des systèmes agricoles, faisant de l'Andalousie la « Californie » de l'Europe, entraîne une mutation des paysages des anciens *secanos*, avec l'intrusion d'une irrigation moderne par aspersion ou du goutte-à-goutte, la diffusion des serres, la production intensive de fruits, légumes et primeurs. La société locale est également bouleversée avec l'appel à la main-d'œuvre du Maghreb et la multiplication des entreprises d'amont ou d'aval pour la transformation et l'expédition des produits.

## Les principales évolutions contemporaines

Elles s'expliquent par l'effet cumulé de deux processus associés mais différents de nature. D'une part, une transformation des formes de la production agricole, marquée par des bouleversements dans la répartition des productions, la spécialisation et l'agrandissement des ateliers, et surtout, d'autre part, par la mutation des sociétés locales, autrefois dominées par le poids des populations agricoles, lesquelles sont désormais de plus en plus minoritaires, mais qui continuent à occuper et exploiter l'essentiel des surfaces.

### Les mutations dans les spéculations agricoles

En l'espace d'une génération les évolutions dans la répartition des cultures et des élevages ont sans doute été le fait majeur. À l'ancienne polyculture-élevage aux traits diversifiés selon les régions et les climats, a succédé une spécialisation conduisant à la diffusion rapide de nouvelles spéculations agricoles et au retrait tout aussi spectaculaire d'autres usages. On peut citer, par exemple, l'étonnante diffusion du maïs ou du colza, le recul de l'orge, la quasi-disparition de l'avoine, l'essor des cultures fourragères, le repli des prairies naturelles, et ce à toutes les échelles, depuis chaque exploitation jusqu'à l'Europe.

Les effectifs des animaux ont subi des évolutions contradictoires identiques, avec une spectaculaire progression des porcs et volailles, parallèlement à la spécialisation régionale. Le cas breton est exemplaire (Canévet, 1995). Mais on retrouve dans toute l'Europe des transformations voisines dans la nature des troupeaux et leurs effectifs.

À l'échelle européenne, la dichotomie entre une Europe du Nord, spécialisée dans les productions animales, et une Europe du sud, orientée vers les productions végétales et les cultures pérennes, se confirme, la France occupant une position intermédiaire.

C'est ainsi que selon les Orientations technico-économiques des exploitations (OTEX), et pour ne prendre que quelques exemples significatifs, on a le tableau ci-dessous :

Tableau 9 : **Les OTEX, en pourcentage du nombre des exploitations en 1993**

| OTEX | Europe des 12 | Italie | France | Royaume-Uni |
|---|---|---|---|---|
| Productions végétales | 65 | 81 | 44 | 23 |
| dont : | | | | |
| – arboriculture | 25 | 32,5 | 3,9 | 1,5 |
| – viticulture | 7,7 | 11,5 | 12 | 0,1 |
| – céréales et grandes cultures | 20 | 24 | 19 | 17,5 |
| Productions animales | 27,6 | 14 | 45,5 | 71 |
| dont : | | | | |
| – bovins | 12,5 | 4,5 | 26,5 | 30,7 |
| – ovins et caprins | 10 | 7,5 | 11,5 | 36 |

Source : Agreste

En outre, la répartition des systèmes de production en place se modifie très vite selon la conjoncture et contribue à une géographie agricole changeante. On voit, en l'espace d'une génération, des régions se spécialiser ou se transformer en profondeur. Il suffit de rappeler le cas de la Bretagne dans les hors-sols, la transformation de la Champagne pouilleuse au profit des grandes cultures industrielles, de la diffusion des grandes exploitations consacrées à la monoculture du maïs dans les Landes, aux progrès spectaculaires des boisements dans le Limousin, ou encore l'irruption des ateliers industriels de volailles en Galice ou la multiplication des serres sur le littoral andalou, le renouveau de l'olivier un peu partout dans le bassin méditerranéen, les progrès du coton en Thessalie, etc.

Ces évolutions dessinent une nouvelle géographie des productions et des systèmes agricoles. Schématiquement on peut retenir le fait que deux grands systèmes cohabitent dans le modèle de l'agriculture européenne :

– D'une part, les systèmes extensifs reposant pour l'essentiel sur les élevages montagnards, depuis les Highlands d'Écosse aux montagnes grecques, ou sur des cultures permanentes du type oliveraies ou les *montados*. Les évolutions y sont généralement régressives et la déprise agricole accélérée est responsable des risques environnementaux (incendie, abandon des terrasses, enfrichement, érosion) ou sociaux (dévitalisation, voire « désertification »).

– D'autre part, les systèmes intensifs des plaines et vallées, reposant sur les cultures céréalières et industrielles, les élevages industriels et hors-sol, les vergers intensifs, systèmes dans lesquels la progression des surfaces irriguées constitue un processus dynamique responsable de profondes mutations. Rappelons qu'en Espagne les surfaces irriguées couvrent 7 % du territoire, 14 % de la SAU, mais 55 % de la production finale agricole, et qu'en Grèce, entre 1963 et 1993, les surfaces irriguées sont passées de 15 à 36 % de la SAU. L'irrigation n'est plus seulement destinée aux cultures maraîchères et à l'arboriculture fruitière, comme elle l'était dans les *huertas* traditionnelles, mais elle est utilisée pour le maïs, la betterave, la luzerne et le coton. Ces besoins croissants en eau d'irrigation expliquent la multiplication des barrages et des réservoirs, le pompage des nappes de plus en plus profondes, ce jusque dans le Bassin parisien, et créent des tensions entre États, par exemple entre le Portugal et l'Espagne pour les eaux du Tage, ou entre provinces, toujours en Espagne mais aussi en Grèce du fait du détournement de fleuves vers d'autres bassins versants.

Les incitations de la PAC sont en partie responsables de ces évolutions rapides. C'est ainsi qu'entre 1991 et 1996 les surfaces céréalières auraient reculé de 10 % au profit des cultures industrielles qui ont progressé de 14 %. En France, entre 1988 et 2000 les surfaces toujours en herbe ont encore reculé de 1,9 million d'hectares, les prairies étant retournées au profit du maïs fourrage, lequel bénéficie de primes PAC. Le cas de l'Espagne est caricatural, avec notamment une explosion des cultures de tournesol, en relation avec le montant des primes accordées. Le versement de primes aux cultures irriguées, sans attacher la perception de la prime au volume d'eau consommée, est aussi un puissant moteur de diffusion de l'utilisation de l'eau.

### Spécialisation et agrandissement

Deux processus ont modifié le tissu agraire en Europe. C'est d'une part les progrès de la spécialisation à l'échelle régionale. C'est d'autre part l'agrandissement des exploitations agricoles.

Les résultats du recensement effectué en France entre décembre 2000 et mars 2001 confirment ces dynamiques. Il n'y a plus que 664 000 exploitations agricoles en 2000, contre 1,1 million en 1988 et 1,3 en 1979. Sur ce chiffre environ 400 000 sont dites professionnelles et peuvent être considérées comme de véritables outils de production. Les autres, généralement de très petite taille, sont aux mains de retraités, de ruraux ayant une autre profession principale, ou encore de résidents secondaires et de personnes qui ne retirent pas de l'activité agricole un réel revenu. En douze ans, la surface moyenne est passée de 28 à 42 hectares. Cet agrandissement moyen est considérable et masque le fait que désormais toutes les exploitations en dessous de 100 hectares ont vu leur nombre diminuer. Les ateliers dépassant 100 hectares ont doublé, ils sont près de 80 000, et il faudrait y ajouter les gros ateliers hors-sol. C'est ainsi qu'il n'y aurait plus que 60 000 exploitations ayant des porcs dont moins de 15 000 sont spécialisées. Seulement 3 % des exploitations spécialisées en porcs et volailles détiennent deux tiers du cheptel ! Deux autres faits marquants sont à souligner, d'une part l'essor des formes sociétaires, il y a 115 000 exploitations de ce type, soit 19 % du total (GAEC ou Groupement d'Exploitation en Commun, mais aussi SCEA, société civile d'exploitation agricole) d'autre part le retour du salariat (164 000 salariés permanents) qui vont de pair avec l'agrandissement et la spécialisation.

À grande échelle on retrouve ces processus de disparition d'un grand nombre d'exploitations, d'agrandissement des ateliers restants puisque la surface agricole reste globalement stable, d'évolutions des modes de faire valoir, de simplification des systèmes de production et de l'uniformisation des types d'exploitation dans l'espace. L'exemple ci-dessous des évolutions du tissu agricole de la commune de Chavagnes-en-Paillers, au cœur des bocages vendéens, est significatif (Fig. 20).

Ce mouvement de fond d'agrandissement et de spécialisation touche l'ensemble des pays européens, avec le maintien du gradient nord-sud. L'étiage de la population active agricole n'est pas atteint. Il suffit de considérer le bilan des départs et des installations.

Trois processus s'additionnent pour modifier les relations entre l'agriculture et les lieux :

– la disparition de la polyculture-élevage, caractérisée par le grand nombre de cultures présentes (céréales, cultures fourragères, prairies, verger, etc.) au profit d'une utilisation du sol simplifiée, par exemple dans les régions d'élevage, le maïs fourrage associé aux prairies temporaires, ou bien la multiplication d'élevages hors-sol de porcs ou de volailles sans support foncier autour ;

– la constitution au sein de l'exploitation d'ateliers distincts mais géographiquement proches, chacun étant spécialisé et ayant un responsable, en particulier dans les groupements d'exploitation en commun, ce par regroupement en une seule unité de plusieurs sièges d'anciennes exploitations ;

– la constitution de très grandes entreprises agricoles dans lesquelles le siège peut être très éloigné des ateliers. Certains même situés en d'autres États. C'est un cas de plus en plus fréquent mais difficile à repérer.

Ces évolutions dans le tissu agricole et dans la forme des entreprises posent la question des liens entre agriculture et territoire. Alors qu'autrefois les rapports entre l'agriculture dite traditionnelle ou paysanne et le milieu étaient évidents, au travers de l'adaptation aux multiples nuances des qualités des sols, mais aussi à l'environnement social, par les marchés artisanaux, les foires et les relations humaines avec les autres, désormais il y a comme une sorte de délocalisation avec des filières dont les liens avec le territoire sont de plus en plus ténus.

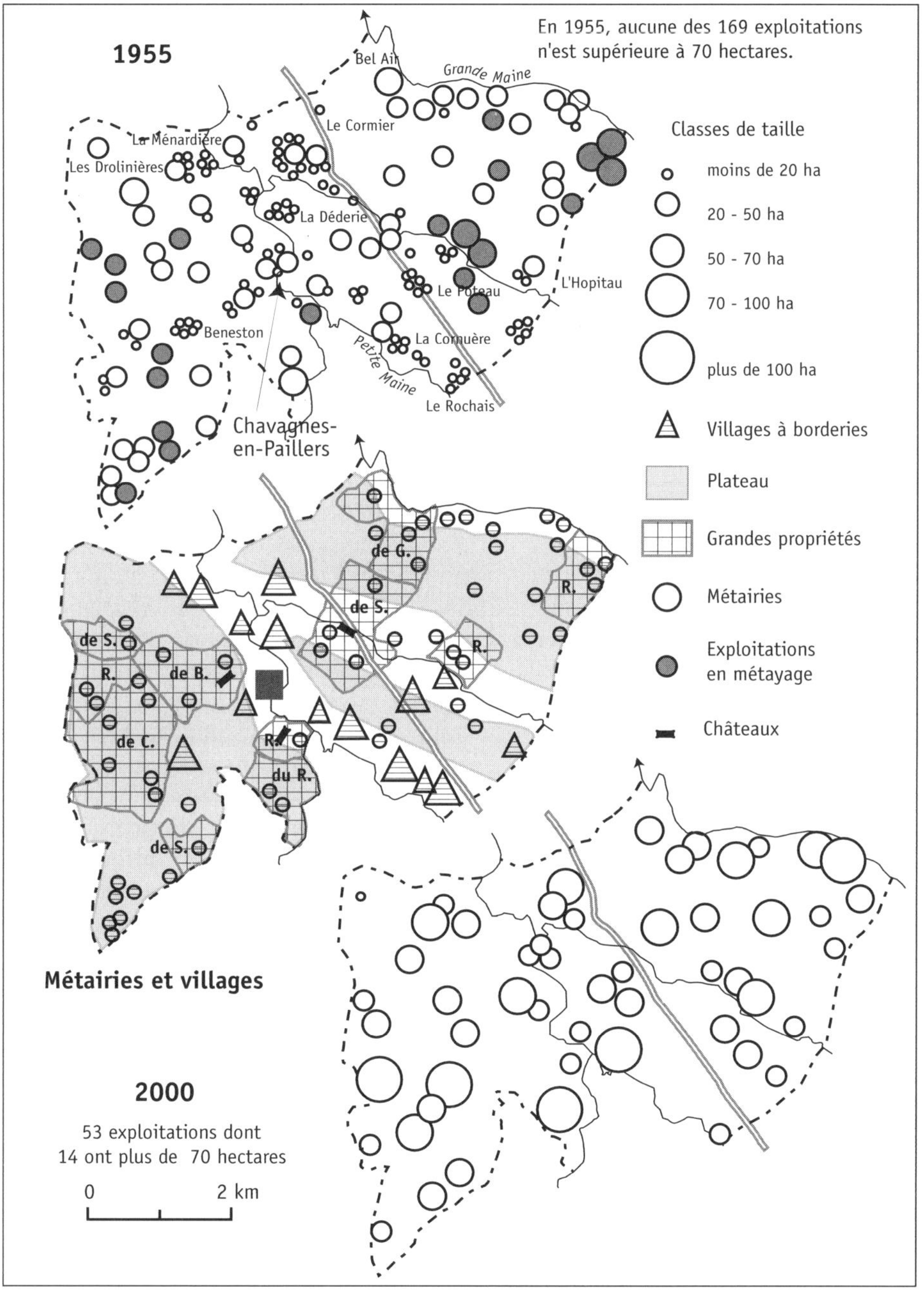


Figure 20 : **Les évolutions du nombre, de la taille, des types d'exploitations agricoles à échelle communale (1955-2000) L'exemple de Chavagnes-en-Paillers (Vendée)**

### Le bouleversement de la composition sociale des campagnes

Parallèlement à l'effondrement des populations agricoles et aux profondes évolutions dans les structures des exploitations, la recomposition sociale des populations rurales est un fait général dans les campagnes européennes. La difficulté première pour la mesurer est la définition différente selon les pays de ce que l'on entend par rural. Ce qui rend les comparaisons, et la mise en œuvre de politiques d'aides aux espaces ainsi définis, délicates.

#### *Qu'est ce que le rural au plan statistique ?*

En Italie on qualifie de rurales les communes de moins de 10 000 habitants, en Belgique on combine la population et la croissance des communes avec la place de l'agriculture dans l'espace habité, tandis qu'en Grèce il n'y a pas de définition, si ce n'est le critère de densité de 30 habitants au km$^2$. Aux Pays-Bas la distinction se fait selon le plan d'affectation des sols. Chaque pays européen a encore sa définition propre du rural, toutes les comparaisons chiffrées sont donc aléatoires.

En France, la définition traditionnelle retenait comme rurales les communes de moins de 2 000 habitants agglomérés. L'analyse des évolutions et du contenu de l'espace rural était donc pervertie par le fait que les calculs ne se faisaient pas à espace constant. Les populations des communes rurales devenues urbaines à chaque inter-recensement par un processus de croissance se trouvaient exclues du champ statistique rural. Ainsi, spatialement l'espace rural se réduisait comme une peau de chagrin par la perte des communes les plus dynamiques, soit par développement endogène, soit par rattachement à une unité urbaine. En 1946 on comptait en France 36 226 communes rurales, elles n'étaient plus que 31 545 en 1982. Seule une analyse à champ géographique constant permettrait d'avoir une vision claire des véritables dynamiques des espaces. Aussi, en 1996, l'INSEE a décidé de réviser les définitions et de procéder à un nouveau découpage de l'espace. Les notions de base du découpage antérieur, commune rurale, unité urbaine et ZPIU (zone de peuplement industriel et urbain) cèdent la place à un nouveau découpage en ZAU (Zonage en aire urbaine), et à espaces à dominante rurale.

#### *L'évolution du contenu social des populations rurales européennes*

Le fait majeur de l'évolution des cinquante dernières années en Europe est que les campagnes ne sont plus peuplées majoritairement d'agriculteurs. La diffusion dans les campagnes de populations non agricoles par migrations résidentielles est le premier élément explicatif. S'y ajoute la baisse considérable des actifs agricoles avec la concentration des exploitations. Dès 1930 en Belgique, la population rurale est à majorité composée de non agriculteurs. En France au dernier recensement on estime la population agricole à 7 % de la population rurale. Il faudrait y ajouter les retraités d'origine agricole, sans doute également près de 10 %.

Il s'agit d'un processus radicalement nouveau. Ici encore on observe un gradient entre les pays du Nord et ceux du Sud. Au Royaume-Uni on ne fait pas la distinction statistique entre le rural et l'urbain, mais l'on estime les « ruraux » à environ 15 % de la population totale. En Espagne, on distingue dans les campagnes, (unités de population de moins de 2 000 habitants) dont la population serait passée entre 1950 à 1990 de 11 millions d'habitants (soit 39 % de la population totale) à près de 7 millions (soit 18 %), les autochtones, c'est-à-dire les ruraux d'origine dont l'assise économique est l'agriculture, les enfants du village, nés au village mais qui ont leur vie active à l'extérieur et qui reviennent dans les maisons héritées, les nouveaux résidents, qui ne sont pas nés au village mais qui y vivent, soit comme retraités, soit comme actifs sans y travailler, enfin les étrangers qui sont des immigrants, notamment des Maghrébins (Jollivet, 1997).

L'analyse est délicate, notamment dans les pays du Sud, du fait de la part considérable de la multiactivité au sein des familles rurales. Ceci rend difficiles les comparaisons d'un pays à l'autre. Ainsi, en Grèce, le travail de la terre est très rarement la seule ressource des familles. En ce pays, il faut y ajouter le va-et-vient incessant entre la ville et le village d'origine. En outre sont considérés comme agriculteurs les membres de la famille qui résident en ville, mais qui possèdent une part de la propriété, laquelle est gérée par celui qui est resté sur l'exploitation. Les géographes grecs de l'université de Volos parlent « d'exploitation à distance ». Bien entendu, dans les statistiques et pour les aides européennes, il y a autant d'exploitations que d'héritiers !

Cette diversification sociale des campagnes qui fait qu'entre urbain et rural la frontière est de plus en plus ténue, peut être illustrée par le cas de la France.

Tableau 10 : **La composition sociale des communes rurales en nombre de ménages de 1962 à 1999, en France**

| | **1962** | **1990** | **1999** (1) |
|---|---|---|---|
| Agriculteurs et salariés agricoles | 33,8 | 9,9 | 7 |
| Artisans et commerçants | 8,8 | 6,9 | 6 |
| Cadres moyens et supérieurs | 3,9 | 14,9 | 20 |
| Employés et ouvriers | 25 | 27,6 | 20 |
| Retraités agricoles | 7,1 | 11,1 | 12 |
| Autres retraités | 21,4 | 29,6 | 35 |

(1) Estimations

Source : SEGESA et INSEE

### Les transformations des paysages et des structures agraires

La généralisation de l'usage du tracteur en moins d'une génération a profondément modifié les choses. Les anciennes configurations parcellaires se trouvent désadaptées. Il faut donc agrandir les parcelles, abattre les haies, supprimer les fossés, aplanir les terres, abandonner les terrasses, délaisser les pentes. À l'échelle d'un pays comme la France on a pu opposer des régions agricoles dont les paysages sont restés figés, comme le cœur du Bassin parisien ou les grands vignobles de cru, d'autres où des retouches ont modifié les configurations comme dans l'est, certaines enfin où les mutations paysagères ont été plus brutales comme la Bretagne avec le débocagement. L'arbre a ainsi beaucoup reculé dans tout le nord du pays, tandis que dans le sud la multiplication des vergers dans les grandes vallées et la reforestation dans les moyennes montagnes (Limousin) l'ont fait progresser.

Mais ces remaniements fonciers nécessaires sont plus lents à mettre en œuvre que les mutations dans l'utilisation des sols, ou l'accroissement des rendements. Le résultat est que les techniques doivent transiger avec les structures en place. Il n'y a pas eu en Europe, et c'est sans doute tant mieux pour l'avenir des campagnes, un bouleversement total afin de mettre les paysages aux normes des techniques productivistes de l'agriculture moderne. Certes, les paysages d'autrefois ont subi des dommages, il y a eu des retouches et des adaptations, mais pas de véritable table rase. La révolution paysagère a été silencieuse pour paraphraser un syndicaliste agricole. En certains pays comme l'Irlande, l'Autriche ou la Suisse, on a même refusé les remaniements trop drastiques. Une sensibilité aux paysages hérités s'est diffusée, notamment par les nouveaux ruraux soucieux de leur environnement immédiat.

Les habits neufs de l'espace rural n'ont pas effacé toutes traces du long passé agraire. Le paradoxe de l'évolution récente des espaces ruraux européens est que, sauf exceptions localisées, cette évolution du modèle agricole vers des formes intensives et productivistes, n'a pas, pas encore, fondamentalement bouleversé les structures agraires héritées d'un lointain passé et dont le caractère premier est une étonnante diversité des configurations parcellaires. Certes, les agrandissements des ateliers, les spécialisations des régions agricoles, les remaniements fonciers, ont entraîné, nous l'avons déjà souligné, une certaine simplification dans la géométrie des paysages, tandis que la multiplication des bâtiments industriels et des lotissements banalise les habitats ruraux, mais la prise de conscience en faveur des paysages à préserver, voire à conserver, a été suffisamment précoce pour éviter des évolutions irréparables, et la disparition de ce qui fait la richesse et l'harmonie des campagnes européennes.

On a eu donc, toutes proportions gardées, une évolution rapide des productions, des rendements et de la productivité agricole, une modernisation des techniques et des modes d'exploitation, sans que les décors paysagers, hérités du système paysan, se retrouvent bouleversés. Les réaménagements agraires ont été somme toute moins brutaux que les transformations des modes de production.

Un tel constat est déterminant pour l'avenir des campagnes. Celles-ci peuvent aisément se convertir à de nouveaux usages diversifiés. Il n'est pas trop tard, sauf là encore en quelques régions, pour retrouver, si l'on accepte de s'en donner les moyens, la qualité des eaux, l'harmonie des paysages, l'insertion des bâtiments, et ainsi favoriser la cohabitation des usages, la valorisation du patrimoine, l'essor des activités de plaisance ou de récréation.

# LES NOUVELLES CAMPAGNES EUROPÉENNES

## Crise ou renaissance ?

Si tout un chacun reconnaît que les campagnes européennes sont entrées en mouvement, après une longue phase de repli et de semi-léthargie, et si les auteurs parlent volontiers de rupture (Hervieu, 1994), de choc (Charvet, 1994) de mutations ou de croissance, les points de vue s'opposent sur le sens à donner à ces évolutions accélérées.

### Le processus de décomposition

L'analyse la plus pénétrante est celle qui examine les dynamiques rurales des pays européens dans les termes de décomposition/recomposition (Kayser, 1990) ou encore de crise ou renaissance. Elle donne sens aux mutations du contenu social des campagnes de l'Europe de l'Ouest. Par décomposition ou crise on entend décrire la profonde évolution des sociétés paysannes de naguère, dont les différents éléments constitutifs éclatent et se dissolvent du fait de l'exode agricole, de la disparition de nombreux ateliers de polyculture de subsistance, de l'ébranlement des hiérarchies sociales liées à la répartition du foncier, de l'effritement des structures encadrantes : bourgs-centres, marchés agricoles, professions de service, etc. L'ouverture sur l'économie de marché bouscule et transforme les sociétés locales et modifie le système de valeurs. En ce sens il y a bien décomposition et crise, et certains s'en alarment, allant jusqu'à évoquer le spectre de l'abandon et de la désertification (Béteille, 1994).

Certes, des pans entiers des espaces ruraux européens sont sous cette menace de la dévitalisation et du repli. C'est ici que les qualificatifs de zone marginale, de région dépressive, de rural profond ou fragile, s'appliquent le mieux. C'est le cas des espaces les plus enclavés et de bon nombre de moyennes montagnes touchés de plein fouet par l'addition de contraintes et sujétions des milieux : Highlands d'Écosse, hautes terres de Scandinavie, *meseta* en Espagne, Massif central en France, montagnes de la Grèce continentale ou montagnes de l'Italie du centre et du sud. Les paysages se ferment, l'agriculture recule, en particulier le vieux système agro-pastoral utilisant les prairies d'altitude, non pas pour laisser la place au désert, mais à la forêt, aux activités de loisirs et à la fonction retraite.

Encore ne faut-il pas généraliser. Il est en Europe des moyennes montagnes rurales qui se portent bien, et d'autres qui ont su faire leur reconversion. Ce peut être par le choix d'une voie agricole de modernisation-intensification, que l'on songe au Segala, aux Monts du Lyonnais ou au Velay, ce peut être par une extensification raisonnée de troupeaux allaitants d'élevage bovin ou ovin, c'est aussi par l'essor d'un tourisme diffus, associé au maintien de l'agriculture, qui fait revivre bourgs et villages, comme le montre le remarquable exemple du Tyrol.

### La recomposition ou le passage d'un monde agraire à un espace rural

C'est que parallèlement au processus de décomposition et de crise du modèle paysan on assiste dans de nombreux espaces ruraux de l'Europe à une recomposition et à une renaissance rurale qui consiste, pour aller vite, en une transformation de la composition sociale des populations rurales liée à de nouvelles fonctions, résidentielles, mais aussi récréatives ou industrielles, ce dans un contexte général de croissance démographique, tandis que dans le domaine agricole la logique paysanne fait place à une logique d'entrepreneurs et que l'on passe du paysan à l'exploitant agricole. Or ces espaces ruraux et sociétés locales en recomposition représentent, en nombre, l'essentiel des populations, et en terme de surfaces des espaces de plus en plus étendus d'un recensement à l'autre. Mais ces espaces plurifonctionnels changent de nature et sont tout autant des espaces résidentiels ou récréatifs que des lieux de production agricole.

Ainsi ce double processus de décomposition et recomposition illustre le passage d'un monde agraire à un espace rural. Il correspond à la disparition d'une société agraire dominée par le fait agricole, et des rapports sociaux autour de la propriété de la terre en tant qu'outil de production, et à l'émergence d'un monde rural aux fonctions diversifiées porteuses d'une nouvelle société dans laquelle les agriculteurs sont minoritaires, tout en continuant d'occuper l'essentiel de l'espace, et dans laquelle les rapports sociaux s'articulent entre groupes d'ici ou d'ailleurs, entre enracinés et survenus, tout autant qu'entre agriculteurs et non agriculteurs.

## Les excès du système productiviste

### La révolution productiviste

Le productivisme, désormais dénoncé par les partisans d'une agriculture durable « plus autonome et plus économe », est la résultante de la combinaison de la productivité travail et de la productivité technique. Il conduit à accroître les rendements par unité de travail afin d'abaisser les coûts de production, donc à utiliser toujours moins de main-d'œuvre afin de maximiser les profits. On ne calcule plus alors les quantités produites selon les surfaces mais en fonction de la main-d'œuvre utilisée. Il ne faut pas confondre productivisme et intensification. Cette dernière mesure les rendements par unité de surface, mais on peut les obtenir soit par une débauche de main-d'œuvre, comme dans le mode de production asiatique, soit par l'application de techniques modernes et l'utilisation massive d'intrants.

La révolution productiviste s'applique aussi bien en système intensif, là où les surfaces sont mesurées et le nombre de travailleurs élevé, qu'en système extensif où la surface disponible n'est pas un facteur limitant. Ce qui compte est, comme dans l'industrie, la productivité la plus élevée par travailleur. Or cette recherche de la productivité maximale conduit selon les lieux, soit à agresser les milieux par l'utilisation massive d'intrants préjudiciables à la qualité des eaux responsable de la pollution des sols, soit à abaisser considérablement les densités techniquement nécessaires et donc à faire disparaître les relations sociales.

### Les atteintes au milieu

La mise en place du système intensif et productiviste qui caractérise l'essentiel des campagnes européennes du dernier demi-siècle a considérablement accru les consommations intermédiaires et modifié les rapports entre agriculture et nature. Le gaspillage de l'eau pour l'irrigation des céréales, en particulier du maïs, dont les superficies ont été multipliées dans des proportions considérables en l'espace d'une génération, le mode de conduite des élevages hors-sol, ont amené à des taux de nitrate dans l'eau dépassant les normes d'une eau potable. Les zones dites à excédent structurel des taux de nitrate ont été délimitées et elles couvrent tous les espaces de l'agriculture productiviste, en particulier la Bretagne et les Pays-Bas. On ne peut donc plus assimiler la paysannerie au respect des milieux et des paysages.

L'image d'une agriculture paysanne, identifiée à la nature, et soucieuse du respect des équilibres environnementaux, avec des pratiques de « bon père de famille » a vécu. Elle fait place à celle d'une agriculture destructrice des milieux et dont les pratiques de type industriel sont agressives vis-à-vis des paysages,

Les dynamiques contemporaines de l'agriculture européenne mettent en évidence l'irrationalité écologique du système productiviste qui va à l'encontre désormais du maintien des conditions de reproduction et donc de durabilité de l'activité. La poursuite du modèle agricole, détourné de ses orientations d'origine qui étaient de produire plus tout en préservant les milieux, compromet en effet la qualité des eaux et le maintien des sols. À terme il est donc condamné. D'où la nécessité ressentie par les pouvoirs politiques d'une réorientation.

## Une nouvelle politique ?

### La PAC : le changement d'orientation de 1992

Alors que la Politique agricole commune née à la fin des années 50 a consisté à privilégier les aides aux produits et a abouti à diffuser les formes intensives et productivistes des productions, poussant à l'accroissement des rendements et des résultats à l'hectare dont la logique a été l'élimination des plus faibles et la concentration des ateliers agricoles, en 1992 une réforme de fond des mécanismes de soutien de l'agriculture a consisté à remplacer l'aide aux produits par l'aide aux personnes. Cette réforme tend à favoriser une agriculture moins productiviste, plus respectueuse de l'environnement et multifonctionnelle. Cette réforme s'inscrit également dans les négociations à échelle mondiale de l'OMC et des accords dits de l'Uruguay Round.

La mise en œuvre est lente et difficile. L'accord dit de Berlin de 1999 (Agenda 2000) a poursuivi lc virage politique de la Communauté européenne en favorisant l'agriculture extensive fondée sur le retour à l'herbe. En France, la loi d'orientation agricole de 1999 officialise ce tournant par la mise en place des contrats territoriaux d'exploitation (CTE), encore au stade expérimental. On en compte en décembre 2001 environ 23 000, alors que le recensement agricole de 2000 comptabilise 664 000 exploitations.

L'examen des évolutions de l'agriculture française, entre 1988 et 2000, au regard des résultats du recensement, est sans appel. La concentration et la professionnalisation se sont poursuivies.

### De nouvelles finalités dévolues à l'agriculture

Le modèle agricole européen a pu, dans un premier temps, relever le défi au lendemain de la Deuxième Guerre mondiale de l'autosuffisance alimentaire. Dans un deuxième temps, les incitations de la Politique agricole Commune (PAC) à partir de la fin des années 50 ont favorisé la modernisation en instaurant un marché commun de l'agriculture, la libre circulation interne des produits, des prix identiques et une même politique vis-à-vis des pays tiers. La préférence communautaire et une politique des prix évitant les aléas des prix mondiaux ont donné aux agriculteurs européens l'assurance de l'écoulement de leur production. Un système complexe de prix plancher, de restitutions, d'aides et de subventions a conduit à ne plus se préoccuper que de produire plus.

La PAC a donc encadré, accompagné et permis la modernisation des ateliers agricoles et leur concentration. Au total elle a été facteur de l'accélération de la disparition des systèmes paysans et de la mise en place d'une agriculture de marché performante. Les conséquences, on l'a vu, ont été considérables sur l'utilisation des sols et les systèmes de production. Elles l'ont été également sur le volume des productions. Les succès de la PAC au début des années 80 ont été tels qu'il y a eu apparition d'excédents à gérer, en dépit des exportations sur le marché mondial et des stockages, à des prix tels que des aides compensatoires considérables étaient versées aux exploitants. Ces derniers étaient donc invités, sans danger économique, à toujours produire plus.

Une nouvelle politique était nécessaire. Diminuer les prix ne pouvait suffire, les agriculteurs produisant alors davantage en augmentant les rendements pour maintenir leurs revenus, ce qui à terme était préjudiciable par l'emploi d'intrants supplémentaires. D'où le choix, retardé et difficile, du contingentement des droits à produire, avec des systèmes de quotas, en premier lieu pour le lait (1984) ainsi que des incitations à la jachère accompagnant un abaissement des prix programmé.

Cette révision de la PAC enregistre les dérives constatées du modèle agricole européen vers l'agriculture productiviste, c'est-à-dire l'accumulation de surplus dont on ne savait plus que faire, l'anémie d'un tissu social des espaces ruraux du fait d'un exode agricole pérennisé, le constat de la dégradation de la qualité des eaux et de la banalisation des paysages. C'est pourquoi elle met en place des mesures visant à diminuer les productions (quotas, aides à l'extensification, jachères), à transférer les aides aux produits sur les producteurs, et intègre la dimension environnementale (mesures dites agro-environnementales, protection des zones humides et sensibles).

La recherche publique a également pris fait et cause pour une révision des objectifs de la politique agricole. Les six points de la déclaration de Strasbourg, en novembre 1996 (à l'occasion du cinquantième anniversaire de recherches à l'INRA), de la recherche européenne pour l'agriculture, l'alimentation et le cadre de vie, sont éclairants : elle engage les participants à nourrir l'humanité sans épuiser les ressources naturelles, à mieux gérer les espaces et préserver la diversité, à soutenir la création d'emplois par la diversification des productions et activités, à améliorer la qualité et la sécurité des produits alimentaires, à maîtriser l'usage des biotechnologies, enfin à renforcer le rôle d'expertise des chercheurs et leur indépendance. À l'heure de l'ESB, de la fièvre aphteuse, des farines animales et des OGM, la tâche est urgente.

Ces nouvelles orientations politiques sont relayées par des initiatives d'agriculteurs, conscients de la dérive productiviste, visant à réconcilier agriculture et environnement. Entre l'agriculture dite conventionnelle, abusant des intrants (engrais, produits phytosanitaires) et de plus en plus spécialisée et concentrée, et une agriculture biologique, refusant l'utilisation de produits chimiques, des voies nouvelles, encore minoritaires, s'ouvrent en faveur d'une agriculture dite durable, raisonnée, de précision, voire paysanne ou fermière, qui visent, d'une part la qualité, et d'autre part l'économie des intrants. C'est déjà ce que l'ancien directeur de l'INRA (J. Poly) proposait en 1978 en parlant d'une « agriculture plus autonome et plus économe », et que le CEDAPA (Centre d'études pour le Développement d'une Agriculture plus Autonome) reprenait en 1982 en Bretagne selon la philosophie des CETA (Centre d'Études Techniques Agricoles) des années 50. Des réseaux se mettent en place associant agriculteurs, consommateurs et défenseurs de la nature, tel le réseau Cohérence dans l'ouest de la France. Ici aussi on retrouve une opposition entre les populations des pays du Nord, soucieuses d'une qualité obtenue par les contrôles et la standardisation des produits, et les populations des pays latins faisant confiance aux produits d'appellation et de terroirs.

## Les nouvelles fonctions des espaces ruraux et naturels dans un monde urbanisé

Il faut insister sur les dynamiques contemporaines et plus particulièrement dans les campagnes de l'Europe de l'Ouest sur le rapprochement effectué dans les représentations entre rural et nature, conduisant à inclure dans les espaces ruraux tout le pan des espaces dits naturels parce que peu anthropisés, que ce soient les forêts, les marais ou les landes.

### Quand la campagne devient paysage

Désormais, les paysages agraires européens ne s'analysent plus seulement selon leurs rapports à la fonction productive. Ils ne sont plus considérés uniquement comme fonctionnels. Ils sont tout autant faits pour le regard et la contemplation que pour la production de biens matériels. Aussi ce que l'on va y rechercher et préserver c'est le pittoresque, le rustique, les traces du passé, les compositions harmonieuses, l'esthétique, et non plus des formes adaptées aux engins motorisées et la géométrie, synonymes d'efficacité économique.

La principale raison désormais avancée pour conserver les trames agraires d'autrefois est du domaine des représentations. Il s'agit de préserver les configurations paysagères au titre du patrimoine. Devant les risques de banalisation et d'homogénéisation des parcellaires afin de les adapter aux sujétions des techniques, en particulier de l'usage généralisé du moteur, est née une demande sociale portée par les citadins et les ruraux non agriculteurs de maintien des lieux en l'état au titre de la « préservation des paysages ».

Cette défense et illustration d'un « paysage décor » font le bonheur de nouveaux spécialistes. Il y a désormais des écoles du paysage. Architectes, paysagistes, aménageurs s'emparent de cette notion et entendent œuvrer pour « la défense des paysages ». On accorde à ceux-ci une valeur esthétique et l'on parle volontiers de beau paysage, de massacre des paysages. Qu'est-ce à dire, que recouvrent ces formules, et plus encore à quelles perceptions et représentations obéissent-elles ? Concrètement elles se traduisent par des priorités nouvelles, des choix et des décisions de l'ordre du politique.

Ces nouvelles politiques offrent des modalités variées. Il peut s'agir de classer des sites naturels afin de figer les équilibres entre activités et maintenir les configurations paysagères en l'état. C'est par exemple le cas de la préservation des bocages pour laquelle on avance des raisons d'ordre écologique, mais aussi de rendements ou de bien être animal. Les haies joueraient un rôle de protection vis-à-vis de l'érosion, des crues et d'abri des vents dominants, et au total les avantages de type économique l'emporteraient quant à leur maintien par rapport à une dénudation et à l'agrandissement des parcelles.

Il peut s'agir aussi de revenir à un état antérieur afin de rétablir une diversité paysagère au nom de la biodiversité, source d'une richesse biologique à conserver. C'est le cas de la vallée moyenne de la Loire, récemment classée au titre du patrimoine mondial, et pour laquelle l'idéal paysager est le retour à celui du XIX^e siècle associant prairies, boires, haies de saules taillées en têtards, grèves et levées, alors même que maïs et peupliers ont envahi la vallée et profondément remis en cause les paysages de jadis. Tout un ensemble de mesures, coordonnées par la création du Conservatoire régional des rives de la Loire et de ses affluents, est mis en place pour revenir à l'état antérieur, quelque peu mythifié, mais qui représente dans l'esprit des promoteurs de cette politique un état dit d'équilibre.

Il peut également s'agir de répondre aux vœux des populations nouvelles qui habitent ou fréquentent l'espace rural, et pour lesquelles un beau paysage dans lequel on se sent bien, se doit d'être harmonieux à l'œil et répondre à des critères esthétiques associant diversité, courbes, couleurs. On va même jusqu'à évaluer les paysages et leur distribuer des points, fonction de leur attractivité présumée. Certains valent le détour, ce seront les coteaux de polyculture, d'autres méritent le voyage comme les vignobles de la Côte d'or ou du Bordelais, les marais de la Brenne ou les landes d'Écosse, tandis que les plateaux de Picardie, sans arbres et sans clôtures, voués à l'agriculture intensive et productiviste des grandes cultures industrielles, sont d'une banalité et uniformité qui repoussent les visiteurs autant que les périurbains. Ces derniers préféreront établir leurs lotissements sur des pentes offrant au regard des points de vue et des arrières plans évocateurs, ou à proximité de forêts et bosquets au nom d'un environnement naturel.

Ce retour de la nature, surtout si elle est en réalité entretenue et policée, dans nos campagnes de l'Europe de l'Ouest, est un mouvement de fond qui transforme nos relations avec les espaces agraires. Des enquêtes ont montré que les citoyens se déclarent d'accord sous la forme d'un « consentement à payer » pour que le maintien et l'entretien des paysages soient pris en charge par la collectivité via l'impôt.

Ces politiques en faveur des paysages, c'est-à-dire peu ou prou la volonté de figer et d'enkyster les configurations parcellaires au nom d'une diversité à conserver et d'un patrimoine à transmettre, trouvent leur apogée dans la multiplication des espaces à préserver et à maintenir en l'état au travers des parcs naturels, et ce dans toute l'Europe.

Ces préconisations, défendues et soutenues par les évolutions des sociétés rurales désormais majoritairement peuplées par des non agriculteurs, entrent en conflit avec les nécessités de la rentabilité d'une agriculture soumise à la concurrence internationale. C'est donc tout naturellement que les conflits en milieu rural opposent aujourd'hui les différentes catégories sociales utilisant ou habitant ces espaces, et non plus les différentes catégories d'agriculteurs.

On voit de plus en plus deux campagnes se juxtaposer. L'une destinée à l'agriculture intensive et productive, dans laquelle priment les aménagements fonctionnels, bâtiments d'élevages hors-sol, silos, rampes d'irrigation, parcellaires « d'*openfields*-mosaïque », quadrillage de chemins rectilignes. L'autre vouée à la résidence, à la promenade, à la découverte, et étant figée et patrimonialisée, et dont l'entretien est de plus en plus le fait d'agriculteurs dont le rôle de « jardinier de l'espace » est de plus en plus prégnant. Les tentatives pour faire cohabiter ces différentes fonctions sont de plus en plus difficiles tant les antagonismes et conflits sont importants.

Ces dynamiques paysagères contradictoires vont jusqu'à maintenir des élevages en montagne afin d'entretenir les pentes pour éviter les avalanches sur les pistes de ski, c'est la fameuse prime à la vache-tondeuse, tandis que la multiplication des élevages industriels hors-sol en certaines campagnes fait fuir les touristes et interdire les lotissements résidentiels.

Ces nouvelles orientations en faveur de l'entretien des paysages se traduisent concrètement. À Cork, en Irlande, la Conférence européenne sur le développement rural, réunie à l'initiative du commissaire chargé de l'agriculture (Franz Fischer) en novembre 1996, a défini les priorités après avoir rappelé l'état des lieux. Elle a rappelé que si l'agriculture était encore au cœur de toute politique de rénovation rurale, les zones rurales constituaient aussi un patrimoine collectif, des lieux d'histoire, des foyers de culture et des espaces vivants. Les agriculteurs devraient comprendre que l'avenir n'est plus entre leurs seules mains. Ruralité et agriculture ne sont plus, comme en milieu du siècle, des termes synonymes.

### Quand la campagne devient « nature » et réserve

Ce nouveau regard sur les espaces ruraux explique la multiplication des espaces protégés. Depuis les parcs nationaux jusqu'aux zones de protection spéciales, des parcs naturels régionaux aux réserves naturelles, en passant par les zones « article 19 », on voit fleurir dans toute l'Europe de nouveaux sigles et se mettre en place des territoires relevant de l'initiative communautaire.

Les Britanniques ont été les précurseurs au travers du concept du *countryside* qui assimile l'espace rural à un espace de protection et à un patrimoine national. Au Royaume-Uni, les surfaces agricoles couvrent près de 17 millions d'hectares, dont les deux tiers en prairies, et 22 % du territoire sont classés en étendues protégées, dont 10 parcs nationaux qui englobent 1,4 million d'hectares et 3,2 millions d'hectares sont en « aires de beauté naturelle exceptionnelle ».

En Espagne, 147 sites sur 2,5 millions d'hectares sont classés en « sites ornithologiques de protection spéciale » par les différentes communautés autonomes, et l'on comptabilise 560 sites naturels protégés, dont 74 parcs naturels, dont 10 nationaux, sur 1,877 million d'hectares (Jollivet, 1997).

En Allemagne, la classification des espaces ruraux se fait en fonction des restrictions dans l'activité agricole. On distingue des zones de nature protégée, des parcs de nature, couvrant 7 millions d'hectares, à fonction prioritaire de loisirs, enfin les réserves de biosphère couvrant 1,2 million d'hectares.

En ces domaines des espaces de protection la France apparaît souvent en retard pour accepter les délimitations proposées, tant pour les mesures agro-environnementales que pour Natura 2000. L'explication tient au rôle du lobby agricole et à celui des chasseurs, tout autant qu'à la faible audience des associations de protection de la nature et à la tradition politique qui fait du ministère de l'agriculture celui de l'espace rural. Les conflits liés aux restrictions apportées aux pratiques traditionnelles de la chasse, tant en vallée de la Somme qu'en Brière, illustrent cette timidité des pouvoirs publics en France pour se conformer aux directives de Bruxelles.

Chaque pays européen a sa propre configuration des relations entre milieux agricoles et écologistes, mais les instances communautaires constituent un puissant contre-pouvoir en faveur d'une protection accrue des milieux et des paysages.

### Quand la campagne devient espace de plaisance

Dans les formes nouvelles d'utilisation des espaces ruraux européens il faut faire une place de plus en plus grande aux fonctions de loisirs, récréation, plaisance et tourisme. La multiplicité des termes renvoie à la diversité des formes d'accueil et d'usage. Les types de fréquentation des espaces ruraux pour et par des activités de type ludique ne datent pas d'aujourd'hui. La villégiature et la résidence saisonnière des classes aisées dans les campagnes sont des faits anciens. Ce qui est plus récent est la généralisation des loisirs et l'exploitation économique qui en est faite.

Ces espaces de loisirs et de récréation sont à l'articulation des fonctions paysagères et résidentielles des nouvelles campagnes. Pour que l'espace rural prenne une dimension touristique il faut des aménités naturelles, eau, forêts, vallonnements. Il faut aussi des témoignages du passé, châteaux, villages, grottes préhistoriques. Il faut également des acteurs susceptibles de valoriser ces atouts devenus éléments de patrimoine. Enfin, les facilités d'accessibilité sont de plus en plus nécessaires pour voir le parc de résidences secondaires, qui peut être d'origine variée, héritage, achat ou construction, prendre un poids suffisant pour orienter l'économie locale. Rappelons toutefois pour mémoire qu'en France, le parc de résidences secondaires des communes rurales a dépassé le nombre des exploitations agricoles, et qu'au Tyrol l'exploitation touristique affiche des résultats économiques bien supérieurs aux revenus purement agricoles.

Les relations entre les activités agricoles et les usages de plaisance des espaces ruraux sont de nature différente selon les formes d'articulation. Il est des activités de loisirs qui confortent et aident au maintien des exploitations agricoles, c'est tout le secteur de l'agritourisme où il y a cohabitation (ferme-auberge, camping à la ferme, vente de produits fermiers). Il est des formes d'exclusion par la concurrence foncière et les risques de pollution. Élevages hors-sol intensifs et résidences secondaires ne font pas bon ménage !

Cette utilisation des espaces ruraux pour des fonctions de type loisirs au sens le plus large, crée une animation saisonnière qui transforme les campagnes. La population et les activités varient selon les jours de la semaine et selon les saisons avec des rythmes différents selon les aménités climatiques et les formes d'usage. Randonnées, festivals, sports nautiques, tourisme équestre, escalade, gastronomie, accueil à la ferme, chasse, visite des monuments ou des parcs naturels, pêche, etc. il y a une étonnante multiplicité des types d'utilisation des espaces ruraux qui au total concourt à la création de nouveaux services et de nouveaux emplois.

### Quand la campagne devient résidentielle

Des chercheurs, en particulier des sociologues, vont jusqu'à dire que le rural n'existe plus ou à tout le moins prédisent « la fin du rural », comme on a pu prévoir « la fin des paysans » (Mendras, 1967). Leur argumentation est liée à la diffusion dans les campagnes européennes de la fonction résidentielle. L'installation de citadins en espace rural provoquée par l'étalement du fait urbain, combinée à l'effondrement des populations agricoles et aux nouvelles activités des enfants d'agriculteurs, conduit à transformer les campagnes en des espaces de plus en plus voués à la fonction résidentielle. À ceci s'ajoute la multiplication des résidences secondaires, héritées, achetées ou construites.

Cette fonction résidentielle envahissante crée des conflits dans l'utilisation des sols et rend nécessaire son contrôle pour éviter une localisation du nouvel habitat préjudiciable aux activités agricoles encore largement présentes. À cet égard dans les régions rurales européennes d'habitat traditionnellement dispersé les conflits sont plus aigus que dans celles d'habitat groupé. Les risques du « mitage » par de nouvelles constructions, ou la reprise de l'habitat ancien pour d'autres usages qu'agricoles, provoquent plus de désagréments aux activités agricoles préexistantes qu'en secteur d'habitat groupé (*cf.* fig. 16, chap. 5).

### Pour une nouvelle typologie des espaces ruraux en Europe

Les dynamiques constatées et la multiplicité des usages et des fonctions conduisent à proposer une nouvelle typologie des campagnes européennes en lieu et place des typologies paysagères traditionnelles qui opposaient en particulier champs ouverts et bocages. La plupart des typologies proposées tant par les chercheurs (Kayser, Diry) que par les responsables politiques reposent sur la reconnaissance de trois types d'espace :

#### *Les campagnes périurbaines*

Il s'agit des espaces en couronne et en doigt de gant, proches des villes, grandes ou petites, autour desquelles le fait résidentiel lié à la mobilité des ménages conduit à des campagnes où l'agriculture s'efface ou doit se spécialiser. Le problème de l'affectation des sols est à l'origine des difficultés du maintien de l'agriculture, le changement d'usage entraînant une spéculation sur le prix du foncier qui est telle que seuls de rares systèmes agricoles peuvent subsister, vignobles de cru, cultures maraîchères, arboriculture spécialisée. Ce sont les réglementations sur la destination des terres, plus ou moins sévères selon les pays européens, qui déterminent les nouveaux paysages nés de la périurbanisation. Là encore on observe un gradient nord/sud dans la sévérité des réglementations, lié pour partie aux densités de population, mais aussi pour des raisons comportementales.

***Les campagnes dévitalisées ou fragiles***

Elles constituent le contrepoint des précédentes. Encore que l'agriculture y soit tout autant en péril, mais pour des facteurs diamétralement opposés. Ici, l'exode agricole, le vieillissement, l'atonie des bourgs et petites villes, les difficultés fréquentes des autres activités, sont autant de faits qui s'additionnent. La localisation de ces espaces ruraux en déclin n'est pas le fait du hasard. Il s'agit soit des espaces enclavés dans lesquels l'activité agricole demeure essentielle, soit des espaces qui cumulent aujourd'hui des handicaps naturels (pente, pauvreté des sols, climat) ou sociaux (revenus insuffisants, éloignement des centres de décision, absence d'initiatives). Les moyennes montagnes européennes, pas toutes il est vrai, constituent la majorité de ces espaces en déshérence (Ceramac, 1999).

***Les campagnes intermédiaires ou vivantes***

Il s'agit des campagnes de l'entre-deux, dans lesquelles une agriculture dynamique, aux multiples visages, cohabite avec des fonctions non agricoles tout autant diversifiées selon les lieux, et qui participent à la bonne santé démographique, économique et sociale de ces espaces ruraux. La diversité des configurations et des situations est si grande que leur affubler un qualificatif est délicat. Le terme de campagnes vivantes a été ici retenu (Croix, 2000). Elles peuvent être dites intermédiaires dans la mesure où il s'agit des campagnes ayant échappé au déclin sans devenir des extensions urbaines.

S'il est convenu que la diversification des fonctions, la dynamique démographique, un dense réseau de bourgs et petites villes sont des éléments de reconnaissance de campagnes vivantes, ce que sont les campagnes de l'ouest de la France ou celles de la Bavière ou de la Vénétie, peut-il exister des campagnes vivantes uniquement agricoles ? La question renvoie aux risques de dérive productiviste du modèle agricole européen. En certains bassins de production de grandes cultures industrielles, l'abaissement des densités techniquement nécessaires et l'atonie des relations sociales se conjuguent pour en faire des espaces dévitalisés socialement mais économiquement rentables. Quel peut-être l'avenir des campagnes vivantes si elles se vident ? Ce serait le cas de larges pans des plateaux du Bassin parisien. Ces espaces rappellent alors plus les campagnes des pays neufs que celles du modèle familial modernisé de l'Europe.

Cette typologie en trois types de campagnes aux évolutions différentes est de plus en plus opératoire et est tacitement retenue dans les politiques d'aménagement du territoire, en particulier en France par les services de la Datar. En Allemagne on distingue aussi trois types d'espaces ruraux :

– les régions rurales avec des centres économiques importants à proximité et dont le développement est assuré ;

– les régions rurales proches des régions à forte densité de population, dans lesquelles les problèmes naissent de ces fortes densités et des questions environnementales de cohabitation des activités ;

– les régions rurales éloignées des grands centres économiques. Leurs caractéristiques sont de cumuler des taux de chômage élevés, une diminution des surfaces agricoles, et un exode agricole important.

Ces types d'espace ainsi repérés et qualifiés sont dynamiques, et les frontières entre eux sont mouvantes. Il est des espaces en déclin qui du fait d'initiatives et d'innovations, endogènes ou exogènes, retrouvent une évolution positive. Les ferments de ces campagnes renaissantes peuvent être d'origine agricole, elles peuvent tenir à la diffusion du tourisme en espace rural en profitant d'aménités naturelles ou du désenclavement, ce peut être des adaptations de systèmes productifs localisés dans des districts industriels (Croix, 2000).

Le processus le plus dynamique, et le plus généralisé à l'échelle européenne, est l'extension et la diffusion des espaces périurbanisés avec la mobilité des ménages. Le fait résidentiel tend à s'étaler de plus en plus loin des villes en auréoles et en fonction des axes de communication. Dans les espaces à fortes densités du nord de l'Europe ces couronnes périurbaines tendent à se rejoindre et ces espaces coalescents à occuper tout l'espace rural (cas du Benelux sauf les Ardennes).

Cette typologie en espaces ruraux de plus en plus diversifiés existe à toutes les échelles. Dans la mesure où « l'agriculture se détache du rural », et que « le rural se détache de l'agriculture » (Jollivet, 1997) ne peut-on pas envisager, dans les espaces périurbains, des zones agricoles à l'instar des zones industrielles, dans lesquelles il y aurait concentration d'une agriculture industrielle et productiviste, faits d'ateliers hors-sol, de serres, de *feedlot* à l'américaine, tandis qu'à l'écart, mais à proximité, un espace rural jardiné et entretenu, à visée patrimoniale et paysagère, cohabiterait harmonieusement avec la fonction résidentielle et de loisirs ?

Au-delà d'une diversité qui est leur image première, et de l'existence d'un gradient nord/sud dans les évolutions, les nouvelles campagnes européennes du fait des mutations de leur contenu social et de leur multifonctionnalité sont confrontées à deux questions majeures :

– D'une part, quelles fonctions seront dévolues à l'agriculture ? Elles ne sont plus seulement productives. Il faut donc envisager un nouveau contrat social entre chaque État et ses agriculteurs. La gestion et l'entretien des espaces étant aussi importants que leur fonction de production. Qui est le mieux à même de prendre en charge ces nouvelles fonctions ?

– D'autre part, quelle sera la nature des rapports entre l'agriculture et l'environnement ? Dans un espace qui est désormais autant à habiter qu'à produire il faut envisager de nouvelles formes d'intégration de l'agriculture plus respectueuses des milieux, des patrimoines et des paysages.

Dans un tel contexte, les espaces ruraux intégrés aux espaces urbanisés ne sont plus seulement des espaces à finalité productive, ce sont des espaces de récréation, de loisirs, d'accueil résidentiel, et de lieu de ressourcement pour les urbains. À ce titre l'espace rural devient dans l'imaginaire des citadins un espace naturel que l'on protège et entretient à des fins patrimoniales et de fréquentation.

Chapitre 8

# Transition dans les campagnes décollectivisées

CONSACRER un chapitre particulier aux espaces ruraux qui ont connu la collectivisation se justifie dans la mesure où celle-ci a été, ou a tenté d'être, une réforme agraire radicale qui a modifié au fond les modes de production en agissant sur les systèmes juridiques de la terre, sur le travail, sur les morphologies agraires, voire sur la répartition de l'habitat et son contenu social. Un modèle agricole particulier a donc été mis en place, avec une articulation entre terre, travail et capital originale.

La collectivisation a touché un bon nombre de pays aux situations antérieures variées, et elle s'est appliquée sur des pas de temps différents, deux générations dans l'ex-URSS (1924-1989), une génération en Europe orientale (1947-1989) ou en Chine, quelques années seulement au Vietnam ou en Algérie, elle dure encore en pratique à Cuba. Il en résulte des configurations différentes.

Mais la collectivisation n'a eu qu'un temps. Ses processus de mise en place ont été différents selon les lieux et le temps, tant en rythme qu'en intensité. En outre les situations antérieures à ce grand chambardement des structures n'étaient pas identiques d'un lieu à l'autre. Enfin, les rythmes et les formes de la décollectivisation contemporaine, ce que les spécialistes ont appelé « la transition », ne sont pas les mêmes selon les différents États. C'est qu'au total ces pays, en particulier ceux de l'Europe de l'Est, ont connu, en l'espace de moins de trois-quarts de siècle, trois réformes agraires successives, une première, de partage des grands domaines qui a suivi la disparition des empires après la Première Guerre, puis la collectivisation qui a pris des visages différents selon les lieux, enfin depuis le milieu des années 80, un processus complexe et différent, selon les pays, de décollectivisation.

Rendre compte en quelques pages de la complexité des trajectoires est donc une entreprise difficile. À cette difficulté première s'ajoute le manque d'informations accessibles pour un certain nombre de pays. Que s'y passe-t-il véritablement ? Enfin, il faut prendre en compte le caractère mouvant des situations actuelles. Les réaménagements et restructurations sont loin d'être achevés et prennent des visages différents selon les lieux. Il est des transitions douces, imperceptibles et même non avouées, il en est d'autres qui ont été brutales et drastiques. Mais nulle part ailleurs dans le monde les mutations, les crises et les remises en cause ne sont aussi fortes que dans ces campagnes. Ici, plus qu'ailleurs le terme de « grand chambardement des campagnes » utilisé par F. Braudel pour d'autres espaces, il est vrai, n'a jamais été autant d'actualité.

# DE LA COLLECTIVISATION À LA DÉCOLLECTIVISATION

## Les principes de la collectivisation

### La disparition de la propriété privée

Le premier principe est la transformation radicale des rapports fonciers. Il y a de fait, souvent après une brève période de réforme agraire consistant dans le partage des terres entre les petits exploitants et les anciens ouvriers agricoles, abolition de la propriété privée.

En URSS, dès octobre 1917, le partage des grands domaines en petites exploitations est décrété. Un transfert sans précédent de la propriété est opéré avec la mise en place d'une petite paysannerie, chacun possédant un lot de terres de 8 à 15 hectares afin d'éviter une pulvérisation trop grande. Cette opération radicale a rallié pour un temps la paysannerie au régime. Un processus identique se déroulera en Europe orientale au lendemain de la Deuxième Guerre. Mais cela n'eut qu'un temps. L'industrialisation de l'agriculture imposait la mise en place de grandes unités d'exploitation. Ce sera fait après 1924 en URSS et à partir de 1947 en Europe de l'Est. Deux types d'exploitations sont créés en fonction des circonstances. Soit des fermes d'État, les sovkhozes, soit des coopératives de production, les kolkhozes.

Les premières sont de très grande taille, souvent sur d'anciens très grands domaines ou sur des terres de populations expulsées, notamment en Europe orientale les minorités allemandes. La gestion est directement le fait de l'État, les travailleurs sont des salariés, souvent organisés en brigades, chacun ayant sa spécialité (tractoriste, vacher, comptable). Elles ont constitué aussi le fer de lance de la colonisation des terres neuves en Sibérie.

Les secondes sont en théorie le résultat du regroupement volontaire des petites propriétés dont les tenanciers trouvent plus d'efficacité à mettre le travail et les terres en commun. En fait des pressions diverses et variées sur ces petits exploitants ont été désormais admises et reconnues afin de les « inviter » à se regrouper en coopératives. La taille des kolkhozes est généralement plus réduite, souvent calquée sur l'ancien finage villageois, mais les techniques utilisées sont identiques et les modes de production très voisins. Dans la mesure où les sovkhozes se veulent les vitrines du nouveau régime agraire ils sont souvent mieux dotés en matériel. C'est donc surtout l'origine antérieure des structures foncières qui les différencient. Les travailleurs de ces exploitations conservent des lopins individuels, de taille réduite, quelques dizaines d'ares au maximum, sur lesquels ils pratiquent une agriculture du type du jardinage permettant de nourrir la famille, voire de vendre quelques surplus sur les marchés.

### La mise en place d'un modèle agricole industriel

La taille des exploitations, de plusieurs centaines à plusieurs milliers d'hectares, l'organisation du travail en équipe, brigade ou commune populaire, la division des tâches au sein du collectif, le rôle de la technostructure à la tête de ces entreprises, l'application systématique du modèle d'organisation allant du mode de rémunération jusqu'à un habitat collectif, mais aussi tous les avantages attachés au système sous la forme du repos hebdomadaire, des vacances, de la prise en charge des frais de santé et de scolarité, assimilent ces nouvelles entreprises agricoles au mode de production industriel.

## Les conséquences de la collectivisation

### Sur les structures parcellaires

Les effets sont ici les plus spectaculaires et les plus immédiats. Ils sont les plus évidents dans les anciens secteurs de petite paysannerie où les structures anciennes se présentaient sous la forme d'*openfields* laniérés ou de bocages à petites mailles. Une réorganisation foncière brutale conduit à créer de très vastes parcelles géométriques de plusieurs dizaines d'hectares adaptées à l'utilisation simultanée d'une batterie de tracteurs et de machines. C'est l'image popularisée par la propagande soviétique des photographies d'une horde de tracteurs, travaillant de concert sur les riches terres noires de l'Ukraine.

Le modèle socialiste en agriculture a imposé partout, sauf là où les résistances ont été trop fortes, comme en Pologne, un même paysage fait de très grandes parcelles géométriques, gommant les hétérogénéités agro-écologiques.

Cette morphologie agraire était faite et à l'aise dans les grands espaces homogènes des plaines. Elle l'était sans doute moins pour les espaces compartimentés, associant terroirs de plaines et de collines (Fig. 21).

Cette nouvelle morphologie agraire simplifiée et géométrisée constitue, sous l'angle du potentiel productif, un formidable atout vis-à-vis des paysanneries de l'ouest de l'Europe encore engoncées dans des structures agraires émiettées en dépit des efforts de remembrement. Ces structures foncières à « l'américaine » sont le résultat positif du système collectiviste. Sur le plan paysager et des atteintes à l'environnement, c'est une autre affaire.

### Sur le processus de « dépaysannisation »

Le modèle socialiste n'a pas seulement introduit les symboles de la modernité dans les paysages, mais également dans les techniques et le mode de production. À bien des égards, ce modèle de planification rappelle étrangement l'intrusion coloniale. Comme la plantation coloniale qui s'introduit brutalement dans un univers paysan d'autosubsistance, il induit également des conséquences en chaîne sur les paysages, les systèmes de production, l'organisation du travail et l'habitat.

Le recours au salariat et la rémunération sur la base de la « journée de travail forfaitaire » ont modifié les comportements des individus et les ont détachés de leur responsabilité personnelle vis-à-vis de la terre. Ou, à tout le moins, à ne les raccrocher qu'à leur lopin individuel qui a fait l'objet de tout leur soin.

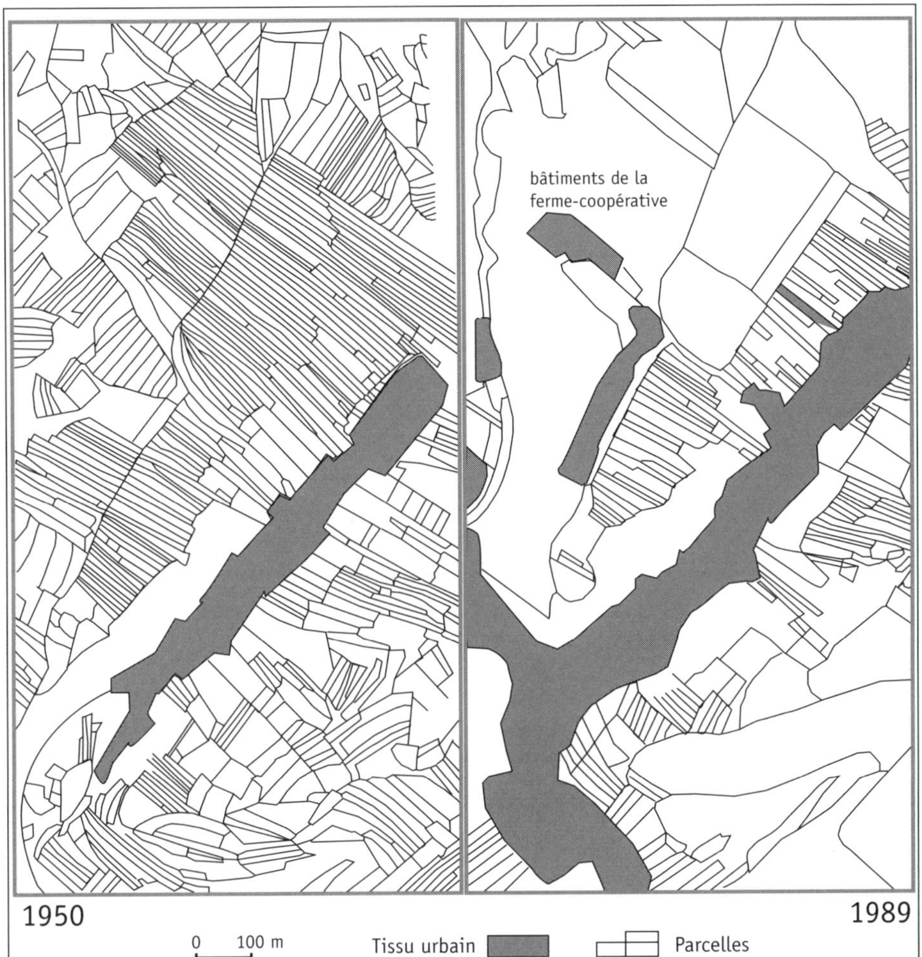


On note l'extension de la zone bâtie, la création de nouveaux bâtiments d'exploitation au cœur du finage, le maintien de petites lanières près du village, l'apparition de très vastes parcelles autour de la ferme-coopérative.

Figure 21 : **Les parcellaires avant et après la collectivisation à Nedasov (Carpathes blanches en Tchéquie)**
D'après C. Rialland, *Cahiers nantais*, 1997.

L'habitat dans des structures collectives, quelquefois éloignées du lieu de travail, a été un autre moyen efficace de perte des repères paysans. Le fait de comptabiliser les tâches avec une rémunération à l'heure également. Il y a eu comme un désapprentissage des pratiques paysannes, voulu par l'État, afin de faire de l'agriculteur socialiste un « homme nouveau ».

Changer l'espace et changer la société étaient les deux faces d'une même volonté en faisant table rase du passé. D'où la question, que va-t-on faire, avec la décollectivisation et l'établissement d'une nouvelle société, de ces paysages homogènes, banalisés, fonctionnels pour une grande agriculture motorisée ?

## Des campagnes en « transition »

### Entre crise et mutation

Ces campagnes dites en transition, et le terme est évocateur d'une situation instable, sont en phase de déstabilisation, de crise et de mutation. Elles se retrouvent entre deux modèles d'organisation. L'un, le collectivisme, qui est abandonné, refusé et qui a échoué. Mais il a eu le mérite d'une logique et donc de mettre en place une structure organisée des rapports entre le capital, le travail et la terre. L'autre, dont on est à la recherche, et qui offre, dans le cadre du système libéral, des formules variées.

En un premier temps, la décollectivisation a provoqué une crise de l'élevage par décapitalisation des cheptels. Ces derniers exigent d'importantes immobilisations en capitaux. On a préféré s'en débarrasser. Ce qui un temps a pesé sur le marché de la viande de toute l'Europe. Et il y a eu augmentation des surfaces en céréales et cultures industrielles. Ces nouvelles orientations des systèmes de culture sont mieux adaptées aux conditions naturelles et sont plus respectueuses vis-à-vis de l'environnement. Il semble donc se dessiner, là encore à l'échelle de toute l'Europe, comme une spécialisation. À l'est on retrouve l'ancien « grenier céréalier », tandis qu'à l'ouest il y a concentration des élevages, de la Bretagne au Danemark.

L'abandon du collectivisme a aussi révélé le retard considérable de la productivité des agricultures post-socialistes. Celui-ci ne pourra se résorber qu'avec une diminution considérable de la main-d'œuvre et la réorganisation de la sphère agroalimentaire. Le fait est patent dans l'ex-RDA avec l'entrée dans l'Union européenne suite à la réunification. Bénéficiant des aides aux productions prévues par la PAC, l'Allemagne orientale voit s'étendre les cultures industrielles (colza, betterave) tandis que son élevage s'effondre.

Il y a entre les structures institutionnelles fortes d'hier, et les projets flous de demain, ce qui est baptisé un « nœud de tension spécifique » ou « une bifurcation complexe » (Rey, 1995). On est bien, à la fois dans une situation de crise, c'est-à-dire un dysfonctionnement généralisé, et une situation de mutation, c'est-à-dire de changement structurel radical. Et les deux processus interagissent de façon complexe.

Ces processus de recomposition spatiale s'exercent en trois domaines :
- les systèmes productifs agricoles,
- les structures de propriété et d'exploitation,
- le devenir des sociétés locales

En d'autres termes la décollectivisation qui concerne la privatisation dans le domaine agricole, vise trois aspects, la réversion des droits de propriété sur la terre aux anciens propriétaires, la réaffectation des droits de propriété sur les actifs autres que le foncier, c'est-à-dire le capital d'exploitation (cheptel, matériel), et la transformation des rapports sociaux de production, c'est-à-dire du travail qui de salarié redeviendrait individuel.

Mais, et ceci est très important, il ne faut pas généraliser et imaginer que ces transformations vont prendre le même visage du nord au sud. L'idée reçue d'un passage sans heurts du collectivisme au libéralisme par la voie du modèle d'agriculture familiale reposant sur l'intensification, partagée par beaucoup au lendemain de 1989, est une utopie. Il y a en réalité un passage chaotique et différencié selon les États, les situations antérieures, les formes et l'intensité de la collectivisation. Le choc de 1989 a été d'autant plus brutal qu'il n'était ni attendu, ni préparé. Le seul point commun a été le rejet massif et instantané du système collectiviste. Mais par quoi le remplacer ?

### Vers quels modèles aller ?

Dans les pays socialistes, à la veille de 1989, trois réalités coexistaient : les fermes d'État, les coopératives, l'espace agraire sous usage individuel (les lopins). La part de chacun était variable selon les États, mais les formes collectives dominaient pour l'essentiel. Dès 1990, les projets de restitution des biens fonciers vont distinguer coopératives et fermes d'État puisqu'il y a de fait deux systèmes juridiques.

Pour les coopératives on pratique le partage des terres entre les coopérateurs. Encore faut-il établir la liste des ayants droit. Il est des propriétaires qui ont apporté leurs biens lors de la collectivisation et qui demeurent en droit propriétaires. Mais nombre d'entre eux ont pu émigrer dans les villes ou à l'étranger. Vont-ils récupérer leurs biens et que vont-ils en faire ? D'autres en revanche, ou leurs descendants, sont devenus travailleurs sur la coopérative. Le problème de restitution est plus simple. Que faire enfin des salariés de la coopérative qui ne sont pas d'anciens propriétaires ?

Pour les fermes d'État que faire du foncier ? Va-t-on le restituer aux anciens propriétaires ? Des *junkers* ou leur équivalent selon les pays, qui ont été chassés par la Révolution, et qui ont été en leur temps déclarés « ennemis du peuple » ? Va-t-on voir des grandes familles, émigrées aux États-Unis ou ailleurs, réclamer et réoccuper leurs châteaux ? Ou bien va-t-on les vendre, à qui, et sous quelle forme, achat ou action d'entreprise ?

Dans les deux cas, les administrateurs, les directeurs et les techniciens de ces entreprises, sont soucieux de conserver en l'état ces très grandes exploitations, quitte à en devenir les gestionnaires sous le nouveau régime. Ils ont des arguments de bon sens qui tiennent au maintien de l'emploi et à un bon usage des gros matériels adaptés à ce gigantisme. Mais pour d'autres c'est l'occasion de partager ces grandes exploitations difficiles à gérer, l'expérience antérieure le montre, et de mettre en place des exploitations à responsabilité familiale.

On le pressent, les enjeux entre la réappropriation pure et simple par les anciens propriétaires, la distribution entre une multitude de petits possédants, et le souci de maintenir ces outils potentiellement productifs du fait de leur taille et de leur organisation, sont de nature politique et électoraliste.

# LES VISAGES VARIES DE LA DÉCOLLECTIVISATION

## Le démantèlement dans l'ex-Union soviétique

### Le cas de la Russie : une crise sans mutation

Le premier ébranlement du système collectiviste en agriculture s'est produit en 1985 avec la politique dite de la *perestroïka*, la reconstruction et la transparence de Gorbatchev. Les lopins individuels sont multipliés et offerts aux citadins et les exploitations collectives sont invitées à débloquer des terres pour satisfaire la demande. Parallèlement les produits de ces lopins peuvent être vendus sur les marchés libres ainsi qu'aux exploitations collectives. Il en résulte un élargissement de la sphère privée agricole, et une incitation à l'intensification. On estime, même si les statistiques soviétiques sont sujettes à interrogation, qu'en 1989 les lopins fournissaient entre le tiers et le quart de la production totale.

Puis, fin 1991, les 25 500 exploitations collectives ont été invitées à choisir leur type de privatisation. Le bilan est mitigé puisque fin 1995, 8 400 ont conservé purement et simplement leur ancien statut (soit sur 29 % de la SAU), 1 200 étaient encore dans l'attente, 15 000 étaient transférées en SARL ou en sociétés anonymes (sur 61 % de la SAU). Mais ces nouvelles sociétés ont pour l'essentiel conservé les mêmes dirigeants et surtout continuent à fonctionner de façon collective. Le patrimoine a été divisé entre les associés, mais il n'y a qu'une privatisation de façade (Marchand, 1997).

La part de la propriété privée ne concerne que 10 % des surfaces, elle se présente sous trois formes :

– des lopins individuels, déjà reconnus sous l'ancien régime,

– des parcelles acquises par les citadins, depuis la réforme Gorbatchev, 16,6 millions de familles en 1998 auraient acquis des parcelles de ce type, ce qui témoigne des difficultés de ravitaillement dans les villes et le retour à une économie d'autosubsistance. Ces lopins de 0,4 hectares en moyenne, couvriraient 5,7 millions d'hectares, soit 2,6 % des terres, l'essentiel consacré aux pommes de terre et légumes.

– des exploitations paysannes. Ce sont les exploitations détenues en toute propriété par les anciens coopérateurs ou salariés des exploitations collectives qui ont fait jouer leur droit à l'acquisition d'une part foncière ainsi que les nouvelles lois les y autorisent. Or, en 1998, après sept années de la nouvelle législation, il y avait 274 000 exploitations de ce type, chacune ayant en moyenne 43 hectares. Et paradoxalement, elles ne sont pas spécialisées dans les productions marchandes à haut rendement (élevage, légumes, vergers) mais dans les cultures industrielles et céréalières, mieux adaptées, au premier regard, aux grandes entreprises collectives motorisées.

Les raisons de l'échec de la mise en place d'un large secteur d'exploitations à base familiale et à responsabilité individuelle, proche du modèle de l'Europe occidentale, secteur qui aurait pu être le moteur d'une économie agricole ouverte sur le marché, sont diverses.

Il y a de fortes réticences des responsables administratifs et des techniciens des fermes collectives à abandonner leur pouvoir. Ils étaient les piliers et les bénéficiaires de l'ancienne économie administrée, et ils préfèrent s'adapter sans changer. En outre les partisans de la privatisation et de l'acquisition de fermes individuelles en toute propriété se sont vus offrir des parcelles de médiocre qualité, éloignées, mal desservies, tandis que le manque criant de capitaux pour acquérir le matériel et les intrants nécessaires, faute d'un réseau bancaire apte à distribuer des prêts, a été un autre obstacle de taille. Enfin, il faut rappeler la désorganisation des circuits de distribution, la corruption généralisée et la mainmise de la maffia sur les activités d'échange.

En revanche, rester sur l'exploitation collective en tant que salarié, tout en utilisant au mieux son lopin individuel, est une sorte d'assurance tous risques. D'où le refus de se lancer dans l'aventure périlleuse de l'exploitation individuelle. Deux générations de collectivisme ont semble-t-il tué l'esprit d'initiative. Ce n'est sans doute pas le fait du hasard si la part des exploitations paysannes est plus grande dans les populations des minorités ethniques, notamment dans le nord du Caucase.

D'autant qu'il n'y pas eu en URSS, contrairement à d'autres pays socialistes, un passé agraire antérieur à la révolution, fondé sur la propriété privée. Les réformes du XIX^e siècle ont consisté pour l'immense masse rurale de l'Empire russe à passer directement du servage à l'appropriation par la communauté rurale (le *mir*). Il n'y avait pas eu de transfert au profit des ménages, sauf avec la réforme Stolypine de 1906, et lors de la brève période de 1917 à 1924, lorsque l'on a compté jusqu'à 24 millions d'exploitations individuelles.

L'agriculture russe est donc à la dérive, la baisse des principales productions et le recours massif aux importations en sont les preuves, tandis que les structures n'ont pas évolué. Il y a bien crise sans mutation vers un nouveau modèle. L'Ukraine, l'ancien grenier à blé de l'URSS, présente les mêmes caractéristiques. Il y aurait en 1998, 12 millions de lopins privés, alors que le pays abrite 17 millions de ménages, 36 000 exploitations privées et 17 000 entreprises agricoles collectives, ces dernières occupant 83 % des surfaces.

#### Le cas des pays Baltes

Les pays Baltes offrent un exemple différent de trajectoire. Il a l'avantage d'être bien connu (Maurel, Cabouret) et de fournir une transition avec ce qui se passe plus à l'ouest. Ces petits États ont bénéficié lors de leur indépendance qui a suivi la Première Guerre mondiale, entre 1919 et 1922, de réformes agraires de type libéral ayant abouti au démantèlement des grands domaines des « barons baltes », et à la création d'une paysannerie indépendante, consubstantielle à l'identité nationale, faite de petites propriétés. Des partis paysans assurant le relais politique.

En Lituanie, la réforme de 1922 s'était accompagnée d'un remembrement des terres et d'une dispersion de l'habitat en fermes individuelles, tandis qu'en Estonie on comptait en 1940 plus de 140 000 exploitations d'une superficie moyenne de 23 hectares. Un modèle agricole du même type que le modèle d'exploitation danois ou néerlandais avait donc pu prospérer, spécialisé dans l'exportation de produits d'élevage pour le marché anglo-saxon. En outre un dense réseau coopératif et un gros effort de scolarisation en faisaient une paysannerie ouverte sur l'économie marchande.

La collectivisation va à partir de l'annexion au début des années 40 rencontrer de fortes résistances. Elles seront brisées par le nouvel occupant qui procède à des déportations massives de paysans et qui va ainsi éliminer la frange moderniste du modèle de l'exploitation familiale. En 1949 La collectivisation est achevée. En Lituanie, elle s'accompagne d'un remodelage drastique de l'habitat. les fermes dispersées (les *khoutors*) sont rasées (plus de 100 000 !), les traces des anciens parcellaires effacées, au profit d'un nouvel habitat de gros villages abritant les services et équipements, et les logements des salariés des fermes collectives, tandis que de nouveaux bâtiments d'exploitation standardisés et surdimensionnés sont construits dans le cadre de très vastes entreprises de plusieurs milliers d'hectares (4 300 hectares en moyenne en Estonie).

Le retour à l'indépendance en 1990 va accélérer et radicaliser le processus de réforme agraire, engagé dès avant 1989 dans le cadre de la démarche initiée par Gorbatchev sur l'ensemble de l'URSS. En 1991, des lois successives de restitution vont aboutir à redonner les terres aux anciens propriétaires d'avant 1940, ou à leurs héritiers, si possible *in situ*, en créant un plafond de 50 hectares de terres agricoles, tout en se préservant autant que possible d'un émiettement inconsidéré des patrimoines. D'où un encadrement des redistributions en les accompagnant d'une restructuration foncière avec un plan de zonage des sols, voire de compensations en argent ou d'équivalence, afin de conserver des morphologies agraires viables. On imagine la complexité des choses et donc la lenteur du processus de transition, des droits d'usage étant confiés à d'autres que les propriétaires. En Lituanie, à l'été 1996, sur 460 000 demandes de restitution portant sur 3,6 millions d'hectares, un quart était honoré.

Actuellement, il y a comme dans la Russie voisine « coexistence de formes structurelles néo-collectivistes et familiales » (Maurel, 1998), avec trois types d'exploitations :

– des associations nées du démantèlement des exploitations collectives. Les nouveaux propriétaires apportent leur part foncière à l'association, sous forme d'une location. Le travail demeure collectif et est le fait de salariés qui peuvent être les propriétaires. En 1996 il y avait en Lituanie 2 611 associations dont les trois quarts en grande difficulté économique ;

– les nouveaux exploitants qui ont fait valoir leur droit à retrouver leur terre et qui ont pu retirer leur part de propriété des associations, souvent sous la forme de matériel (tracteur). Mais il leur faut constituer l'essentiel de leur capital d'exploitation, notamment en cheptel et en bâtiments. C'est souvent mission impossible. D'où également les grandes difficultés de la majorité d'entre eux sauf ceux qui pratiquent la vente directe ou les anciens cadres et techniciens des exploitations collectives d'autrefois ;

– les propriétaires des lopins. Il y a eu ici comme en d'autres Républiques ex-soviétiques, notamment en Arménie, par souci égalitaire et afin d'atténuer la période du passage à la nouvelle économie libérale, attribution de lopins à tous les chefs de ménage sans terre, y compris les travailleurs hors de l'agriculture.

Ainsi s'est constituée une économie d'autosubsistance à base de « jardins ouvriers », faite de petits producteurs, à la tête d'une vache ou deux, de quelques ares de pomme de terre, et de quelques arbres fruitiers.

En fonction des situations locales, et en définitive selon les individus, on constate des trajectoires de sortie du collectivisme, très différentes selon les cas. D'une région à l'autre, de village à village, d'une exploitation à l'autre, les évolutions peuvent être contradictoires. Ici, les fermes familiales ont pu se multiplier et une couche d'entrepreneurs se constitue qui augure l'évolution vers le modèle agricole du type Européen, là il y a une résistance des formes collectives de travail par la création d'associations regroupant les propriétaires qui ont fait valoir leur droit sans oser se rendre totalement indépendants. On est bien à la recherche de nouveaux modèles agricoles.

L'enjeu est d'autant plus important que les États baltes entendent rejoindre l'Union européenne, il en est de même pour les pays de l'Europe dite de l'entre-deux.

## « L'Europe de l'entre-deux »

Cette expression de « l'Europe de l'entre-deux » (Rey, 1996) correspond aux ex- pays socialistes de l'Europe centrale et orientale, entre l'Union européenne et la Russie.

### Le poids du passé

Il n'est pas dans notre propos d'examiner l'histoire agraire de ces territoires depuis l'avant collectivisation jusqu'à la transition contemporaine. Ce serait œuvre d'historien. Il s'agit simplement d'essayer de comprendre ce qui se passe depuis la décollectivisation et d'analyser les cheminements différents de cette phase de recomposition de nouvelles campagnes. Mais un bref rappel de l'histoire agraire sur la longue durée est nécessaire pour comprendre les sociétés agraires face aux bouleversements du siècle dernier.

Les remaniements agraires de cet ensemble territorial s'étalent sur près d'un siècle avec trois phases successives. En effet, la collectivisation d'après la Seconde Guerre mondiale a été précédée d'une série de réformes agraires plus ou moins radicales suite à l'effondrement des empires d'après le Première Guerre, et est suivie actuellement par une phase dite de « transition » et de retour à l'économie libérale.

Auparavant, les grandes plaines de ce centre oriental de l'Europe étaient l'espace des grands domaines caractérisés par ce que les historiens ont baptisé le *second servage*. Junkers prussiens, barons de Courlande, aristocrates hongrois, boyards roumains, étaient à la tête d'immenses domaines cultivés par des communautés villageoises dont les membres étaient attachés au sol. Les montagnes, quant à elles, étaient des conservatoires d'une vieille agriculture de subsistance associée à des élevages, où les troupeaux pratiquaient des déplacements entre plaines et estives, souvent complexes, fonction de la diversité d'origine ethnique des populations qui se partageaient la mise en valeur des hautes terres.

Ce système de type féodal est ébranlé au XIX$^{e}$ siècle par les luttes nationales et le mouvement d'émancipation paysanne, mais les transformations des structures ne furent pas identiques et opérées au même rythme entre Baltique et Méditerranée. Les réformes agraires antérieures à la collectivisation étaient donc différemment engagées, d'autant que le mouvement en faveur de restructurations foncières était plus ou moins nécessaire selon les milieux naturels. Le contraste premier étant entre les secteurs de plaines et de bas plateaux, aux mains de grands propriétaires, et les zones de montagne aux mains de petites collectivités et constituées de structures agraires émiettées ou de terres communes utilisées sous la forme de pâturages d'altitude

La collectivisation a dû tenir compte de cette diversité et de ces résistances. C'est ainsi que la Pologne et l'ex-Yougoslavie ont conservé une paysannerie qui n'a pas été collectivisée. En revanche, en Allemagne de l'Est, la collectivisation a pu aisément se glisser dans les habits des grands domaines des *junkers*. Un simple transfert des droits de propriété a suffi, les morphologies agraires étant adaptées à une agriculture reposant sur le machinisme. Ailleurs, la mise en commun des terres s'est faite par étapes et a été précédée souvent d'un premier partage égalitaire entre les travailleurs de la terre, et des droits de propriété ont été accordés, même si le principe a été dans les faits plus virtuel que réel.

### La question foncière prioritaire

L'attention s'est focalisée sur la question de la terre après 1989 du fait des héritages historiques brièvement évoqués ci-dessus. Entre 1945 et 1947 une série de lois agraires a supprimé les grands domaines achevant le travail des réformes agraires de l'entre-deux-guerres. Ensuite est intervenue la collectivisation sous la forme de deux vagues successives, en 1949-1953 puis 1956-1960. Et en 1989 la priorité a été donnée au partage des terres plus que le choix d'un nouveau modèle. Tout un chacun a voulu récupérer ses biens. Et ce, d'autant que la phase de collectivisation n'avait pas formellement supprimé la propriété privée des terres. Si lors de la collectivisation le propriétaire perdait le fruit de son bien, il continuait à percevoir une rente foncière symbolique (ainsi en Hongrie, sur 39 % des terres collectives, les propriétaires touchaient une rente en 1989), et s'il ne pouvait le vendre, il pouvait le transmettre à un héritier, à charge pour ce dernier d'être lui-même membre de la coopérative. Donc en droit formel, les paysans dépossédés de fait, conservaient leur droit. Et il n'y a eu que le temps d'une génération entre 1950 et 1989. Les traces des configurations parcellaires d'avant 1950 n'avaient donc pas totalement disparu dans les esprits.

Mais si le processus de restitution est vite unanimement retenu, à partir de quelle date va-t-on opérer pour établir les droits de chacun ? La situation qui a immédiatement précédé la collectivisation, ou bien une situation antérieure d'avant les partages des années 1947-1950, et pourquoi ne pas remonter à l'avant dernière guerre ? La date de prise en compte de la situation foncière d'avant la collectivisation pour procéder aux restitutions est donc un enjeu considérable. D'autre part la restitution du foncier ne règle pas les deux autres problèmes que sont le partage des autres moyens de production (cheptel, matériel, bâtiments) et le passage d'un état de salarié à celui de travailleur indépendant et responsable.

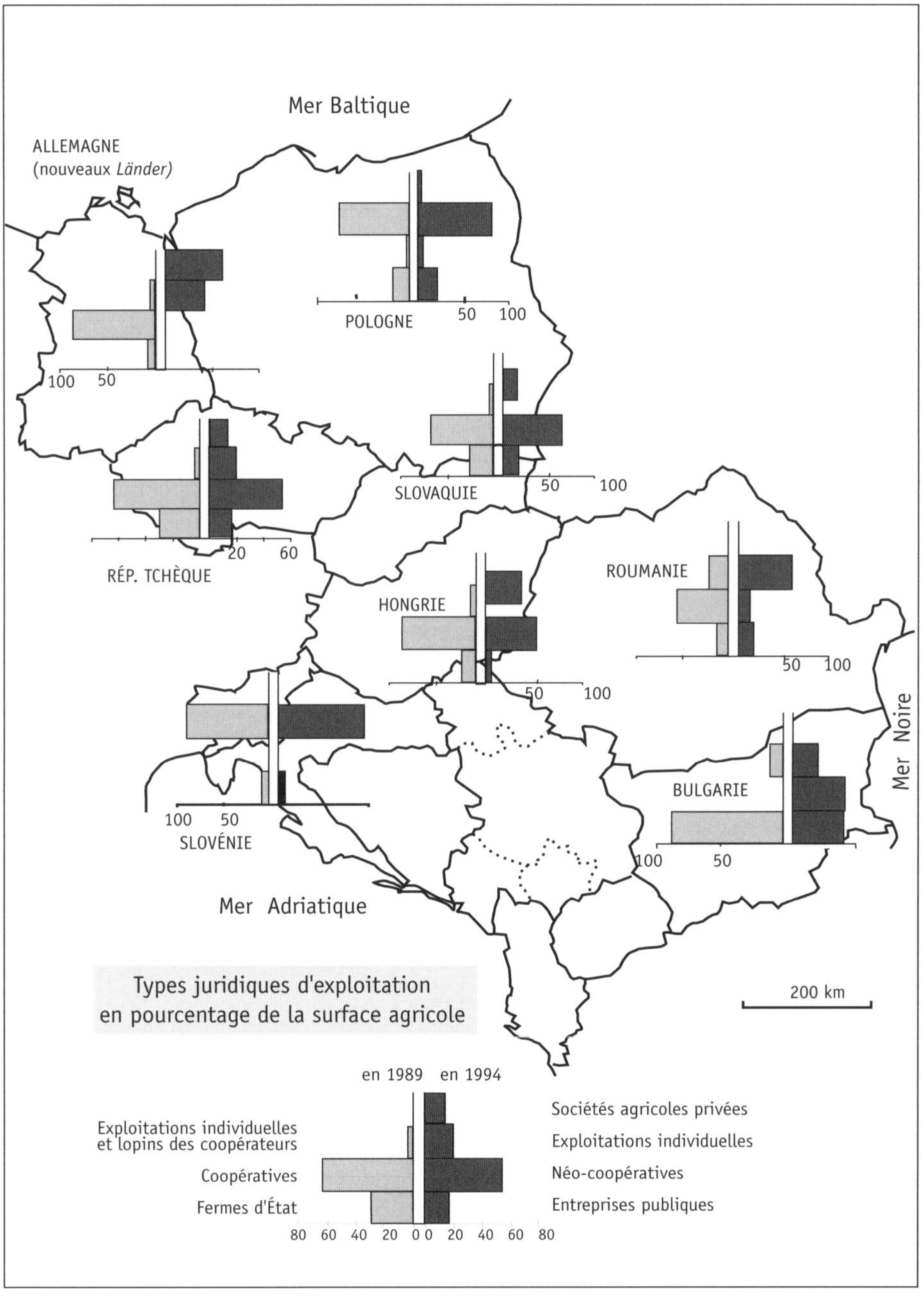


Figure 22 : **Types juridiques d'exploitations agricoles : le changement structurel en Europe de l'Est entre 1989 et 1994.**
Source : D'après V. Rey (1996)

### Une décollectivisation rapide : l'exemple de l'ex-Allemagne de l'Est

Le cas allemand est original. En effet le processus de décollectivisation va être rapide et radical du fait de l'intégration à l'Union européenne avec la réunification du pays, et que d'autre part la majorité des terres était avant 1945 détenue par de grands propriétaires.

Le processus a été conduit à son terme en quelques mois avec le passage à une économie de marché par l'intégration à la PAC. Aussi le projet politique a-t-il été d'entrée de jeu clairement défini. Il y a eu démantèlement des fermes d'État et des coopératives et essai de favoriser la diffusion du modèle d'exploitation familiale sur le modèle de l'Europe de l'Ouest.

Une première loi de transformation de l'agriculture du 29 juin 1990 précède l'entrée dans l'Union, suite à la réunification d'octobre 1990, et la restructuration de l'agriculture de l'ex-RDA est confiée au ministre de l'agriculture ouest-allemand, qui est alors I. Kiéchle, un Bavarois, farouche partisan de l'exploitation familiale. L'objectif annoncé est de refermer la parenthèse collectiviste et de revenir à la situation d'après 1945 des petites exploitations familiales suite au démantèlement des grands domaines.

En réalité, l'examen des faits (Lacquement, 1996) montre que l'adaptation à la PAC a été difficile. Une explosion du chômage agricole a accompagné le délestage de la main-d'œuvre excédentaire des coopératives et fermes d'État et a révélé un sous-emploi déguisé lié à une productivité très faible. Tandis que des nuances régionales sont apparues entre les différents *länders*. En Saxe et Thuringe, régions agronomiquement riches, les exploitations individuelles paysannes ont pu se multiplier. En revanche, plus au nord, dans le Brandebourg et la Poméranie, régions pauvres et sans traditions paysannes, il y a eu maintien des grandes structures. À un déterminisme social imposé succède un déterminisme naturel qui réapparaît.

– le maintien de grandes exploitations par la transformation juridique des anciennes coopératives ou fermes d'État en entreprises de type SARL, et association de capitaux, Elles occupent 63 % de la SAU, et leur surface moyenne est de 1 045 hectares ;

– une restauration très minoritaire de fermes paysannes selon le modèle de l'ouest européen. Elles étaient moins de 20 000 en 1994, dont 50 % sont à temps partiel. Leur surface moyenne est de 77 hectares et elles occupent 21,8 % de la SAU ;

– des sociétés de personnes, regroupement de plusieurs exploitants individuels, un peu comparables juridiquement aux GAEC, au nombre de 2 200 en 1994 et occupant 15 % de la SAU, avec une surface moyenne de 372 hectares.

Ainsi, les structures agricoles de l'est de l'Allemagne bénéficient dans l'Union européenne de structures de grande taille, à l'opposé des petites structures de l'ouest du pays. Un tel constat ne fait que retrouver l'opposition de structure de part et d'autre de l'Elbe, et renvoie au mode de colonisation lors de la longue marche vers l'est des populations allemandes. Preuve s'il en était besoin de la justesse de la formule « passent les systèmes, restent les structures » (Rey, 1993).

### Des adaptations nuancées : le cas de la Tchéquie

Pour ce pays, on a pu parler de « décollectivisation pragmatique » (Zrinscak, 1997). Le cas tchèque peut se situer à mi-chemin entre RDA et Roumanie, preuve supplémentaire que la rupture avec le socialisme a pris des formes différentes qui s'expliquent par les situations antérieures, ce qui illustre la variété des trajectoires dans cette période de transition.

En Tchéquie, les politiques ont souhaité un passage rapide au système libéral. D'où une série de lois recouvrant trois méthodes de privatisation des terres :

#### *La loi de restitution*

Rendre aux anciens propriétaires leurs biens (terres, cheptel, habitat, matériel) en créant des exploitations individuelles. C'est la loi de restitution. Cette première loi ne concerne que les citoyens tchèques dont le domicile permanent est en Tchéquie. Ne sont restitués que les seuls biens expropriés sans compensation financière entre le 25 février 1948 et 1990. Aussi les populations de nationalité Allemande, expulsées entre 1945 et 1947, ne peuvent en bénéficier. En outre la restitution par famille est limitée à 150 hectares de terres labourables ou à 250 hectares de forêts.

En 1992, un amendement supprime cette limitation de taille. Aussi voit-on les descendants des grands propriétaires revendiquer leur patrimoine. Ce sont souvent des exilés à l'Ouest, dont certains vont reprendre la nationalité tchèque afin de recouvrer leurs biens. Or, depuis 1948, ces terres ont souvent été transformées dans leur configuration physique, leurs limites, voire leur nature. Si ces transformations ont dégradé les biens, le propriétaire peut toucher des indemnités compensatoires. Pensons aux châteaux qui ont pu être abandonnés.

Cette loi portait sur 80 % de la SAU, et concernait 1,5 million de propriétaires potentiels, 95 à 98 % ont fait valoir leurs droits, ce qui est considérable, mais seulement un dixième pour s'installer en tant qu'agriculteur. Et fin 1995 s'il y a eu multiplication des fermes individuelles, elles ne couvraient encore que 23 % des surfaces en SAU.

Les raisons tiennent au fait que dès 1945 la population agricole était fortement minoritaire. Et qu'aujourd'hui plus des deux tiers des propriétaires sont extérieurs à l'agriculture. Héritiers des possédants de 1948, ils sont en ville et ont d'autres professions qu'agriculteur, ils vivent correctement de leurs salaires et n'ont pas les mêmes besoins de retour à la terre que leurs homologues roumains. Il n'y a pas de pénurie alimentaire, et donc pas besoin de se replier sur des lopins agricoles pour pratiquer une agriculture de subsistance.

En outre, ces terres sont restituées selon le maillage agraire d'avant la collectivisation, donc morcelées, émiettées, souvent sous la forme de lots minuscules qui ne sont pas viables pour une exploitation modernisée. Aussi la grande majorité des propriétaires ont récupéré leurs terres mais pour les confier aux exploitations collectives réformées qui, elles, offrent des morphologies agraires adaptées.

Ainsi se surimposent une réalité foncière pulvérisée et un droit d'usage ou droit de culture favorisant les regroupements parcellaires. Mieux vaut pour le propriétaire qui a récupéré ses terres les donner en fermage que se lancer dans une problématique aventure de l'exploitation individuelle soumise à tous les aléas de l'agriculture de marché.

#### *La loi de transformation*

La loi dite de transformation de fin 1991 complète le dispositif législatif. Elle a comme objet de redéfinir la nature des relations aux moyens de production dans les anciennes coopératives. La priorité retenue est pragmatique. Il faut faire fonctionner ces bons outils techniques, donc les adapter et non les supprimer, afin d'assurer l'approvisionnement alimentaire des populations citadines.

La loi consiste à définir les ayants droit. Ce sont ceux dont les parents ou eux-mêmes ont investi en biens ou en travail lors de la période de collectivisation. Chacun se voit attribuer des parts selon ses apports. On y retrouve les membres de la coopérative, les retraités, les propriétaires des biens utilisés par la coopérative, soit plusieurs centaines de personnes pour chaque cas. Dans la grande majorité, le choix a été fait, en accord avec les équipes dirigeantes, de maintenir l'outil de production. Des démantèlements partiels ont pu se faire lors de la loi de restitution, et la coopérative se retrouve dans une situation de fermier. Ainsi, à Zahorovice (Zrinscak, 1997), la coopérative a été divisée en 1991 en six exploitations, deux coopératives de respectivement 780 et 400 hectares et quatre exploitations individuelles.

Le problème crucial est l'abondance de la main-d'œuvre. Ces néo-coopératives doivent pour devenir compétitives faire des choix dans leurs systèmes de production.

#### *La loi de privatisation*

La loi de privatisation consiste enfin à vendre les fermes d'État. Elle s'explique par la volonté de faire table rase du collectivisme et son objectif est plus idéologique qu'économique. En 1989, il y avait 245 fermes d'État. En 1992 elles sont démantelées en 1 465 entreprises, couvrant 955 000 hectares, soit le quart de la SAU du pays. Chaque unité autonome ainsi redécoupée est vendue à des sociétés privées ou à des individus, selon des formes juridiques variées de SARL ou de société anonyme. En moyenne les surfaces sont de 680 hectares. Elles sont donc proches par la taille et le statut des grandes exploitations capitalistes. Comme chez ces dernières on y réduit au maximum la main-d'œuvre salariée et l'on y fait le choix des spéculations les plus rentables à l'instant donné, compte tenu des sols, et du marché. Un bon nombre de ces sociétés ont été acquises par des groupes occidentaux, on cite le cas de sociétés sucrières françaises.

Fin 1995 le processus de privatisation des terres en Tchéquie était pratiquement achevé. Il restait 80 fermes d'État à liquider, soit 1,5 % de la SAU totale. La répartition était la suivante :

– un quart des surfaces en exploitation individuelle,

– 47 % des surfaces en néo-coopératives,

– un quart en sociétés capitalistes, héritières des anciennes fermes d'État.

Avec un total de 27 000 exploitations sur 3,5 millions d'hectares, et un emploi agricole de 241 000 personnes. Soit 6,8 travailleurs aux 100 hectares.

La privatisation des structures de production s'est donc faite en cinq à six ans et a abouti à une recomposition de la trame agraire. Il n'y a pas de secteur géographique privilégié quant à la répartition de chaque type. On constate cependant que les exploitations individuelles sont plus vastes à l'ouest et plus étriquées vers la Slovaquie. La très grande majorité n'atteint pas 50 hectares, alors que les néo-coopératives font aisément plus de 1 000 hectares. On a donc bien juxtaposition de deux secteurs économiques au sein de la sphère agricole.

La disparition du système socialiste fait ressurgir les nuances des milieux physiques que la collectivisation avait eu tendance à gommer. Les zones montagneuses se retrouvent en situation difficile vis-à-vis de la plaine morave, notamment au niveau des rendements obtenus. On note également une spécialisation selon les régions agricoles, ainsi qu'une spécialisation des ateliers agricoles. Mais ces évolutions dans l'utilisation des sols et des productions sont infiniment plus lentes que le changement des statuts fonciers qui a été imposé et codifié.

Les adaptations à l'économie de marché ne sauraient se faire par décret. Elles demandent du temps, des initiatives personnelles, la mise en place des circuits de commercialisation, la modernisation des industries agroalimentaires. Le risque est grand de voir la sphère agricole concurrencée par les produits de l'Europe occidentale à la recherche de nouveaux débouchés, et dont la tendance naturelle est de prendre le contrôle des économies agricoles fragiles de ces pays de l'Europe de l'Est. Après la transformation des rapports fonciers, c'est le nouveau défi des secteurs agricoles.

### Le retour paysan : l'exemple roumain

Le cas roumain du « retour paysan » n'est pas unique, on le retrouve en Albanie, où 400 000 familles se sont partagé 700 000 hectares (Sivignon), et en Arménie où chaque chef de famille du village a reçu un lot de terre en fonction du nombre de personnes du ménage. En Roumanie, c'est 78 % des 15 millions d'hectares de surface agricole qui sont privatisés, donnant naissance ou renaissance à 3,6 millions d'exploitations individuelles, dont la surface moyenne est de 2,3 hectares. Cette pulvérisation ou fragmentation foncière opérée dès 1990, se lit dans les paysages avec le retour d'un parcellaire laniéré en lieu et place des anciennes immenses parcelles géométriques du temps des coopératives. Il y a eu comme une « exhumation » (Rey, 1996) des formes de jadis.

Ainsi en quelques mois est-on passé d'une structure agraire remodelée par le collectivisme, en parcellaires adaptés à la motorisation et à l'agriculture industrielle, à une structure paysanne de repli sur l'autosubsistance, avec une morphologie agraire du temps de l'agriculture attelée ou à bras. Étonnant renversement de situation dont il faut tenter de comprendre les facteurs explicatifs et les raisons profondes (Fig. 23).

C'est qu'en Roumanie il y a eu un double démantèlement. D'une part celui du foncier, les ayants droit, pour la majorité les anciens villageois, se sont partagé les terres, chacun récupérant ses anciennes parcelles, ce dès 1990, la loi sur la privatisation des terres en 1991 ne faisant que légitimer ces actions spontanées. D'autre part celui des coopératives agricoles de production (les CAP), avec la vente du cheptel, le démontage des bâtiments collectifs pour récupérer les matériaux, le

**En 1988, au terme de la période collective** | **En 1995, le partage des terres collectivisées**

On peut distinguer :
– l'*intravilan* du village de Bengesti avec maisons et jardins : parcelles arables (A), ou parcelles de vignes hybrides (Vh)
– l'*extravilan*, en vastes parcelles arables travaillées par la coopérative (numérotées 130,73,173,71, etc.) Au milieu, le lit du Gilort.

Les terres collectives sont en cours de partage. Les nouvelles lanières font souvent 3 ou 4 mètres de large. Sur ce secteur, aucune association ne vient remembrer le parcellaire de cultures. Seules des ententes de voisinage regroupent quelques parcelles, le temps d'une campagne agricole pour les labours ou les moissons.

Figure 23 : **La redistribution foncière de Bengesti-Ciocadia en Olténie (Roumanie)**
Source : B. von Hirschhausen, *Les campagnes roumaines*, Belin, 1997, p. 122

partage du matériel, au profit du retour à une agriculture de subsistance sous la forme de micro-exploitations. Le résultat a même été le retour de près de 500 000 personnes depuis les villes et les cités minières, vers l'agriculture, dont le secteur est passé de 28 à 36 % des actifs du pays entre 1989 et 1997. Trois raisons ont été avancées pour expliquer cette trajectoire originale (Von Hirschhausen, 1997) :

– la société roumaine est demeurée paysanne et villageoise, et il y a quarante ans les trois quarts des Roumains étaient des agriculteurs. Donc tout le monde ou presque est fils de paysans et donc peu ou prou héritier de biens fonciers. Il n'y a pas eu rupture avec le village, d'autant que les systèmes des lopins ont permis de faire vivre les familles pendant le socialisme, y compris les citadins ;

– l'économie nationale est dépendante des résultats agricoles. C'est l'échec du régime de n'avoir pu assurer la subsistance des populations, d'où la force du sentiment anticollectiviste et l'explication des « jacqueries » et pillages dès l'effondrement du socialisme ;

– les campagnes avaient été collectivisées par la force entre 1949 et 1962 selon deux types de structures. D'une part des Coopératives agricoles de production (CAP) couvrant 60 % des terres, à l'échelle des villages, et contrôlées par le Parti et le Plan, théoriquement aux mains des coopérateurs mais en fait vécues comme une confiscation des biens villageois. Ces coopératives, surchargées de main-d'œuvre, étaient très peu compétitives. Ce sont elles qui vont éclater sous la pression des villageois qui vont réinventer un système autarcique d'autosubsistance. Ici, il n'y a pas eu comme dans les pays socialistes voisins, sauvegarde des outils de production et leur adaptation par de nouvelles formules d'association capital/travail, mais pure et simple liquidation des 3 800 coopératives. D'autre part des fermes d'État, mises en place sur les anciens grands domaines et les terres détenues par la minorité allemande, au nombre de 411, couvrant 14 % de la SAU, de taille moyenne de 5 000 hectares, et techniquement très bien dotées en matériel. Ces bons outils de production vont être repris en fermage par de gros entrepreneurs disposant des moyens d'investissements.

Au total, on a donc maintien d'un dualisme agraire qui rappelle l'avant guerre, avec d'un côté une masse considérable de micro-exploitations morcelées, autour des villages, dans les zones de collines et de montagnes, lieux de refuge d'une économie archaïque. De l'autre de grosses entreprises modernisées, orientées vers les céréales, sur les bonnes terres noires de la plaine roumaine et du Banat.

Comment faire évoluer cette agriculture paysanne vers un modèle ouvert sur le marché, alors même que la reconstitution des petits parcellaires a rompu les systèmes d'irrigation et anti érosifs mis en place pour une autre morphologie agraire ? Comment susciter des formules d'association et de regroupement du type CUMA ou GAEC, et initier de nouveaux comportements sociaux, alors que tout ce qui de près ou de loin s'apparente à une solidarité collective a été dévoyé sous le régime précédent ? Sans doute, mais ce sera long, assistera-t-on ici, comme on peut le constater en Arménie, à une progressive concentration par des « néo-koulaks », mais le processus, aujourd'hui bridé par la limitation des rachats fonciers à un maximum de 10, puis de 50 hectares, demandera au moins une génération.

### Le paradoxe polonais : un système agraire figé

La Pologne agricole offre un autre cas particulier dans l'analyse des évolutions des systèmes agraires de l'est de l'Europe puisque plus de 80 % des terres n'y ont pas été collectivisées pendant la période socialiste. Seule la partie occidentale, c'est-à-dire les territoires « recouvrés » après 1945, dans lesquels se trouvaient les grands domaines des Allemands expulsés, a été soumise à la collectivisation, sous la forme de fermes d'État, au nombre de 1 226 sur 3,5 millions d'hectares. Ailleurs, la petite paysannerie a été maintenue, selon un modèle paysan de petites exploitations, avec une morphologie agraire de longues et étroites parcelles laniérées, et une économie rappelant la Galice ou le Minho. C'est-à-dire un microfundium généralisé. En 1970, La taille moyenne était de 4,9 hectares, elle est passée à 5,4 hectares en 1995. Un nombre considérable d'exploitants, plus de 2,5 millions (40 % de toute l'Union européenne !, en 1995) subsiste, 82 % des surfaces étant aux mains des exploitations de moins de 10 hectares, dont beaucoup à temps partiel, ce qui assure leur pérennité, le maintien d'une traction attelée, avec 700 000 chevaux de trait, et un tracteur pour 4 exploitations, et une abondante main-d'œuvre surexploitée. Un conservatoire agraire en somme, figé et enkysté, tant dans les paysages que les structures. Comme dans le sud de l'Europe rurale trop peuplée le problème est celui de la confrontation entre cette masse pléthorique de petits paysans face à l'intrusion du progrès technique et à la concurrence de l'Europe de l'Ouest. Toute modernisation s'accompagnera de l'élimination massive des plus faibles, mais pour faire quoi et aller où ?

Une telle situation de cumul des retards fait que certains en Pologne en viennent à regretter que la collectivisation n'ait pas eu lieu. Elle aurait réglé ce maintien d'une morphologie agraire obsolète dans l'économie libérale, et d'une paysannerie en panne de développement. Il y a donc un paradoxe. La résistance victorieuse à la collectivisation a retardé la modernisation nécessaire, et a fait prendre une quarantaine d'années de retard à l'agriculture polonaise. Mais ce repli sur un système d'économie domestique d'autosubsistance a été permis par le poids considérable de la petite paysannerie (en 1989 il y a encore 14 millions de ruraux et un tiers d'agriculteurs dans la population active) par le rôle de l'Eglise, par la puissance des syndicats agricoles (notamment la branche agricole de Solidarnosc) et le sentiment d'identité nationale. Tous ces éléments jouant en synergie (Maurel, 1994).

Le prix à payer a été important. Faute de collectivisation l'habitat rural n'a pas été transformé. Ici pas d'agroville, pas d'habitat avec des aménités urbaines et les services d'accompagnement. Les retards ont été cumulatifs, tant pour la desserte, que pour l'électrification, le service d'eau, le téléphone. La Pologne rurale rappelle la France de 1950. Un immense effort d'équipement, mais aussi d'aménagement foncier, est nécessaire. Le remembrement des finages de parcellaires finement laniérés, encore présents dans le sud autour de Cracovie et sur le piémont des Beskides, est une priorité si l'agriculture polonaise veut soutenir la concurrence lors de sa prochaine entrée dans l'Union européenne. Les aides de la PAC lui seront indispensables. Aspect positif, les rapports au travail n'ont pas disparu, puisque la responsabilité et l'indépendance ont été conservées, contrairement aux agricultures des autres pays socialistes, le passage au modèle d'exploitation familial modernisé est possible. Le choix du modèle agricole reste ouvert entre le repli autarcique, la pluriactivité systématisée ou le passage à la petite exploitation intensive ouverte sur le marché.

Dans le nord-ouest, sur les terres annexées, la situation n'est pas meilleure. Certes, ici, les structures foncières sont simples. Des sovkhozes ont été mis en place après 1945 à la place des anciens grands domaines. Mais leur transformation est hypothétique. L'agence nationale chargée de vendre les terres ne trouve pas de repreneur. En 1995, sur 2,2 millions d'hectares, 180 000 ont été vendus. Les anciens salariés sont incapables d'acheter, et les friches progressent. La solution est peut-être dans l'acquisition de ces outils par des sociétés étrangères.

### Ni certitude, ni modèle unique

Au total, les voies de la mutation agricole sont très variées dans l'Europe de l'entre-Deux. Après plus de dix années de décollectivisation il n'y a pas de certitudes, ni de modèle unique (Fig. 24). Dans les secteurs dans lesquels il y a eu maintien de bonnes structures foncières les potentialités de développement et d'adaptation existent, soit sous la forme d'entreprises privées, soit de néocopératives. En revanche, dans les secteurs pulvérisés par les partages égalitaires, le passage à un modèle agricole familial, intensif et modernisé est

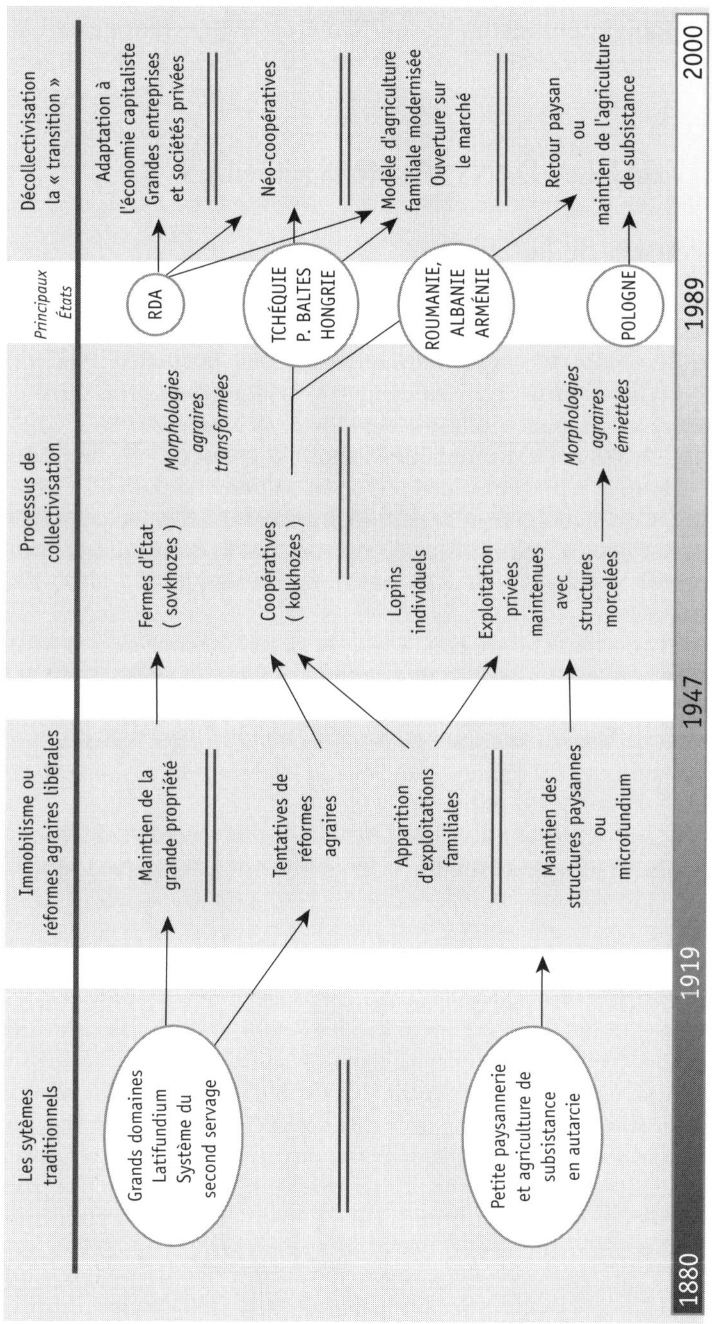


Figure 24 : **Les « trajectoires » des systèmes agraires des différents États de l'Europe de l'Est**

utopique faute d'un encadrement technique, bancaire et de formation suffisant. L'intégration à l'Union européenne exigera de cette dernière des aides et subventions considérables pour mettre ces agricultures de l'ex-Europe de l'Est à niveau.

## LA DÉCOLLECTIVISATION DANS LES TIERS MONDES

### La mutation réussie de la Chine ?

Disserter sur les nouvelles campagnes chinoises peut apparaître au premier regard comme une provocation. La Chine rurale est l'archétype de paysages immuables dont la pérennité et l'apparente ankylose sont liées aux impératifs techniques de la « civilisation du riz ». Il s'agit de campagnes profondément humanisées, très peuplées, trop sans doute compte tenu de l'exiguïté des finages. Rappelons que plus du quart de l'humanité dispose d'environ 7 % des terres arables. Il y a trop d'hommes pour trop peu de terres. D'où le recours à l'intensification-travail, l'usage de techniques d'irrigation ingénieuses, savantes mais artisanales, et des morphologies agraires faites d'une succession de casiers de terres labourables, consacrées aux grains (riz, blé, maïs), ne laissant pas de place pour les prairies et pâturages.

Les masses rurales, en dépit d'un exode que le pouvoir tente de contrôler, s'entassent de plus en plus sur un espace physiquement limité. Depuis 1949 et la révolution collectiviste qui a suivi, la population rurale aurait doublé. Or pas de possibilité ici d'ouvrir de nouveaux fronts pionniers. Quant à l'intensification par l'irrigation, elle est déjà faite. Et il n'est pas dans la tradition du paysan chinois d'utiliser les pentes, le bétail et les prairies.

On comprend pourquoi la révolution socialiste chinoise a voulu transformer les bases de l'agriculture afin de résoudre ce problème de campagnes surpeuplées.

#### Bref rappel du processus de collectivisation

Les étroits finages cultivés étaient depuis toujours organisés en villages dominés par une caste de notables détenant la terre et servant d'intermédiaires entre la société locale et l'État. Ce sont ces rapports à la terre que la révolution va bouleverser. Dès 1950 on procède, comme en Russie, à un partage des terres des anciens notables et féodaux, ces derniers déjà fortement ébranlés par les troubles depuis le début des années 30, au profit des petits paysans. Après cette réforme agraire qui conduit à une pulvérisation excessive des ateliers agricoles (l'exploitation moyenne, divisée en nombreuses parcelles, faisait 1,5 hectare) pour envisager une production accrue, on met en place des coopératives d'entraide, puis des coopératives de production. Si la propriété reste privée, les terres (96 % dès 1956) sont gérées au sein de la coopérative. Ceci s'accompagne d'un réaménagement parcellaire et la création de grands champs collectifs, cultivés en commun.

L'épisode du Grand Bond en Avant de 1958 et la création des Communes Populaires, vastes ensembles territoriaux s'étalant sur plusieurs villages, et formant une unité économique qui se voulait autonome et totalisante, associant la petite industrie (notammcnt la petite sidérurgie) l'artisanat et les équipements sociaux, s'est voulu une tentative de réorganisation de la vie rurale. En agriculture, trois niveaux de gestion étaient reconnus, du groupe de travail à la brigade en passant par l'équipe à l'échelle villageoise, le tout chapeauté par les structures administratives et de gestion au niveau de la Commune Populaire.

L'échec de ce mode d'organisation est reconnu dès 1962. Il conduit à conserver l'équipe de production, regroupant 25 à 30 familles à l'échelle du hameau. Le travail paysan retrouve le cadre familier du terroir. Un système complexe, certes collectif, mais à échelle humaine, de « points-travail » rémunère les travaux effectués par chacun dans ce cadre collectif, en fonction des horaires de présence et de la nature des tâches. En retour chacun recevait une « ration » égalitaire. Parallèlement, le travail sur les lopins individuels (5 à 10 % des finages) revenait à chaque famille, et concernait les potagers et les petits élevages, à qui l'on donnait les soins les plus attentifs.

Ainsi il y a eu, entre 1962 et les réformes dites de modernisation de Deng Xaio Ping de 1978, une conciliation pragmatique entre la survie d'une économie paysanne et d'une petite économie marchande, et d'autre part le collectif de travail dans lequel les paysans s'impliquaient pour le strict minimum requis, dans la mesure où leurs efforts étaient mal récompensés individuellement

### La décollectivisation et ses effets

En 1978 un nouveau pas est franchi. La nouvelle modernisation consiste à décollectiviser en douceur. On en revient, sans le proclamer expressément, à retrouver l'unité d'exploitation familiale, laquelle n'avait jamais cessé d'exister avec le repli sur le lopin, qui en Chine comme ailleurs, dans les autres pays socialistes, était le refuge du système d'intensification. La remise en cause du système de rémunération des équipes et l'individualisation progressive de ce dernier vont conduire les exploitants à recouvrer leur pleine responsabilité sur leur exploitation, avec des contrats de production. La disparition des points-travail et des rations a été l'ultime phase. Chaque famille est responsable, tant des profits que des pertes. Elle vend sa production mais paie semences et engrais.

Il y a donc eu un retour à l'exploitation familiale. Contrairement au salarié du kolkhoze en Russie qui préfère conserver son statut, le paysan chinois a retrouvé l'économie paysanne et s'en trouve bien et est de fait fermier du collectif villageois par un système de bail à long terme. Est-ce à dire que l'on est revenu à la situation d'avant la collectivisation ? En fait l'alourdissement des densités rurales ne le permettait pas. Aussi a-t-on vu, à côté de l'essor de fermes spécialisées, en particulier près des marchés urbains, et en parallèle avec l'affirmation d'une classe de paysans enrichis, grâce à l'économie de marché et à l'accès à la terre libéré, se mettre en place un très grand nombre de petites et moyennes entreprises industrielles (il y en aurait 6 millions), dispersées dans l'espace rural, et travaillant pour les marchés étrangers, qui utilisent les surplus de main-d'œuvre. On a donc des exploitations dans lesquelles plusieurs membres de la famille travaillent à l'extérieur et assurent des revenus complémentaires qui expliquent le maintien des minuscules exploitations. Un tel système se justifie vu l'étroitesse des structures (l'exploitation moyenne serait désormais de 0,6 hectare), et il assure le passage à une économie diversifiée et à des populations rurales aux structures complexes. Entre 1978 et 1997 le nombre d'emplois agricoles a crû de 40 millions, mais les emplois non agricoles de 113 millions. En outre, dans les campagnes chinoises, l'économie informelle et la pratique des solidarités dans un cadre familial élargi, participent à cette dynamique.

L'industrialisation de l'espace rural s'est faite par la multiplication de petites entreprises — allant du négoce aux pièces détachées, des transports aux ateliers de sous-traitance travaillant pour des commandes venues de l'étranger — installées dans les bourgs et petites villes. Ce secteur industriel rural occupait en 1994 plus de 27 % de la main-d'œuvre rurale, cette dernière étant globalement évaluée à près de 450 millions.

L'augmentation de la population rurale est désormais associée à la croissance des emplois non agricoles. En revanche, et ceci est d'une portée considérable, pour la première fois la population active agricole diminue, elle serait de 320 millions en 1994, soit 73 % des actifs ruraux, et 53 % des actifs totaux du pays. Ainsi, contrairement à d'autres pays dont l'agriculture a été collectivisée, la Chine semble avoir réussi sa transition, tout en passant d'une campagne agricole à des espaces ruraux fonctionnellement diversifiés par le biais d'un blocage de l'exode rural.

Toutefois, il ne faut pas crier victoire. Certes le défi alimentaire semble résolu. On ne meurt plus de faim. Les progrès des rendements, via la révolution verte, sont réels. En outre, de grands projets d'irrigation et de détournement des fleuves par des barrages gigantesques, tel celui des Trois gorges, doivent permettre d'accroître les terres pouvant accepter plusieurs récoltes annuelles. Il n'en reste pas moins que le problème démographique demeure, que le sous emploi agricole reste considérable, que toute une frange de la population est devenue mobile, et mal fixée, entre ville et campagne, et que si l'intensification est très élevée la productivité du paysan chinois est encore faible. En outre les sols de la Chine du Nord sont fragiles, et inondations et érosions menacent toujours une grande partie du pays. Enfin, les négociations conduisant fin 2001 la Chine à entrer dans l'OMC, annoncent des difficultés pour l'agriculture qui risque d'être la grande sacrifiée de la mondialisation.

## L'exemple vietnamien

### Une socialisation progressive

Comme dans l'est de l'Europe, le passage au socialisme s'est effectué par une première réforme agraire conduisant au partage des biens entre les petits paysans, puis par un regroupement sous la forme de coopératives. Dans le delta du fleuve Rouge, après 1954, il y a distribution de 810 000 hectares de terres appartenant aux anciens colons ou aux grands propriétaires expulsés au profit de 2,1 millions de familles paysannes pauvres. Puis à partir de 1959 se met en place la collectivisation des moyens de production sous la forme de coopératives à l'échelle du hameau. l'adhésion est théoriquement volontaire. En fait seuls les enfants des coopérateurs ont accès à l'école et aux soins, aussi tout un chacun se doit d'adhérer.

La collectivisation se fera au sud selon le même processus à partir de 1975. Elle s'accompagne du remembrement des rizières afin d'en faciliter le labour motorisé. En lieu et place des petites rizières dites hautes, moyennes ou basses, en fonction de la topographie, on a abouti à constituer de vastes parcelles en arasant les rizières les plus hautes et en relevant le niveau des terres les plus basses. Les résultats agronomiques ont été le plus souvent déplorables.

En revanche, au plan technique l'aménagement hydraulique a été important avec la multiplication des canaux qui a favorisé la double culture du riz, tandis que l'utilisation des engrais chimiques et des nouvelles variétés de riz ont accru les rendements.

En 1976, le passage à « la grande agriculture socialiste » avec la concentration des coopératives à l'échelle communale et non plus villageoise, la création de brigades spécialisées de travail (pour l'élevage, les labours, la protection des plantes) et de brigades de base du repiquage à la récolte, conduit à une parcellisation des tâches, avec un système de points-travail en fonction des travaux effectués par chacun, qui aboutit à des décomptes extravagants et arbitraires. Les paysans vietnamiens vont de ce fait concentrer leurs efforts sur les jardins familiaux en gestion privée, et les élevages associés de porcs et volailles.

### Une évolution pragmatique du système

Face à l'état de crise, mesuré par la diminution de la production par tête, le repli sur l'économie locale et un encadrement de plus en plus contraignant, dès 1981 une décollectivisation partielle est opérée, avec l'attribution de terres aux exploitants en fonction des actifs de chaque famille. La préparation des terres, les travaux spécialisés et le repiquage demeurent collectifs, tandis que chaque parcelle est soumise à une livraison fixe. Le surplus produit revenant directement au paysan.

La redistribution des terres aux familles selon le niveau de productivité des parcelles et par tirage au sort, s'accompagne d'accords entre exploitants afin de constituer des unités foncières proches des habitations. La redistribution gagne le bétail, en particulier les buffles. Peu à peu les coopératives perdent leurs attributions et des services privés les relaient. Les réformes entre 1988 et 1993 achèvent le processus en libéralisant les systèmes d'approvisionnement et de commercialisation.

Lors de la phase socialiste, les aménagements hydrauliques, les nouvelles variétés de riz et la fertilisation chimique ont été diffusés, ce qui a été positif. Il manquait au système une incitation aux résultats au profit des producteurs. La privatisation, synonyme d'intensification-travail, va la promouvoir. Le retour à un système de production familiale accompagne l'amélioration des rendements mais aussi la différenciation sociale au sein des villages.

Le Vietnam offre donc une évolution pragmatique du système d'encadrement sans traumatisme social.

## Cuba après la troisième réforme agraire

### Trois réformes agraires

Avant la Révolution de 1959, Cuba offrait l'exemple d'un pays dominé par une structure latifundiaire et une monoculture (ici la canne à sucre) selon un modèle agro-exportateur dont le principal client était les États-Unis qui contrôlaient la sphère agroalimentaire. Le sucre assurait 80 % des exportations et 50 % du produit national, la canne occupant 900 000 hectares sur les deux millions de SAU.

La réforme agraire a remplacé les grands domaines par des fermes d'État, dont la surface moyenne est de 20 000 hectares. La prédominance de l'économie sucrière s'est conservée en dépit d'une certaine diversification (agrumes, fruits tropicaux, riz) et secondairement tabac et café. Parallèlement à la réforme agraire un gros effort d'aménagement des campagnes a été entrepris avec la construction de villages abritant les logements des ouvriers et disposant des services (électrification, santé, école).

Or, si le blocus américain a été un temps pallié par les échanges avec les pays socialistes selon un système de troc, sucre cubain contre pétrole soviétique, l'effondrement de l'URSS a provoqué une très grave crise, en particulier au plan alimentaire, avec le retour des disettes, faute de cultures vivrières suffisantes. D'où le choix des autorités de ce qui a été baptisé « la troisième réforme agraire » lancée en 1993. Elle a consisté à démanteler les fermes d'État et à tenter de reconstituer une agriculture paysanne avec trois types de structures (Douzant-Rosenfeld) :

– des unités de base de production coopérative (UBPC) ont été constituées à partir des fermes d'État, et la terre transférée aux collectifs de travailleurs par un système d'usufruit gratuit, et des terres distribuées aux familles contre leur engagement de fournir les produits à l'État ;

– les coopératives de production agricole (CPA), qui à partir de 1975 ont regroupé les petits producteurs « volontaires ». En 1998 elles étaient au nombre de 1 139 sur 710 000 hectares et 63 000 associés ;

– les petits producteurs indépendants, regroupés en coopératives de crédit et de services (CCS), au nombre de 2 578, sur 970 000 hectares et 168 000 membres.

### Toujours des difficultés alimentaires

Cette coexistence de plusieurs secteurs n'a guère diminué l'encadrement de l'État qui demeure très fort (contrôle des intrants, des crédits, des plans de culture, des quotas de collecte) ni supprimé les risques de disette. D'où la multiplication des jardins installés sur des incultes à proximité des villes avec de la terre rapportée sur laquelle des cultures maraîchères se font toute l'année par rotation sur d'étroites planches enrichies des déchets ménagers et par des composts. Palliatifs évocateurs, au même titre que l'appel aux volontaires pour assurer les récoltes dans les fermes d'État, ces potagers sont des installations publiques mais gérés par les producteurs lesquels peuvent vendre sur le marché libre, désormais reconnu.

L'accroissement des surfaces détenues par ces lopins et jardins qui permet de ravitailler les citadins témoigne de la crise endémique de l'agriculture cubaine qui peine à alimenter la population, tandis que parallèlement la crise du sucre perdure avec 3 à 4 millions de tonnes par an (contre 8 en 1990). On retrouve à Cuba les difficultés rencontrées en d'autres pays dont l'agriculture a été un temps collectivisée, le passage du statut d'ouvrier d'une ferme d'État ou de coopérative au statut de paysan indépendant est très difficile. Il l'est d'autant plus ici que la grande masse des travailleurs de la terre est depuis les débuts de la colonisation constituée d'ouvriers agricoles.

Tant que le pays demeurera fermé du fait du « blocus américain » et qu'il n'affrontera pas l'ouverture, il lui sera difficile de sortir de cette situation de pénurie.

## L'Algérie ou la dualité perpétuée

### L'originalité du cas algérien

Le cas des évolutions agraires de l'Algérie déborde le cadre de la simple décollectivisation. Il est d'une grande complexité et d'un grand intérêt, et ce pour deux raisons :

– D'une part du fait des heurts, sur un même territoire aux potentialités naturelles variées (opposant plaines et montagnes, steppes arides et terroirs irrigables), entre plusieurs logiques d'aménagement qui se sont exercées soit en même temps, par exemple entre domaines coloniaux et finages villageois indigènes, soit qui se sont succédé dans le temps, avec notamment les différentes tentatives de socialisation.

– D'autre part les évolutions des campagnes algériennes ont été analysées dans un ouvrage remarquable (Côte), comportant de très suggestives illustrations cartographiques des finages au cours des temps. Nous y renvoyons.

À la veille de l'indépendance, deux systèmes juxtaposés se partageaient l'espace. D'une part le secteur colonial qui occupait les meilleures terres des plaines sous la forme de domaines isolés ou de villages de colonisation, avec des parcellaires géométriques caractéristiques. D'autre part les finages cultivés par les paysans algériens (les fellahs), rejetés sur les terroirs les moins fertiles et dans les montagnes.

### Les évolutions du secteur paysan

Que sont-ils devenus depuis une quarantaine d'années, et le dualisme agraire s'est-il perpétué ? Le secteur du petit paysannat, fort de près de 800 000 unités est très diversifié. On peut le classer en différents types aux dynamiques contradictoires :

– dans les montagnes, souvent berbérophones, les structures agraires n'ont pas été modifiées par la colonisation. Elles se sont pérennisées, avec une population dense et sédentaire, sous forme de villages, pratiquant les migrations de travail qui les font survivre. Ces campagnes sont plus résidentielles qu'agricoles, les revenus venant des autres activités.

– dans les plaines et steppes non colonisées et sur les piémonts, l'agro-pastoralisme a fait place à une agriculture céréalière mécanisée aux faibles rendements, ce sont les « campagnes désarticulées » (M. Côte) en crise et en proie à l'exode.

– autour des villes et là où l'eau est disponible, une agriculture irriguée maraîchère prospère et enracine des paysans véritables. L'acquisition d'une motopompe étant le signe concret de la réussite.

### Les tribulations des grands domaines

Le domaine colonial, d'environ 3 millions d'hectares, constituait des blocs massifs entre les espaces paysans et les domaines agro-pastoraux. Dès 1962 les domaines coloniaux sont repris par les ouvriers agricoles sous une forme autogestionnaire. L'État algérien y mettra de l'ordre en instaurant un système de fermes d'État, et en réunissant plusieurs unités sous une gestion unique. La terre appartient à la Nation, elle est confiée, en collectif et en jouissance illimitée, aux anciens travailleurs du colon. On passe ainsi d'environ 20 000 fermes coloniales à environ 2 000 domaines d'un millier d'hectares en moyenne.

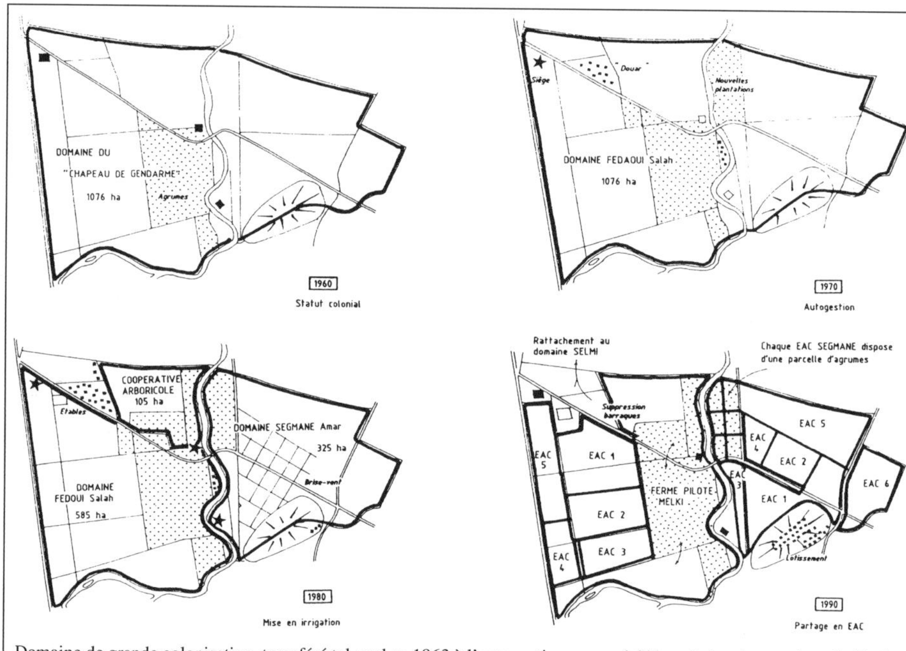


Domaine de grande colonisation, transféré tel quel en 1963 à l'autogestion ; remodelé lors de la mise en place de l'irrigation ; morcelé aujourd'hui en onze exploitations collectives et une ferme pilote. L'outil de production a perdu sa cohérence initiale. Domaine Fédaoui.

Figure 25 : **L'évolution d'un domaine autogéré en Algérie**
Source : M. Côte, *Pays, paysages, paysans d'Algérie,* CNRS Éditions, « Espaces et milieux », 1996, p. 111

En 1972, nouvelle phase. Les terres des collectivités et des grands domaines sont regroupées dans le Fonds National de la Réforme Agraire, et redistribuées en lots de 10 à 12 hectares à des ouvriers agricoles et à d'anciens combattants. Ceux-ci sont autoritairement organisés en coopérative (CAPRA) formant des équipes de 15 à 20 membres, sur 200 à 600 hectares. Chaque coopérative a son matériel et ses bâtiments. Le parcellaire est remembré en grandes parcelles géométriques. Des villages sont construits de toutes pièces, avec des équipements (mosquée, commerces, salle de soins, etc.). Ces villages socialistes étaient sensés favoriser la « modernité » chez des attributaires qui vivaient jusqu'alors en habitat dispersé. Une coopérative de services (CAPCS) installée à la sortie de chaque village approvisionne les exploitants en intrants, loue le gros matériel, assure la vulgarisation et la commercialisation.

En 1982, ces deux formes d'agriculture socialisée (les Fermes d'État de l'autogestion et les Coopératives de la Révolution agraire) fusionnent et forment des unités moyennes de 870 hectares, remembrées et d'un seul tenant.

Puis en 1988, le secteur socialiste est à nouveau réorganisé en unités plus petites et plus autonomes, découpées au sein de chaque domaine, ce sont les EAC (Exploitation Agricole Collective), de 100 à 200 hectares, sans plan de culture imposé ni représentant de l'État (Fig. 25).

La situation demeure fragile puisqu'en 1991, à la veille des troubles, des propriétaires, nationalisés par la Révolution agraire, ont pu récupérer leurs terres. Le dualisme agraire, né de la colonisation, subsiste donc, avec un secteur groupant des ouvriers agricoles qui ne sont pas des paysans, face à un paysannat de fellahs attachés au sol.

Les pays en cours de décollectivisation ont donc connu une histoire agraire récente très mouvementée, comprenant souvent plusieurs phases de réaménagement des morphologies agraires. La « transition » prend des visages différents. Mais ces révolutions successives n'ont pas nécessairement effacé les vieilles structures qui réapparaissent aujourd'hui au grand jour, et qui peuvent se reconstituer selon des modalités variées.

Il n'est pas sans intérêt de noter que face à la prochaine entrée dans l'Union européenne de la Pologne, les autorités de ce pays ont demandé un délai de 15 ans avant que les citoyens allemands puissent acquérir des terres dans les territoires « recouvrés », par crainte d'un retour en force des *junkers* dans leurs anciens domaines, tandis que les Allemands souhaitent un délai de 10 ans avant de permettre la libre circulation de la main-d'œuvre, par crainte d'une intrusion brutale des ouvriers polonais dans les entreprises proches de la frontière.

Pour comprendre les difficultés et la lenteur de la transition, les descriptions et explications des nouvelles campagnes doivent s'enraciner dans l'histoire. Le ré-enracinement du modèle paysan ne se fera, contrairement aux attentes, que sur le temps long. À cet égard l'entrée dans le marché agricole européen risque de bousculer encore les choses. Il en va différemment dans les pays neufs et dans les domaines des grandes plantations, ces derniers n'ayant pas à prendre en compte ces lourds héritages qui font la complexité de l'Europe.

Chapitre 9

# L'expansion de l'agro-business

DANS SON ouvrage sur les grands types de structures agraires dans le monde, R. Lebeau consacrait un chapitre aux « pays d'agriculture scientifique et mécanisée » qu'il divisait en trois grands sous-ensembles :

– les pays neufs d'économie capitaliste des régions tempérées (Amérique du Nord, Argentine, Australie, etc.). À l'origine ce type d'agriculture est en rupture totale avec les agricultures paysannes d'autosubsistance ou de marché ;

– les pays ayant une agriculture collectivisée utilisant les mêmes technologies mais dans un cadre d'économie planifiée ;

– les espaces des grandes plantations des pays tropicaux consacrées à des denrées d'exportation produites selon un mode économique spéculatif et avec des méthodes scientifiques.

Trente ans plus tard ce type d'agriculture est souvent appelée « agro-business ». Intégrée à l'économie d'échanges dans un cadre mondialisé, elle a gagné d'autres espaces ruraux, en particulier en Europe, tandis qu'elle est en crise de reconversion dans les anciens pays socialistes.

Examiner ce qui a changé, mesurer les dynamiques spatiales de ce modèle agricole conquérant, décrire les sociétés rurales et les paysages qui accompagnent la diffusion de ce modèle, mais aussi analyser la diversité des situations aujourd'hui, tels sont les thèmes qu'il s'agit de développer.

## LES RÉALITÉS SOCIALES ET PAYSAGÈRES

L'ensemble de ces territoires correspond peu ou prou à des espaces mis en valeur, à l'échelle de l'histoire agraire du monde, il y a peu de temps, quelques siècles tout au plus et souvent moins. Il en résulte que les paysages mis en place lors des défrichements l'ont été avec la volonté de la simplicité et de la rigueur géométrique.

## Les modèles paysagers

On retrouve schématiquement deux grands types de mise en valeur. D'une part le système du rang dessiné à partir des fleuves, ou à partir des routes comme autrefois au Canada français mais aussi aujourd'hui au Brésil ; d'autre part le système de division géométrique de l'espace en lots réguliers et égaux (le système du *township*) par un levé cadastral (le *survey*). Ces deux modèles ont servi de base à toutes les colonisations agraires des pays neufs, depuis les grandes plantations tropicales jusqu'aux défrichements actuels de l'État du Rondonia au Brésil.

### Le système du rang

Le mode de colonisation qui s'est fait par la voie d'eau au Canada français explique le système du rang. Chaque colon et donc chaque exploitation se devaient d'avoir une « devanture » sur la rivière, leur ponton et leur débarcadère. L'eau étant le seul moyen de déplacement. L'organisation rappelle donc le système de défrichement forestier du type *waldhufendorf*, sous la forme de lanières, avec en arrière la forêt et les abattis (le boisé québécois). Le gabarit retenu fut souvent de trois arpents (soit 200 à 250 mètres de large). Une fois les fronts d'eau occupés on a multiplié les rangs en arrière. Dès 1722 au Canada français on ouvre ainsi des routes parallèles à la rivière. Cette organisation a perduré et se retrouve en d'autres lieux selon un patron ou un gabarit voisin de lots dix fois plus long que large, à Terre-Neuve, dans l'ancienne Acadie, à la pointe sud de l'Ontario, mais aussi au Manitoba sur les bords de l'Assiniboine, près de Winnipeg, et aux États-Unis le long du Mississippi près de Bâton Rouge. On le retrouve aujourd'hui le long des voies de défrichement de la forêt amazonienne.

### Le système du *township*

Le système anglais du *township*, établi dès 1785 par un acte du parlement américain à l'initiative de Jefferson, consiste en une division de base en carrés de 6 milles de côté (soit 9,6 km). Chaque *township* est ensuite subdivisé en 36 carrés de un mille de côté, soit 1,6 km, c'est-à-dire d'environ 259 hectares. Ce sont les *first homestead*. Chacun étant lui-même subdivisé en quatre sous-sections ou *small homestead* de 64 hectares. Tout le centre et l'ouest des États-Unis vont être peuplés selon ce schéma, la division en lots précédant l'arrivée des colons, sauf lorsque des squatters s'installaient au-delà de la frontière, à leurs risques et périls. C'est aussi ce lot de 64 hectares qui sera offert en 1862 par le *Homestead Act* à tout volontaire qui s'engageait dans l'armée et qui promettait de le cultiver à son retour. Les bâtiments des fermes se retrouvant souvent par quatre au croisement des lots. C'est également selon ce patron géométrique que les compagnies de chemin de fer redistribueront les terres que le gouvernement leur attribuera de part et d'autre de la voie nouvellement construite. Ce système, indifférent au relief et à la qualité des sols, explique la monotonie des paysages puisque 78 % du sol américain fut ainsi découpé.

Au Canada anglais on adopta un système voisin de division en cantons de 10 milles carrés, dans lesquels on tailla des bandes, s'inspirant du système français du rang, avec des lots égaux et aboutissant tous sur un chemin ou une rivière.

Dans l'Ouest canadien un système identique au *Homestead* fut codifié et généralisé par l'adoption de l'acte Torrens après 1873.

Nombre de plantations tropicales obéissent au même schéma géométrique de découpage de l'espace en grandes unités quadrangulaires.

### L'adaptation à la modernité

Les structures cadastrales ont été dès l'origine adaptées à l'agriculture moderne et motorisée d'aujourd'hui. Les morphologies agraires de tous ces pays neufs, de l'Argentine à la Sibérie, nées de la géométrie, n'ont eu nul besoin de restructuration foncière.

Dans les zones neuves d'irrigation, une variante consiste dans des paysages agraires faits de cercles dont le rayon est fonction de la dimension des rampes d'irrigation à partir d'un puits qui va chercher l'eau à grande profondeur. Ce modèle circulaire, également présent en Israël, ou dans les Landes pour la culture du maïs, est le plus efficace à considérer les temps de déplacements lors des opérations agricoles.

Ces organisations agraires où domine le quadrillage des parcelles, rappellent plus un tableau cubiste que les campagnes telles que nous les concevons en Europe. Ce qui a pu faire dire à certains (P. Claval) qu'il n'y avait pas de vraies campagnes dans ces espaces vouées à la monoactivité et à l'agro-business. Ce parce qu'il n'y avait pas de paysans enracinés, de villages, de patrimoine historique, d'aménités nées de la diversité et de la profondeur historique.

Il y a donc une profonde connivence entre les paysages et le type d'économie. On y retrouve une morphologie agraire géométrique, des parcelles très vastes, une utilisation du sol simplifiée et homogène, l'absence d'autres usages ou fonctions. L'agriculture y apparaît comme une monoactivité et les seules agglomérations présentes sont des centres liés à l'agriculture et abritant les services d'amont et d'aval indispensables (aires de stockage des grains, firmes de vente et d'entretien du parc des machines, guichets bancaires, lieux de distraction pour les fermiers et leurs salariés).

## Les réalités sociales

### Les héritages

Cette absence de durée et ce non-enracinement des agriculteurs qui demeurent mobiles contribuent à expliquer les réalités sociales des espaces ruraux de ces pays neufs. Les États ont divisé l'espace en lots correspondant à des outils viables au plan économique. Certes les dimensions sont variables, entre le lot de 64 hectares du *Homestead Act* et ceux de 4 000 hectares délimités par l'Espagne dans la Pampa argentine, sans parler des lots immenses du bush australien, et fonction des milieux et des systèmes de production, mais le principe est le même. Dans ce cadre standardisé qui est offert, c'est aux communautés locales de s'organiser et de construire qui son école, qui son centre de stockage, qui son église. L'espace rural de ces pays est non seulement monofonctionnel, il est aussi une collection de communautés autogérées, tandis que les lieux de services que sont les petites villes sont également strandardisés. On les retrouve identiques à des centaines d'exemplaires, avec la même distribution spatiale des commerces, des équipements et services.

La banalisation, la monotonie, la répétition des mêmes paysages fonctionnels, l'uniformité, font de ces espaces ruraux des lieux d'efficacité économique et de forte productivité, d'autant qu'ils sont caractérisés par un faible peuplement. Avec la mécanisation et la motorisation, l'agrandissement des unités d'exploitation, les nécessités d'une bonne gestion comptable, la population techniquement nécessaire diminue. Ici c'est l'homme qui vaut cher parce qu'il est rare. La terre, elle, est abondante. Longtemps, et même encore aujourd'hui, on peut la gaspiller.

Ce mode d'aménagement n'est pas une relique. Il est encore fabriqué dans les zones de défrichement, au Brésil en particulier, aux dépens de la forêt amazonienne.

### Le facteur clef des faibles densités

Le rapport entre le nombre des hommes et la terre disponible est bien à l'origine des traits originaux des espaces ruraux des pays neufs. Très tôt il a fallu mécaniser (1870-1880), puis motoriser (1930-1950). Partout les densités sont faibles, sauf dans les régions de vieille irrigation et les espaces colonisés précocement. Rappelons, pour comparaison, qu'à l'aube des années 90, il y avait 2,2 millions d'agriculteurs aux États-Unis pour près de 400 millions d'hectares, dont il est vrai seulement 130 millions de labourables, tandis qu'en Europe on comptabilisait 17 millions d'agriculteurs pour 130 millions d'hectares.

On comprend pourquoi les agriculteurs des pays neufs recherchent la productivité-travail la plus efficace possible, plus que les rendements, d'autant que dès l'origine, ces pays se sont ouverts sur les marchés mondiaux et sont devenus, selon l'expression usitée, les « greniers du monde ».

L'effondrement de l'emploi agricole est le trait commun de ces agricultures. Aux États-Unis le nombre de personnes employées serait passé de 6,7 millions en 1950 à moins de 2 millions en 1997. Partout ou presque la machine remplace l'homme.

## La renaissance rurale et la diversification sociale des campagnes

### La préservation d'espaces au bénéfice des citadins : les parcs

Ces pays neufs à faibles densités rurales sont d'abord des pays peuplés de citadins. Les campagnes étaient traditionnellement et avant tout des espaces productifs tandis que les espaces remarquables ont été précocement mis en réserve ou en protection. C'est la politique des parcs aux États-Unis dès la fin du XIX^e^ siècle. Les rapports de la société à l'espace sont de nature particulière du fait des densités. Il y a tout simplement de la place, ce qui permet de s'établir au large.

Il faut rappeler que dans ces pays neufs, tout l'espace n'a pas été approprié, peuplé, cadastré et exploité. Longtemps le principe a été l'acquisition des terres des populations indigènes par le gouvernement. Ce dernier ayant le choix entre le lotissement au profit des colons ou la mise en réserve. Ce fut en particulier le cas en Amérique du Nord afin de conserver les ressources forestières et à des fins de préservation de la nature. D'où ces grands espaces transformés en parcs nationaux, dès la fin du XIX$^{e}$ siècle, du Yellowstone au Grand Canyon, devenus aujourd'hui des espaces ludiques et touristiques très fréquentés, mais avec des constructions légères de chalets sommaires. Un processus identique se retrouve à plus vaste échelle encore en Australie ou en Argentine.

### Le redéversement urbain

Toutefois, ce sont ces espaces ruraux qui ont connu les premiers le processus de renversement des courants migratoires et dans lesquels l'exode urbain a succédé à l'exode rural. C'est aux États-Unis et au Canada que B. Kayser fait ses premières observations sur le concept de « renaissance rurale ». Dès les années 60 il constate le repeuplement des comtés des zones non métropolitaines alors même que l'exode agricole se poursuit, avec la concentration agraire et celle des services à l'agriculture.

C'est que, parallèlement, l'installation de nouveaux résidents, sans lien avec le système productif local, prend une ampleur considérable. La motorisation généralisée des ménages permet cette diffusion résidentielle. Le phénomène va rapidement gagner, on le sait, les autres pays industriels et devenir un fait général.

Au Québec, dans les provinces maritimes, dans le nord-est des États-Unis et à l'est des Appalaches, l'espace rural, agricolisé lors de la phase pionnière de la colonisation, s'est transformé en un immense parc résidentiel. C'est le règne de la suburbanisation. Soit par l'étirement de l'habitat le long des axes de circulation. Soit par la création de lotissements en lieu et place des exploitations, en particulier l'on voit se multiplier les *retirement areas* destinés aux populations âgées, bénéficiant de l'ensemble des aménités. Soit par la multiplication des fermes ou de ranchs d'agrément, à l'image des propriétés des anciens présidents et hommes d'affaires. On a même baptisé ces espaces les *gentlemen farmers belts*. Toute la région entre New Jersey et Virginie, le Connecticut, le district de Blue Grass au Kentucky, mais aussi la Californie littorale, sont occupés par ces lieux de plaisance et de loisirs, les terrains de golfs structurant ces espaces résidentiels dans la campagne.

### La diversité des campagnes nord-américaines

On voit donc, comme en Europe, des types d'espaces ruraux dont les dynamiques sont de plus en plus différenciées. D'une part des territoires dans lesquels la fonction agricole demeure dominante, d'autre part, des espaces socialement de plus en plus diversifiés. Ces derniers résultent de processus complexes de mobilités des ménages liées à des changements des comportements et pratiques résumés, il y a peu, à propos des campagnes de l'Amérique du Nord par trois auteurs français qui ont analysé ces mutations du tissu rural nord-américain (J.-P. Charvet, B. Kayser, G. Gavignaud).

Ces analyses s'appuient sur des données statistiques qui distinguent :

– Les *metropolitan areas*. Ce sont les aires urbaines délimitées par la présence de noyaux urbains de plus de 50 000 habitants, y compris les zones rurales voisines polarisées par ces villes, et dans lesquelles se font les migrations journalières de travail. En 1991 il y avait 268 aires métropolitaines regroupant

198 millions d'habitants (soit 79 % de la population totale). Il y a donc une minorité de ruraux dans les zones métropolitaines.

– La population non métropolitaine est celle qui habite soit dans les petites villes de moins de 50 000 habitants et qui ne sont pas englobées dans une aire métropolitaine, et celle qui habite dans les campagnes. C'est 21 % de la population totale, sur 80 % de l'espace.

– La population dite rurale est celle qui réside dans les localités de moins de 2 500 habitants, que celles-ci soient dans des aires métropolitaines ou non. Au total ces ruraux sont au nombre de 60 millions, soit un quart de la population américaine.

– La population agricole (*farm population*) est celle vivant dans les exploitations agricoles reconnues, c'est-à-dire qui ont un minimum de ventes annuelles d'au moins un millier de dollars. Elle comptait en 1985, 5,3 millions d'individus, soit 2,2 % de la population totale et 8,9 % de la population dite rurale.

À partir de ces données statistiques, on peut dresser une typologie par comtés et distinguer des comtés agricoles, des comtés industriels, des comtés de retraités, et y observer les évolutions démographiques et du tissu socioprofessionnel d'un recensement à l'autre.

Les différents auteurs sont d'accord pour constater ce processus de renaissance et de « rebond » puisque la population rurale s'accroît. Le retournement s'est effectué entre 1980 et 1985 avec un gain de 4 millions de ruraux. Comme en Europe il y a un accroissement de la population rurale, et un étalement de cette croissance sur des espaces de plus en plus larges, ce du fait du repeuplement par des ex-citadins. Mais parallèlement, un certain nombre de comtés et de districts sont toujours en perte de vitesse. Il s'agit des comtés restés plus agricoles que les autres.

## De la révolution agricole à la révolution rurale

### Deux phases chronologiques

L'intérêt de l'analyse conduite par G. Gavignaud est de montrer que les États-Unis sont passés par deux phases. D'une part ce qu'elle baptise la révolution agricole, qui est le moment de la domination des populations agricoles dans l'espace rural, et le passage d'une société paysanne à une société d'entrepreneurs et de l'agri-business. Cette révolution est accomplie dès 1950-1960. Puis la révolution rurale qui prend le relais de la précédente et qui se marque par la prééminence des ruraux non agricoles dans les campagnes, avec le repeuplement par d'anciens citadins (les *newcomers*), actifs ou retraités, tandis que parallèlement s'achève la transformation des paysans en entrepreneurs agricoles. Dès 1970 « les campagnes échappent massivement aux agriculteurs » (G. Gavignaud), mais ces campagnes ne sont pas pour autant la proie de l'exode rural puisqu'il y a irruption simultanée des populations rurales non agricoles, lesquelles par croissance vont glisser statistiquement vers la catégorie urbaine inférieure.

### Deux types de campagnes

Comme en France, la renaissance ou le « rebond » rural est un fait surtout résidentiel, et il ne touche pas la totalité de l'espace rural. Cet étalement résidentiel est en Amérique du Nord, comme en Europe, lié à l'utilisation de l'automobile et à l'essor des infrastructures routières et autoroutières, et aux souhaits des ex-citadins de se retrouver dans une campagne rêvée et mythifiée, loin des violences urbaines, de la cohabitation avec les minorités ethniques, et près d'aménités naturelles recherchées (l'eau, la forêt, la montagne) (Charvet, 1999).

En revanche, les campagnes profondes et agricoles des *belts* céréalières des Grandes Plaines perdent toujours des populations. Il y a bien des « comtés gagnants » et des « comtés perdants » (J.-P. Charvet). Un peu comme en France où le tiers du territoire continue à perdre des hommes (RGP, 1999). La Prairie canadienne est de plus en plus vide d'hommes. Mais ceci est également vrai en Argentine (M. Sili) et en Australie. Les bourgades périclitent et les fermes s'agrandissent démesurément, les exploitants faisant appel directement aux services des grandes villes dans lesquelles ils habitent de plus en plus souvent. Rappelons pour mémoire et comparaison qu'il en va de même pour les grands fermiers du Bassin parisien dont bon nombre habitent Neuilly, Auteuil ou Passy. La dévitalisation des campagnes va de pair avec la prospérité économique de ces grands fermiers.

## LES TRAITS SPÉCIFIQUES DE CE MODE D'AGRICULTURE

Caractériser ce type d'agriculture par la mécanisation et l'utilisation de méthodes scientifiques ne suffit pas. Il faut y ajouter une dimension sociale et économique qui n'a plus grand-chose à voir avec l'agriculture de type familial, modernisée et ouverte sur le marché. La grande agriculture capitaliste a une logique industrielle. L'agro-business adopte les méthodes de l'industrie, il s'agit de produire aux prix les plus bas possibles le maximum de denrées, avec une logique d'entrepreneur, et non plus seulement d'exploitant agricole ou pire de paysan attaché à sa terre et à son patrimoine.

En outre, le fait fondamental trop souvent occulté, est que ce type d'agriculture est né d'un rapport entre le nombre des hommes et la terre disponible qui est à l'inverse du modèle européen. Ici il a été possible d'offrir de la terre à tous ceux qui souhaitaient la cultiver ainsi que le rappelle opportunément G. Dorel à propos des États-Unis. Ceci se retrouve en Argentine, en Australie ou au Brésil.

Des traits identiques ou voisins permettent d'associer ces différents types d'espaces consacrés de fait à un même système agricole :

– les productions sont uniquement destinées au marché, la totalité des récoltes étant vendue,

– les méthodes de production reposent sur le primat de la grande exploitation, l'utilisation de matériel et des techniques les plus modernes, le choix de la spécialisation,

– l'exploitation est une entreprise dont l'objet premier est de faire du profit. Il s'agit donc d'optimiser les facteurs de production en fonction de ce seul objectif.

## Une activité agricole fortement intégrée

Nous entendons par cette expression le fait que la place des grandes entreprises d'amont ou d'aval est désormais centrale et qu'elles orientent toute l'économie de l'agro-business dont elles tiennent tous les rouages.

### Une sphère agricole dominée

Les grandes entreprises conditionnent, par leur politique qui se déploie à l'échelle mondiale, les évolutions de la taille des ateliers agricoles, mais aussi les spécialisations régionales, fonction des aménités naturelles et de la proximité des marchés urbains, et également le tissu rural par le processus de concentration des aires de stockage ou des centres d'approvisionnement que la recherche du profit maximal leur impose. L'exploitation est ici plus qu'ailleurs intégrée dans une filière avec, à l'amont, les fournisseurs (engrais, semences, produits phytosanitaires, aliments du bétail, etc.) et, à l'aval, les transformateurs (stockage, abattoirs, meuneries, sucreries, conserveries et conditionnement de plats cuisinés, etc.).

### Une évolution rapide de la concentration

Les grandes entreprises intégratrices tendent par concentration à jouer le rôle de monopole et brisent les effets de concurrence. Aux États-Unis, quelques grandes firmes multinationales (Cargill, Monsanto, Conagra, Novartis, etc.) tiennent les marchés depuis les semences jusqu'au rayon du magasin. L'intégration verticale passe par de complexes regroupements d'entreprises, alliances, prises de participation, fusions, allant jusqu'à constituer un réseau souvent peu transparent mais formant une véritable toile d'araignée. Ces firmes occupent une position dominante qui transforme les agriculteurs indépendants en simples prestataires de services fournissant le travail, souvent une part des capitaux, mais qui n'ont aucune prise sur les décisions et sur la propriété du produit. Elles ne sont pas propres à la sphère économique américaine. On les retrouve en Europe avec Unilever, Danone, Nestlé, Ferruzzi. Leur champ est mondial et les participations sont croisées.

Ces grandes entreprises subissent ou favorisent leur propre concentration et il est difficile de suivre les politiques de fusion, rachat, absorption. Ainsi en Argentine, les grandes firmes de trituration sont présentes (Cargill, Dreyfus, Bunge & Born) tandis que Oleaginosa Moreno a été repris fin 1997 par Glencore. Au Brésil, le groupe français Doux a repris la fabrication d'aliments composés de Frangosul. Tandis que Danone, implanté en Argentine en 1994, assure la moitié du marché national des produits lactés frais cinq ans plus tard, construit une usine capable de produire 200 000 tonnes par an de produits laitiers, qui sera la deuxième au monde !

Ce contrôle de la totalité du champ économique se retrouve dans l'économie de plantation, notamment dans la production bananière en Amérique centrale.

Les grandes firmes américaines, en particulier United Brand (ex United Fruit), exploitent directement des plantations de plusieurs dizaines de milliers d'hectares et contrôlent les producteurs indépendants par la commercialisation de leur récolte. Ces entreprises possèdent des branches d'activités multiples et elles sont à la fois des entreprises agricoles, industrielles, commerciales et de transport.

#### L'intervention des États

Dans ce système de l'agro-business à l'œuvre désormais à l'échelle mondiale, il y a affrontement entre deux logiques liées aux réalités des sociétés rurales des grands pays agricoles. L'opposition se fait entre les pays dits du groupe de Cairns, qui entendent jouer la carte du libéralisme agricole du fait de leurs grandes potentialités naturelles, des faibles densités rurales et de la taille économique des ateliers agricoles. Dans le cadre des négociations de l'Organisation mondiale du commerce (Uruguay Round) l'Argentine, l'Australie, la Nouvelle-Zélande en sont les fers de lance. En revanche, l'Europe et les États-Unis ont une politique dans laquelle les États interviennent afin de lisser les conséquences du libéralisme sans contraintes et du processus de concentration conduit par les grandes firmes internationales.

Des lois cadres agricoles, la politique agricole commune (PAC) en Europe, le système de paiements compensatoires aux États-Unis, ont comme objectif de maintenir les revenus des producteurs par des systèmes ingénieux et complexes d'aides et de subventions aux produits ou aux producteurs, ce afin de lutter contre la concurrence des grands pays agro exportateurs. Elles ont eu comme résultat d'accroître les productions, et donc les excédents qu'il s'agit d'écouler sur le marché mondial.

Aux États-Unis des compensations (*deficiency payments*) à montant variable étaient mises en place tenant compte de la différence entre un prix cible (*target price*) et le prix du marché, avec un prix minimum versé lors de la récolte. Ce système s'accompagnait du gel des terres dans chaque exploitation et ce, culture par culture. Ce système aboutissait de fait à figer la répartition des cultures dans l'espace et donc les spécialisations régionales (les *belts*). Il a laissé la place depuis 1996 au Fair act, les aides sont désormais fixées et attribuées sans accompagnement de gel des terres ou cultures imposées dans les assolements. En outre les terres mises en réserve (15 millions d'hectares) sont remises progressivement en culture.

Ce contrôle de l'État s'exerce aussi en Argentine. Le gouvernement péroniste après 1946 a mis en place un système de prélèvement sur les exportations agricoles, en achetant à un prix déterminé et en exportant à un prix plus élevé. En 1956 La Junta nacioanal do Granos conduit même à une quasi-nationalisation puisque cet organisme d'État fixe un prix minimum, achète les produits, prend en charge les infrastructures de stockage, et parallèlement, ces crédits subventionnés permettent aux agriculteurs de s'équiper en matériel.

Au total, les politiques des États mises en œuvre depuis plusieurs décennies hésitent entre une politique agricole afin de préserver les agriculteurs, via des aides, subventions, droits à produire, systèmes de quotas ou de gel, et une politique d'occupation des espaces tant ruraux que naturels, via les parcs, les protections, les plans de paysage, etc. Le poids du lobby de l'agro-business n'est pas sans parasiter les choix.

## Des méthodes de production scientifique

### La mise en place d'un complexe agraire

La technique est au service d'une idéologie du profit et du marché. « Les frères Owen, agriculteurs dans l'Iowa, récoltent 25 000 boisseaux de maïs par jour, là où leur père en récoltait il y a trente ans 100 dans le même laps de temps. Leurs machines, pilotées par GPS, dosent les engrais et les semences en fonction de la qualité et de la profondeur des sols. » Cette brève information sur la nouvelle agriculture de précision, extraite d'un article du *Courrier International* de l'été 2001, est évocatrice de la toute-puissance de la technique et des progrès foudroyants de la productivité des systèmes agricoles fondés sur la grande entreprise et la recherche du profit.

Les innovations technologiques et leur rapide diffusion sont liées aux étroites relations entretenues entre les centres de recherche privés des grandes firmes, les universités et les associations et syndicats agricoles. C'est cet ensemble qui forme, avec les industries agroalimentaires, le complexe agraire dont les effectifs sont occupés surtout hors des exploitations mais qui sont à leur service.

De nouvelles méthodes de travail du sol sont apparues afin de conserver les sols et lutter contre l'érosion. La pratique du maintien des pailles et résidus après la récolte est de plus en plus fréquente. Les labours sont remplacés par un travail du sol par l'emploi de disques (c'est le *non till*) ce à partir de 1989. En 2000, aux États-Unis, sur 123 millions d'hectares labourables, 46 millions ne l'étaient plus, notamment pour la culture du maïs et du soja.

### Biotechnologies et agro-business

Les développements technologiques accélèrent ce processus de domination, notamment par le contrôle biotechnologique des gènes. C'est toute la question des OGM et de leur diffusion, ou encore le projet de mise en place de semences qui ne possèdent plus le pouvoir d'être réutilisées par les producteurs. Ce dossier complexe et controversé se heurte à la rapidité des évolutions. Ainsi, en Argentine la culture du soja génétiquement modifié (le Roundup Ready de Monsanto) a été autorisée en 1996, cinq ans plus tard 70 % des surfaces sont concernés, soit 5 millions d'hectares. Aux États-Unis, en 1998, 40 % du coton, 33 % du soja et 25 % du maïs étaient produits à partir de semences d'OGM. Et la concentration est très rapide, Monsanto a racheté le secteur semencier de Cargill et vient d'acquérir au Brésil la firme Agroceres. Fin 2001, les cultures transgéniques couvrent 52,6 millions d'hectares et concernent 5,5 millions d'agriculteurs, dont 99 % dans 4 pays : les États-Unis, 68 % des surfaces, l'Argentine (22 %), le Canada (6 %) et la Chine (3 %).

C'est aussi la conduite des exploitations par GPS qui permet à ces grandes firmes de savoir à l'avance les rendements espérés, donc les récoltes à venir, ce sur de vastes territoires, et ainsi de pouvoir peser sur les producteurs.

En outre, alors que dans le système des fermes familiales les communautés rurales locales étaient liées aux résultats économiques, il en va différemment avec le modèle de l'agro-business. L'essentiel des profits va directement à la firme intégratrice qui n'est pas présente. Il en résulte une délocalisation des revenus qui ne sont plus réinjectés dans le circuit local proche, ce qui l'appauvrit d'autant. Ainsi s'éclaire la disparition ou l'étiolement des centres de services, et donc du tissu rural, de ce type d'agriculture.

## Un système agro-exportateur

### La tyrannie des marchés

Le marché détermine et oriente les systèmes de culture et d'élevage de ce type de grande agriculture, dont l'essentiel des productions est destiné à l'exportation sur le marché mondial. Le système se doit donc de réagir à la conjoncture. Aussi les fameuses *belts* des grandes plaines du centre des États-Unis, c'est-à-dire la répartition des cultures en fonction du climat conduisant à des ensembles homogènes dessinant des couronnes juxtaposées, ont éclaté ou ont accepté d'autres spéculations, soja et luzerne dans la *corn belt*, maïs dans la *wheat belt* dès que l'irrigation est possible, tandis que le coton a glissé vers les terres irriguées de l'Ouest.

Cette dépendance vis-à-vis des marchés rend cette agriculture fragile aux aléas économiques et climatiques. Ce qui entraîne des conséquences en cascade tant sur la gestion des stocks, que les pratiques de dumping ou la mise en place de systèmes d'assurances récoltes, ce afin de pallier les risques de la conjoncture. On comprend pourquoi tous les pays exportateurs, dit du groupe de Cairns, ils sont 15, sont favorables, dans le cadre des négociations de l'OMC, à la libéralisation des marchés agricoles et à la suppression des subventions aux agricultures protégées de l'Europe et des États-Unis

### L'exemple argentin

L'Argentine offre le cas le plus révélateur de ces adaptations au marché, et de la fragilité de l'économie agricole révélée par la crise financière de 2001. Entre 1880 et 1930. La Pampa a approvisionné le Royaume-Uni en viande bovine, cuirs et peaux. Elle est alors en conformité avec son image traditionnelle de grande région d'élevage extensif et de pays des vastes *estancias* et des *gauchos*. Puis au lendemain de la guerre elle a du se tourner vers la Communauté européenne qui lui achète alors les trois quarts de la viande et le quart du blé qu'elle exporte. Lorsque, à partir des années 60 la CEE devient autosuffisante en céréales et en viande, l'Argentine a dû s'orienter vers les productions de soja, colza et de tournesol. Entre 1975 et 1980. La production argentine de blé est de 8 millions de tonnes, autant de maïs, la production de soja est de 2 millions de tonnes et celle de colza de 1,5 million de tonnes. Entre 1990 et 1997, l'Argentine produit 10 millions de tonnes de blé, 9 de maïs, mais 10 de soja et 4 de colza.

# LA DIVERSITÉ DES SITUATIONS

Ces espaces de la grande agriculture sont dispersés à la surface du globe et se singularisent par la monoactivité agricole. Ils rassemblent les grandes plaines des pays neufs : centre et ouest de l'Amérique du Nord, Argentine, Australie, les régions tropicales, vouées aux vieilles plantations héritées de la colonisation, ou aux nouvelles cultures commerciales aux mains des grandes sociétés internationales, surtout américaines, du type Dole, United Brand (ex United-Fruit) Del Monte, en Amérique centrale, aux Philippines, au Brésil, au Kenya, etc. Mais aussi quelques régions européennes comme les plateaux du Bassin parisien.

L'inscription spatiale des espaces ruraux dominés par l'agro-business est double. Il y a d'une part de très vastes territoires voués à ce type d'organisation sociale, c'est le cas des grandes plaines du centre de l'Amérique du Nord, la Pampa, les espaces utiles de l'Australie, les plateaux du centre-ouest du Brésil, les domaines des grandes plantations de l'Amérique centrale. Et il y a d'autre part des îlots dispersés, qui tranchent avec leur environnement fait d'agriculture familiale et paysanne, qui présentent les mêmes caractéristiques et qui sont la résultante de la diffusion de ce modèle conquérant et que l'on retrouve en particulier en Europe. C'est la situation des plateaux du Bassin parisien, c'est aussi le cas des grandes exploitations hors-sol de la façade atlantique et celui des vergers et les cultures sous abri des nouvelles *huertas* dont l'expansion est liée aux irrigations modernes.

Si une même logique explique leurs traits identiques, la place et la part occupées par ces structures dans les espaces ruraux permettent de les distinguer.

## Le cas nord-américain

### La structure des exploitations

Les paysages ruraux de l'Amérique du Nord sont plus complexes que l'image stréréotypée de l'agriculture des Grandes Plaines et de la Prairie. Il faut rappeler que tout le nord-est, le Québec et les États de la Nouvelle-Angleterre, ont eu une histoire agraire, des structures d'exploitation, et conservent des paysages, qui rappellent le modèle agricole de l'Europe de l'Ouest. La petite agriculture familiale ouverte sur le marché sous la forme de petites et moyennes exploitations souvent pluriactives, est la règle. La multifonctionnalité des espaces ruraux a connu une diffusion généralisée qui fait qu'il s'agit plus d'espaces résidentiels et de plaisance, occupés à temps plein ou temporairement, en fonction des saisons et des fins de semaine, par des non-agriculteurs. Il y a même un souci ancien de préserver les paysages au nom du respect de la nature. De puissantes associations de ruraux non agricoles et de citadins œuvrent en ce sens. Aussi ne doit-on pas s'étonner de trouver dans toute cette partie de l'Amérique du Nord des paysages entretenus, soignés, conservés pour des usages de loisirs et de récréation, tout autant sinon plus que pour des usages productifs.

Mais les structures agraires et d'exploitation des États-Unis présentent aussi une réelle diversité. Le système agraire à trois vitesses (G. Dorel, 1992) fait cohabiter au moins trois espaces, trois agricultures, trois paysages.

Tableau 11 : **La répartition des fermes aux États-Unis selon les ventes annuelles en 1997**

| Types | Ventes annuelles en dollars | Nombre d'exploitations | % des exploitations | Part dans les ventes (%) |
|---|---|---|---|---|
| Fermes marginales | < 10 000 | 953 000 | 50,4 | 1,5 |
| Fermes reliques | 10 000 à 50 000 | 445 000 | 23,2 | 5,3 |
| Exploitations | 50 000 à 100 000 | 158 000 | 8,3 | 5,8 |
| Familiales | 100 000 à 250 000 | 189 000 | 9,9 | 15,3 |
| Entreprises | 250 000 à 500 000 | 88 000 | 4,6 | 15,5 |
| | 500 000 à 1 000 000 | 43 000 | 2,2 | 14,9 |
| | + 1 000 000 | 26 000 | 1,4 | 41,7 |

Source : *Census of agriculture*

Tableau 12 : **La taille et le nombre des exploitations agricoles aux États-Unis en 1997**

| Taille (acres) | Nombre | Surface agricole totale (millions d'acres) | Terres cultivées (millions d'acres) |
|---|---|---|---|
| moins de 10 | 154 000 | 0,6 | 0,2 |
| 10 à 49 | 411 000 | 11 | 3,6 |
| 50 à 99 | 295 000 | 21 | 7 |
| 100 à 249 | 463 000 | 76 | 28,3 |
| 250 à 499 | 238 000 | 85 | 39 |
| 500 à 999 | 176 000 | 122 | 65 |
| 1 000 à 1 999 | 101 000 | 139 | 73,8 |
| + de 2 000 | 75 000 | 477 | 91,8 |
| Total | 1 912 000 | 932 | 309 |

Sources : *Census of agriculture*

### Les systèmes d'exploitation

Le cœur est l'agriculture familiale, celle des exploitations ayant un total de ventes annuelles s'étalant de 50 000 à 250 000 dollars. C'est celle issue du système du *township* sous la forme de lots allant de 60 à 240 hectares. Elle occupe les Grandes Plaines du centre et des *belts* spécialisées. Elle utilise peu de salariés, mais a recours aux entreprises de travaux agricoles, avec un solide encadrement coopératif. Ses produits vont pour l'essentiel à l'exportation (maïs, blé, soja, porcs et lait). Elle est très dépendante de la politique agricole fédérale et constitue un puissant lobby électoral fort de 600 000 à 700 000 unités, soit par comparaison, l'équivalent du nombre des exploitations françaises professionnelles.

Il ne faut pas oublier l'existence d'une agriculture « relique » ou « marginale » trop souvent occultée des analyses. Elle constitue encore les gros bataillons des petites exploitations dans les statistiques. Ce sont celles qui vendent très peu, souvent moins de 10 000 dollars par an. Ce sont des exploitations de retraités, de pluriactifs, de citadins dont le hobby principal est de se retrouver sur une micro-exploitation lors des fins de semaine. Elles occupent des territoires de marge, comme les Appalaches ou les clairières agricoles des espaces résidentiels et de loisirs du nord-est. Elles ne jouent pas de rôle économique, mais elles exercent un rôle social ou paysager non négligeable selon les lieux.

Quant à l'agriculture capitaliste, elle est constituée par des entreprises ayant pris le statut juridique sociétaire, ce sont les *corporate farms*. Ces dernières sont de deux types, soit des sociétés familiales (*family held corporate*) soit des sociétés de type capitaliste. Leur nombre croît régulièrement, elles étaient 22 000 en 1969, 68 000 en 1982 et 84 000 en 1997, dont 76 103 de type familial. Elles se caractérisent par leur grande taille, de plusieurs centaines à plusieurs milliers d'hectares, leur chiffre d'affaires élevé (plus de 500 000 dollars de ventes annuelles), l'emploi d'une main-d'œuvre salariée immigrée importante en dépit d'une motorisation impressionnante, une forte intégration économique à l'amont comme à l'aval, des productions particulières, souvent irriguées (coton, légumes, canne à sucre, agrumes, mais aussi bovins élevés dans d'immenses ranchs ou regroupés en *feedlots* d'engraissement de plusieurs dizaines de milliers de têtes). Ce type d'agriculture occupe de très vastes territoires souvent d'un seul tenant, en Californie du Sud (Impérial Valley), en Floride, sur le piémont du Colorado, dans la vallée du Mississippi, et sur le littoral occidental du golfe du Mexique.

L'exemple du Tejon ranch, est évocateur de la puissance de ces entreprises

Situé dans le comté de Bakersfield, en Californie, au nord-ouest de Los Angelès, le Tejon ranch couvre 270 000 acres, soit 120 000 hectares, d'un seul tenant. Son origine remonte peu après 1865, par le regroupement de quatre ranchs mexicains, ce à l'initiative d'un général nordiste. Il est géré par une société dont le siège est à Los Angeles (un groupe de presse) et subdivisé fonctionnellement en quatre « ateliers » : culture, élevage, pétrole, commerce. La partie agricole est le fait de trois entités : la Tejon Farming Company qui détient 1 140 acres de vigne et 1 620 acres d'amandiers, pistachiers et noisetiers ; le Tejon Agricultural Partner (TAP) qui regroupe 11 400 acres en associant vignes, arbres fruitiers (dont près de 3 780 acres d'amandiers), céréales et jachères ; un ranch d'élevage extensif, sur 90 % de la propriété, avec un *feedlot*. L'extraction du pétrole sur le ranch est de 270 000 barils par an avec un revenu de 1,3 million de dollars. Les activités commerciales sont pour l'essentiel des locations : pour la chasse, pour le tournage de films, et pour le passage d'un gazoduc sur les terres. Les revenus commerciaux s'élevaient à 2,2 millions de dollars. Au total, les revenus, y compris les intérêts des placements financiers, se sont élevés en 1991 à environ 15 millions de dollars.

Il y a un peu moins de 2 millions d'exploitations recensées aux États-Unis, dont plus de la moitié sont des exploitations marginales, dégageant chaque année un total de ventes de moins de 10 000 dollars (soit moins de 12 000 euros ou 70 000 francs), tandis que 30 % ont moins de 20 hectares. En revanche, il y a moins de 160 000 exploitations qui ont des ventes annuelles supérieures à plus de 250 000 dollars (soit plus de 1,75 million de francs) et les 26 000 les plus importantes vendent annuellement pour 3,2 millions de dollars en moyenne. Enfin, plus d'un tiers des exploitations ont de 40 à 200 hectares. Les surfaces totales des exploitations couvrent 932 millions d'acres (soit 372 millions d'hectares) et la moitié sont aux mains de 75 000 exploitations, soit 3,9 % des exploitations, tandis que les surfaces réellement cultivées sont d'un peu plus de 300 millions d'acres, soit 120 millions d'hectares, dont le tiers l'est par des exploitations de plus de 800 hectares.

Ces chiffres sont éloquents. Les visages de l'agriculture américaine sont donc divers et opposés avec une grande agriculture capitaliste face à une agriculture marginale et au centre, constituant le fer de lance du complexe agraire, une agriculture familiale modernisée, aidée et plus fragile que ce que l'on pourrait croire.

## L'Amérique latine

### Le lourd héritage hispanique

En Amérique latine, les formes de la grande agriculture reposent soit sur la grande plantation dérivée de la vieille plantation escalavagiste, de Cuba au Nordeste brésilien ; soit sur les grandes unités d'élevage des *cerrados* des plateaux brésiliens aux mains des entreprises multinationales ; soit encore sur les *estancias* et *haciendas* de la Pampa argentine.

Ces formes procèdent et sont issues d'un modèle commun qui est le grand domaine né de la colonisation hispanique et de la répartition inégalitaire des biens fonds avec la constitution d'immenses propriétés longtemps sous exploitées. C'est ainsi qu'au Pérou, à la fin des années 60, avant une timide et incertaine réforme agraire, 3 800 domaines s'étendaient sur 14 millions d'hectares, et que 280 familles possédaient à elles seules 5 millions d'hectares, tandis que 700 000 petites exploitations de moins de 5 hectares couvraient environ 1 million d'hectares. Entre 1969 et 1974, 5,8 millions d'hectares sont expropriés et 200 000 familles installées (Bret, 1999).

Cette structure foncière est venue se surimposer à l'agriculture indigène lorsque celle-ci existait. Cette dernière s'est réfugiée dans les secteurs montagneux et sur les terroirs les plus pauvres, sous des formes communautaires complexes d'économie de subsistance. Ce n'est que dans les zones vides, colonisées au XIX$^{e}$ siècle, avec l'arrivée du chemin de fer, que s'est mis en place soit un système dérivé du modèle paysan européen, avec des colons d'origine européenne, par exemple au Rio Grande do Sul, au sud du Brésil, soit sous la forme de vastes domaines extensifs d'élevage, plus au sud, dans la Pampa et les plaines voisines.

### La Pampa argentine

Le cas de la Pampa argentine, un immense territoire sans arbres ni accidents de relief sur près de 500 000 km$^2$, aux sols profonds, riches et perméables, au climat propice du fait d'une bonne répartition des pluies, est l'archétype d'une riche plaine agricole à l'instar de la prairie canadienne. Vide pendant les trois siècles situés entre les premiers lâchers de bétail par les Espagnols et la construction des chemins de fer, elle se présente aujourd'hui comme une sorte de miroir de la grande Plaine nord-américaine, Buenos Aires jouant le rôle de Chicago, comme port de stockage et d'exportation des produits agricoles. Entre 1850 et 1930, la Pampa est le cœur du « dominion honoraire » dans son rôle de fournisseur privilégié de viande bovine, laine, cuirs et céréales du Royaume-Uni, selon un modèle de très vastes *estancias* d'élevage de plusieurs milliers d'hectares, en rapport direct avec les lots issus de la première colonisation.

Trois révolutions agricoles vont modeler les structures agraires et modifier successivement l'occupation des sols. Entre 1880 et 1955 se met en place un modèle agro-exportateur associant de grandes *estancias* d'élevage extensif et des petites et moyennes exploitations céréalières à la main-d'œuvre familiale. À partir de 1955, la Pampa se transforme avec la motorisation, l'agrandissement des exploitations, la diversification des cultures (maïs, soja, tournesol), les améliorations chimiques et génétiques. Parallèlement, les exploitations se concentrent tandis que sévit un fort exode rural. En 1995, sur 188 000 exploitations, 27 500 ont plus de 1 000 hectares et regroupent 75 % des superficies (soit 48,5 millions d'hectares).

Aujourd'hui, en dépit de la crise financière qui secoue le pays, « une troisième révolution agricole des pampas » (M. Guibert) traduit l'intégration dans le marché du Mercosur. Elle provoque des réorientations vers la culture du blé et la production de lait, s'accompagne d'une intensification des rendements avec l'utilisation massive des engrais et des produits phytosanitaires. Parallèlement, l'agriculture d'entreprises aux mains des banques et des grands groupes se développe, 20 propriétaires se partagent 642 000 hectares dans la seule province de Buenos Aires, en exploitations de 20 000 hectares et plus. Tandis qu'une puissante agro-industrie de transformation se met en place dominée par les grands groupes internationaux.

La Pampa s'est diversifiée et juxtapose, au-delà des nuances des milieux naturels et des disponibilités en eau, trois types de réalités sociales (M. Sili).

– Le rural profond ou *paraje*, constitué d'exploitants isolés, ayant entre eux des rapports de solidarité et de sociabilité (équipes de football, bistrots, fêtes). Les exploitations ont en moyenne 400 hectares et associent céréales et élevage naisseur.

– Le rural des villages est formé d'exploitants vivant dans les bourgades, et allant chaque jour sur leurs exploitations distantes de 20 à 30 km. Les unités font de 600 à 700 hectares et sont consacrées aux céréales et oléagineux. Elles sont les plus dynamiques.

– Les exploitants urbains constituent le troisième sous ensemble. Ils vivent en ville, sont intégrés au système économique de l'agro-business, branchés sur l'international, à la tête de vastes exploitations de plusieurs milliers d'hectares. Ce sont des entrepreneurs qui n'hésitent pas à modifier leur système de culture selon la conjoncture et à confier les travaux à des entreprises spécialisées. Ces trois types sont articulés entre eux dans la mesure où les enfants du *paraje* sont tractoristes sur les grandes *estancias*, tandis que les exploitants des bourgades, bien équipés en matériel, font les labours et semis des petits producteurs du *paraje*.

Comme aux États-Unis, ces processus de fragmentation du tissu social local et l'effacement du système de lieux hiérarchisés de type christallérien, conduisent à la dégradation économique de l'espace local, à la disparition des services et à l'exode rural, les exploitants les plus dynamiques étant directement connectés à des réseaux à l'échelle nationale ou internationale.

## Les archipels de l'agro-business

Hors de ces grands espaces occupés par l'agriculture capitaliste que sont les grandes plaines du nord et du sud de l'Amérique ou les espaces utiles de l'Australie, l'agro-business existe aussi sous la forme d'archipels à la surface du globe, occupant des pans de l'espace agraire de pays de façon discontinue. On la retrouve dans le monde tropical sous la forme de grandes plantations, héritées du modèle de l'époque coloniale, ou de vastes secteurs consacrés aux cultures commerciales d'exportation, et en Europe où le capitalisme agraire tend peu à peu à occuper des espaces et des créneaux d'agriculture de plus en plus nombreux.

### L'économie de plantation et ses évolutions

Les paysages de l'agriculture de plantation s'opposent trait pour trait à la petite agriculture de subsistance en milieu tropical et ils constituent des îlots aisément reconnaissables par la géométrie des formes, la taille considérable des unités, la spécialisation des cultures, l'utilisation de moyens modernes de production.

Les plantations traditionnelles, héritées du système esclavagiste ou de la main-d'œuvre forcée, occupent au total une place réduite dans le monde tropical. On les retrouve en Amérique centrale, tant sur le continent que dans les îles, sur le littoral du Brésil, en Asie du Sud-Est et sur le golfe de Guinée. Vouées à des cultures d'exportation (bananes, café, canne à sucre, cacao, thé) de régions de climat humide, elles ont une localisation surtout littorale, sauf exceptions (Assam et Kenya). Enclaves d'agriculture scientifique et moderniste, elles utilisent cependant une abondante main-d'œuvre socialement dépendante. On sait quel fut leur rôle dans les migrations forcées de population à l'époque moderne. Elles sont encore aujourd'hui des foyers de fort peuplement associant l'habitat sommaire et précaire d'ouvriers agricoles et les grandes maisons des planteurs.

L'économie de plantation a évolué avec la décolonisation politique depuis la fin de la Seconde Guerre mondiale. La vieille plantation héritée de la période esclavagiste est en crise. Elle a été progressivement remplacée par la mainmise de grandes sociétés internationales sur toute l'économie d'un produit ou d'un pays.

Cette mainmise prend des aspects diversifiés.

Ce peut être sous la forme de vastes territoires voués à une seule production dans le cadre de grandes entreprises. C'est le cas des grandes bananeraies de l'Amérique centrale aux mains de l'United Brand Company. Cette entreprise possède plus de 1 million d'hectares, dont 250 000 hectares de bananeraies, employant plus de 100 000 travailleurs, achetant la production de plusieurs millions de petits exploitants, et possédant une flotte bananière de plusieurs dizaines de navires. C'est aussi le cas de Firestone, au Libéria, pour la production du caoutchouc, véritable État dans l'État, avec une concession de plus de 400 000 hectares et l'emploi du quart de la main-d'œuvre du pays !

L'autre évolution possible, face aux aléas politiques et à l'instabilité des cours, est le recours aux produits issus des petites plantations indigènes dont l'essor a été fulgurant en certains pays comme la Côte-d'Ivoire. Le petit planteur indépendant ou le colon livre sa production aux comptoirs des grandes maisons d'exportation, contrôlées de fait par les grands trusts. La présence d'un double secteur de production, la grande plantation moderne coexistant avec la petite plantation, permet de jouer sur les qualités et les prix, les petits planteurs supportant plus aisément les à coups des cycles d'une économie spéculative et fragile.

Cette double évolution, apparemment contradictoire, fait le bonheur des quelques firmes qui contrôlent les marchés à l'échelle mondiale. C'est la même logique qui explique le processus d'extension des cultures commerciales aux dépens des cultures vivrières qui bouscule actuellement l'économie rurale de l'ensemble des pays tropicaux. En deux ou trois décennies, l'agriculture capitaliste d'exportation a connu une extension considérable. Elle est responsable de la crise des cultures vivrières dans la mesure où les populations paysannes sont incitées, ne serait-ce que pour se procurer du numéraire, à pratiquer des cultures d'exportation par des systèmes de contrats.

Cette intégration des paysanneries des pays tropicaux dans l'économie de marché s'accompagne inéluctablement d'une diversification des sociétés rurales avec l'apparition d'une classe d'intermédiaires, d'un approfondissement des inégalités sociales au sein de la paysannerie, d'un exode rural accéléré, toutes choses qui ne sont pas sans rappeler les évolutions passées des sociétés rurales de l'Europe.

### Capitalisme agraire et modèle européen

Les formes de pénétration du capitalisme agraire dans les espaces ruraux de l'Europe sont moins visibles mais tout autant subtiles. Si l'on entend par capitalisme agraire l'association de la grande exploitation, du recours au salariat et de l'intrusion massive de capitaux extérieurs à l'agriculture, il est encore peu présent en Europe. On le retrouve cependant un peu partout. Dans les grands vignobles, dont nombre de propriétés sont aux mains de sociétés anonymes, dans les grandes régions céréalières et de cultures industrielles, ou encore dans les élevages hors sols et les zones de cultures maraîchères irriguées. Les prises de participation, les associations, les contrôles ne paraissent pas au grand jour. Il est donc toujours difficile de mesurer les liens et les réseaux existants. Si l'on sait qu'un grand vignoble proche de la Camargue est aux mains d'une société multinationale, et que des marques de vins de champagne sont les fleurons de firmes de produits de luxe, on sait beaucoup moins la part des participations des grands opérateurs céréaliers dans les exploitations du Bassin parisien, ou encore le contrôle exercé par des abattoirs de porcs de Bretagne sur des exploitations apparemment indépendantes, et dont les éleveurs ne sont que des salariés lourdement endettés auprès de filiales d'enseignes de grandes surfaces qui possèdent les usines de transformation.

Ce passage insensible d'une agriculture familiale indépendante à une structure organisée dans le cadre de filières, et la transformation de fait de l'exploitant en un ouvrier façonnier à qui l'on fournit le poussin d'un jour, les aliments, les produits vétérinaires, et qui acquiert les bâtiments sous la forme d'un prêt remboursable à la société intégratrice, laquelle récupère le produit fini, à un poids donné, au bout d'un nombre de jours déterminé, le tout par contrat, est une pratique de plus en plus répandue. Elle gagne l'ensemble des productions et elle invite à toutes les délocalisations, sélection ou élimination, et ce, à l'échelle des espaces ruraux de toute la planète.

À la lumière de cette étude sur l'agro-business, il est nécessaire d'entrevoir l'avenir des espaces ruraux dans le cadre d'une société urbanisée, où les pouvoirs de décision sont entre les mains de quelques grandes firmes multinationales qui contrôlent tous les niveaux de la chaîne agroalimentaire depuis la semence jusqu'au produit fini. Le processus de mondialisation qui est à l'œuvre, et auquel certains voudraient résister en offrant une alternative, conduit si l'on n'y prend garde, en dépit des déterminants historiques et du rôle exercé par les milieux, à une homogénéisation et à une banalisation des espaces ruraux sur l'ensemble de la planète, sous le maintien trompeur d'une apparente diversité paysagère.

L'expansion très rapide des espaces dominés ou contrôlés par les aspects multiples de l'agro-business qui sont les formes dynamiques de transformation des espaces ruraux en offre une illustration. La mise en place du système de l'agro-businesss, contrairement à l'agriculture de subsistance ou aux formes variées de l'agriculture familiale, induit la monofonctionnalité des espaces ruraux et abouti *in fine* à « des campagnes délestées de leurs agriculteurs » (G. Gavignaud). Elle rendra très rapidement obsolète, du fait de son formidable pouvoir d'expansion spatiale, toute description des réalités saisies en un temps donné.

# Conclusion

Les campagnes ne sont plus ce qu'elles étaient et les espaces ruraux se sont parés d'habits neufs. Au-delà de formules faciles et passe-partout, ces expressions méritent attention. En effet, un double mouvement de fond transforme les campagnes du monde qui justifient une approche régionalisée par grands ensembles.

## Les campagnes des pays développés

Dans les pays développés, l'agricole ne fait plus le rural. Les espaces ruraux se rétractent face à l'étalement urbain ou changent de fonction en devenant des lieux résidentiels, de détente et de loisirs ou de protection patrimoniale. Cependant, et ceci contribue à leur ambiguïté, dans ces espaces ruraux, les populations agricoles, très minoritaires désormais, continuent à occuper et à exploiter l'essentiel de l'espace à des fins productives. Il en résulte de nouvelles configurations sociospatiales dans lesquelles les structures agraires héritées, mises en place par et pour des sociétés paysannes utilisant des techniques aujourd'hui obsolètes d'une agriculture attelée, se trouvent désadaptées, et doivent impérativement être restructurées et mises en conformité avec les exigences des technologies modernes, dont le tracteur est la figure emblématique. Ceci ne va pas sans difficultés du fait de l'inertie des réalités sociales et de l'attachement au foncier.

Certes, le déphasage avec les nécessités de la nouvelle économie agricole ou avec l'irruption de nouvelles fonctions et activités reconnues et attribuées aux espaces ruraux, est-il plus ou moins marqué selon les lieux. Entre une vieille Europe rurale, engoncée dans des structures héritées d'un vieux passé paysan, et les pays neufs dont les structures agraires datent d'un siècle ou deux, et qui ont été dessinées dès l'origine par des géomètres férus de modernité, les adaptations et les articulations paysagères multifonctionnelles ne sont pas identiques. Il y a même d'étranges évolutions, des transitions et des replis paysans, en un certain nombre de pays suite au choc de la décollectivisation des pays de l'Europe de l'Est qui méritent description et réflexion.

Un autre paradoxe est que dans ces pays riches du Nord, les surfaces agricoles se rétractent. On évalue grossièrement les pertes à près de 15 millions d'hectares par an. Ceci étant dû aux effets de l'étalement urbain et aux espaces consommés par les infrastructures, les industries, les zones mises en réserve, etc. Rappelons pour mémoire que les espaces urbanisés *stricto sensu* auraient triplé en l'espace d'une génération et que l'on a autant consommé d'espace depuis la Seconde Guerre mondiale que depuis les débuts de l'humanité dans les pays développés. Or, en dépit de ce rythme rapide de consommation d'espace, l'essentiel aux dépens des terres agricoles, les productions agricoles des pays du Nord ont augmenté en de telles proportions du fait de la hausse des rendements que ces pays sont globalement excédentaires et croulent sous les stocks. Les politiques agricoles des pays riches consistent pour l'essentiel à se procurer des débouchés pour écouler les surplus qui ne peuvent être consommés sur place. Un président de la République française a même été jusqu'à parler de « pétrole vert » pour exalter notre puissance exportatrice agricole !

Le contenu, le rôle et le sens même des campagnes ont donc profondément changé dans les pays développés. Certains des sociologues anglo-saxons notamment, vont même jusqu'à remettre en cause l'idée qu'il y aurait une société rurale définie par un système original de valeurs, dans une société urbanisée. Y aurait-il une fin du rural comme il y a eu une « fin des paysans » (H. Mendras) ?

## Les campagnes des pays en développement

En revanche, dans les pays du Sud, le nombre des agriculteurs et les espaces cultivés continuent à augmenter. Entre 1968 et 1998, le nombre total des agriculteurs a progressé de plus de 400 millions, soit 44 % (R. Chapuis). Dont près de 200 millions en Chine, 117 millions dans le monde indien, et encore 72 millions en Afrique tropicale ! On comprend dès lors la forte pression sur la terre qui existe toujours dans nombre de pays du Sud et la fièvre des défrichements. On évalue ceux-ci à environ 15 millions d'hectares par an, l'essentiel, nous l'avons vu chemin faisant, au détriment des grandes forêts tropicales de l'Amérique du Sud et de l'Asie du Sud-Est.

Le paradoxe est que ces agriculteurs arrivent difficilement à assurer l'alimentation des masses humaines des pays en développement, qui constituent plus des trois-quarts de l'humanité, et qu'un pourcentage de plus en plus élevé des terres agricoles et des secteurs nouvellement défrichés, est consacré à des cultures commerciales d'exportation et à des productions non alimentaires vers les pays du Nord.

Or, pour nourrir les six milliards d'hommes d'aujourd'hui, les surfaces cultivées ou travaillées (les *croplands* des Anglo-Saxons) sont d'environ 1,5 milliard d'hectares, qui assurent une production mondiale de céréales d'environ deux milliards de tonnes. Ce qui donne une moyenne de 330 kilos par habitant et par an. Sur ce total, n'oublions pas qu'une bonne partie sert à l'engraissement des animaux et non pas à l'alimentation directe, en particulier dans les pays riches du Nord. En 2012 ou 2013, nous serons 7 milliards, il faudra donc 330 millions de tonnes de plus, soit la production actuelle des États-Unis.

Il est donc encore nécessaire d'accroître les rendements. Dans les décennies précédentes, ces derniers ont largement progressé du fait des améliorations génétiques (révolution verte) et chimique (engrais et produits phytosanitaires). Qu'en sera-t-il demain alors que l'on entend préserver l'environnement, que de sérieuses menaces existent de dégradation des sols, que les défrichements à venir vont se faire sur des terres aux potentialités moindres, que l'urbanisation galopante et la consommation boulimique d'espaces agricoles pour d'autres usages gagnent très rapidement les pays du Sud ?

Bien des questions demeurent. Faut-il faire confiance au génie de l'homme et la voie des substances transgéniques est-elle la bonne pour résoudre les pénuries alimentaires ? Pourra-t-on longtemps et sans danger accepter les échanges inégaux entre le Nord et le Sud et la pseudo libre concurrence ? Quels usages fera-t-on de l'eau, l'irrigation étant le moyen le plus efficace d'intensification ? Quelles multifonctionnalités pour les espaces ruraux dans un monde urbanisé et dans une perspective de développement équilibré et durable ? Quelle part respective accorder aux espaces agricoles et aux espaces dits naturels dans les espaces ruraux ?

Les descriptions des grandes combinaisons paysagères et technico-économiques des structures agraires contemporaines, qui demeurent l'apanage de l'approche du géographe, combinaisons qui sont au total peu nombreuses, même si la livrée des paysages, des formes et des agencements peut conduire à des analyses monographiques toutes différentes et toutes originales, ne doivent pas dissimuler ces grands enjeux de sociétés et l'opposition radicale des situations entre les pays du Nord et ceux du Sud.

Derrière ces descriptions se joue l'avenir des campagnes. Les espaces agricoles, si vastes soient-ils, ne sont plus qu'une facette des réalités rurales. Leur gestion est appelée à changer. C'est le défi du nouveau siècle. Il sera politique.

# Bibliographie


## Dictionnaires et atlas

*Atlas des paysages ruraux de France* (dir. P. Brunet) Paris, De Monza, 1992, 200 p.

*Atlas de France*, vol. 8, L'espace rural. Paris, la Documentation française/Reclus, 1998, 128 p.

*Grand atlas de la France rurale*, INRA/SCEES, Paris, De Monza, 1990, 220 p.

BARRET C., CHARVET J.-P., DUPUY G., SIVIGNON M., *Dictionnaire de géographie humaine*, Paris, Liris, 2000, 191 p.

CABANNE C. (dir.), *Lexique de géographie humaine et économique*, Paris, Dalloz, 1992, 449 p.

FENELON P., *Vocabulaire de géographie agraire*, Faculté de Tours, 1970, 690 p.

## Ouvrages généraux

ARLAUD S., PERIGORD M., *Dynamiques des agricultures et des campagnes dans le monde*, Paris, Ophrys, 1997, 248 p.

BERTRAND G., *Histoire de la France rurale*, Paris, Le Seuil, 1975, pp. 37-111.

BONNAMOUR J., *Géographie rurale, Méthodes et perspectives*, Paris, Masson, 1973, 168 p.

BONNAMOUR J., *Géographie rurale, Positions et méthodes*, Paris, Masson, 1993, 135 p.

BONNAMOUR J., VELARD B., *Quelles recherches aujourd'hui pour les campagnes de demain ? Aménagement rural et recherche géographique*, Fontenay/Saint-Cloud, ENS éditions, 1995, 176 p.

BONNAMOUR J. (dir.), *Agricultures et campagnes dans le monde, Dossier des images économiques du monde*, Paris, SEDES, 1996, 320 p.

BOSERUP E., *Évolution agraire et pression démographique*, Paris, Flammarion, 1970, 218 p.

CERA, *Les mutations dans le milieu rural*, Actes du colloque de géographie rurale en hommage au professeur P. Brunet, Caen, 1995, 479 p.

CERAMAC, *Des régions paysannes aux espaces fragiles*, Colloque international en hommage au professeur A. Fel, Université de Clermont-Ferrand, 1992, 767 p.

CHAPUIS R., MILLE P., *Systèmes et espaces agricoles dans le monde*, Paris, A. Colin, 2001, 320 p.

DIRY J.-P., *Les espaces ruraux*, Paris, SEDES, coll. « Campus », 1999, 192 p.

FUMEY G., *L'agriculture dans la nouvelle économie mondiale*, Paris, PUF, 1997, 379 p.

GEORGE P., *La campagne, le fait rural à travers le monde*, Paris PUF, 1956, 389 p.

GEORGE P., *Précis de géographie rurale*, Paris, PUF, 1963, 360 p.

GILLARDOT P, *Géographie rurale*, Paris Ellipses, 1997, 208 p.

GOUROU P., *Pour une géographie humaine*, Paris, Flammarion, 1973, 388 p.

JEAN B., *Territoires d'avenir. Pour une sociologie de la ruralité*, Québec, PUQ, 1997.

KAYSER B., *La renaissance rurale, sociologie des campagnes du monde occidental*, Paris, A. Colin, 1990.

KLATZMANN J., *Nourrir dix milliards d'hommes*, Paris, PUF, coll. « Le géographe », 1983.

LE DU L., « L'analyse du paysage en géographie, théories et méthodes », in *Enquêtes rurales*, n° 3, p. 21-34, Paysages et structures agraires, Caen, 1997.

LEBEAU R., *Les grands types de structures agraires dans le monde*, 6e éd., Paris, A. Colin, 1996, 170 p.

LESOURD M. (dir.), *Crises et mutations des agricultures et des espaces ruraux*, Paris, Éditions du Temps, 1997, 159 p.

MAZOYER M., ROUDART L., *L'histoire des agricultures du monde*, Paris, Seuil, 1997, 531 p.

MEYNIER A., *Les paysages agraires*, Paris A. Colin, 1962, 199 p.

RENARD J., « Recherches méthodologiques sur l'émiettement parcellaire des exploitations », *BAGF*, 1972.

ROSSI G., *L'ingérence écologique*, Paris, CNRS éditions, 2000, 248 p.

SCHOUMAKER-MERENNE B., *La localisation des productions agricoles*, Paris, Nathan, 1999, 192 p.

SEBILLOTTE M., *Les mondes de l'agriculture, une recherche pour demain*, Paris, INRA, 1996, 258 p.

TRICART J., *Écogéographie des espaces ruraux*, Paris, Nathan, 1994, 187 p.

## Documents divers

Outre la série de la Documentation française, *Documentation photographique*, comprenant soit des numéros thématiques, soit des numéros sur des pays il faut citer :

PORTRON J.-L., « Paysages », série documentaire de 19 films de 26 minutes, pour Arte, 1991-2000. En particulier les films sur Bierre-les-Semur (France, 1992), Treis-Kerden (Allemagne, 1992), Campello Alto (Italie, 1993), Carchuna (Espagne, 1994), Auxey-Duresses (France, 1997).

LE KIM A., « Ciel ma géo ! », série de 13 films de 13 minutes, Coproduction, Zeaux production et la Cinquième. (Un géographe commente des paysages de France vus d'avion.)

ROUQUIER, *Farrebique et Biquefarre* (deux films à 30 ans d'intervalle du même espace agraire à grande échelle dans la « France rurale profonde »).

## Sites internet

http://www.cafe-geo.com

http://www.cybergeo.presse.fr

http://www.agriculture.gouv.fr

http://www.fao.com

## Études régionales

### *Pays en développement*

BART F., *Montagnes d'Afrique, terres paysannes, le cas du Rwanda*, Bordeaux, Presses universitaires, 1993.

BERNIER X., *Les mutations des espaces ruraux des pays en voie de développement*, Paris, Economica, 1997.

BLANADET R., *Les fronts pionniers de l'Asie du Sud-Est*, Paris, L'Harmattan, 1984.

CHALEARD J.-L., *Temps des villes, temps des vivres. L'essor du vivrier marchand en Côte-d'Ivoire*, Paris, 1996, 661 p.

CHONCHOL J., *Paysans à venir, les sociétés rurales du tiers monde*, Paris, La Découverte, 1986, 299 p.

CÔTE M., *L'Algérie ou l'espace retourné*, Paris, Flammarion, 1988, 362 p.

CÔTE M., *Pays, paysages, paysans d'Algérie*, Paris, CNRS Éditions, coll. espaces et milieux, 1996, 282 p.

DOUZANT-ROSENFELD D., « Les défis des réformes dans l'agriculture cubaine », *Cahiers des Amériques Latines*, 1999, n° 2-3, p. 161-180.

GALLAIS J., *Hommes du Sahel*, Paris, Flammarion, 1984, 289 p.

GASTELU M., MARCHAL J.-Y. (dir.), *La ruralité dans les pays du Sud à la fin du xx^e siècle*, Orstom, 1997, 768 p.

GOUROU P., *Terres de Bonne Espérance. Le monde tropical*, Paris, Plon, collection Terre Humaine, 1982, 456 p.

GOUROU P., *Riz et civilisation*, Paris, Fayard, 1984, 299 p.

LANDY F., *Paysans de l'Inde du Sud, le choix et la contrainte*, Paris, Karthala, 1994, 491 p.

OOI Jin Bee, *Tropical forest, the tyranny of time*, Singapour, Press University, 1993, 176 p.

PELISSIER F., *Campagnes africaines en devenir*, Paris, Arguments, 1995.

SEVIN O., *Migrations, colonisation agricole et terres neuves en Indonésie*, Bordeaux, Presses universitaires, 2 vol., 2000.

## Europe de l'Ouest

*Atlas des paysages ruraux de France* (dir. P. Brunet) Paris Ed. De Monza, 1992, 200 p.

*Atlas de France*, vol. 8, L'espace rural. Paris, la Documentation française/Reclus, 1998, 128 p.

BALABANIAN O., *Les exploitations et les problèmes de l'agricumture en Estramadure espagnole et dans le Haut-Alentejo*, thèse, 2 vol., 1980.

BETEILLE R., La crise rurale, Paris, PUF, 1994, 127 p.

BODIGUEL M, LOWE F. (coord.) *Campagne française, campagne anglaise*, Paris, L'Harmattan, 1989, 355 p.

BRUNET P., *Structures agraires et économie rurale des plateaux tertiaires entre Seine et l'Oise*, Caen, Caron, 1960, 552 p.

CANEVET C., *Le modèle agricole breton*, Rennes, PUR, 1992, 397 p.

CERAMAC, *Moyennes montagnes européennes — Nouvelles fonctions, nouvelles gestions de l'espace rural*, Actes du colloque « gestion des territoires ruraux sensibles », avril 1998, PU B. Pascal, 1999, 364 p.

CHARVET J.P, *La France agricole en état de choc*, Paris, Liris, 1994, 224 p.

CROIX N. (dir.), *Des campagnes vivantes, un modèle pour l'Europe ?*, Mélanges offerts au professeur J. Renard, Nantes, Cestan, 2000, 696 p.

DIRY J.-P., *Campagnes d'Europe, des espaces en mutation*, Paris, La Documentation française, La documentation photographique, n° 8018, 2000.

DRAIN M., *Les campagnes de la province de Séville, espace agricole et société rurale*, Paris, H. Champion, 1977.

*Géographies et campagnes*, mélanges J. Bonnamour, ENS de Fontenay/Saint-Cloud, 1992, 369 p.

HERIN R., *La huerta de Murcie*, Thèse, P.U. de Caen, 1974.

HERVIEU B., *Les champs du futur*, Paris, Julliard, 1997, 172 p.

JOLLIVET M., EIZNER N. (dir.), *L'Europe et ses campagnes*, Presses de Sciences-Po, 1996, 399 p.

JOLLIVET M. (dir.), *Vers un rural post-industriel*, Paris, L'Harmattan, 1997, 371 p.

KAYSER B., *La renaissance rurale. Sociologie des campagnes du monde occidental*, Paris, A. Colin, 1990, 316 p.

LIMOUZIN P., *Les agricultures de l'Union européenne*, Paris, Colin, 1996, 159 p.

MALASSIS L., *La longue marche des paysans français*, Paris, Fayard, 2001, 400 p.

MAROCHINI E., *Les remembrements en Moselle, entre économie, environnement et société*, thèse, Université de Metz, 2 vol., 1999.

MIGNON C., *Campagnes et paysans de l'Andalousie méditerranéenne*, Clermont-Ferrand, 1981.

Quelles campagnes pour demain ?, *Géographie sociale*, n° 12, Caen, 1992, 518 p.

## Europe centrale et orientale

LACQUEMENT G., *La décollectivisation dans les nouveaux länder allemands*, Paris, L'Harmattan, 1996.

MARCHAND P., *L'agriculture post-soviétique : la crise sans mutation ? Annales de géographie*, 1997, n° 597, p. 459-478.

MAUREL M.-C., *Les paysans contre l'État. Le rapport de forces polonais*, Paris, L'Harmattan, 1989, 240 p.

MAUREL M.-C., *La transition post-collectiviste*, Paris, l'Harmattan, 1994

REY V., (dir.) *Nouvelles campagnes de l'Europe centre-orientale*, Paris, CNRS, coll. Espaces et milieux, 1996

VON HIRSCHHAUSEN B., *Les nouvelles campagnes roumaines*, Paris, Belin, 1997, 240 p.

ZRINSCAK G., *Mutations des campagnes tchèques*, Paris, Belin, 1997, 253 p.

## Amérique du Nord et du Sud

DOREL G., *Agriculture et grandes entreprises aux États-Unis*, Paris, Economica, 1985.

GAVIGNAUD G., *La révolution rurale : essai à partir du cas américain*, Le Côteau, Ed. Horvath, 1983, 162 p.

GUIBERT M., « Les activités agro-exportatrices de la Pampa argentine : une expansion retrouvée », *L'information géographique*, octobre 1998, p. 160-172.

GAIGNARD R., *La Pampa argentine, l'occupation du sol et la mise en valeur*, thèse de doctorat, 1979.

PEBAYLE P., *Les Brésiliens, pionniers et bâtisseurs*, Paris, Flammarion, 1989.

SILI M., *Crise et recomposition du monde rural de la Pampa*, doctorat, Université de Toulouse-le Mirail, 1996, 307 p.

# Table des matières

# Liste des figures

# Liste des tableaux

# Index

D



E



F



G-H

## I-J-K-L



## L-M-N



## O-P-Q

## U-V-W-Y-Z

**Armand Colin**
21, rue du Montparnasse • 75006 Paris
N° projet 10095155- (I) - (1,5) - (OSBS 100°) - NC
Dépôt légal : mai 2002

Achevé d'imprimer sur les presses de la
**SNEL S.A.**
Rue Saint-Vincent 12 - B-4020 Liège
tél. 32(0)4 344 65 60 - fax 32(0)4 343 77 50
mai 2002 – 24978